가벼운 복음, 가벼운 은혜, 가벼운 회심, 그리고 가벼운 그리스도인의 삶과 교회까지 모두 다 참 가볍다. 그러나 성경의 메시지, 그 핵심 단어인 복음은 적어도 성경 자체와 초대교회 성도들에게는 결코 가볍지 않았다. 복음은 깨어진 세상을 회복하고 치유하기 위해서 이 땅에 하나님 나라를 도래시키는 메시아이며 왕이신 예수를 어떻게 따를 것인가에 관한 혁명적 도전의 메시지였으며, 하나님 나라 운동으로의 초청이었다. 그래서 초대교회 성도들은 깊은 은혜, 진정한 회심을 통해 래디컬한 삶과 교회를 세워갈 수 있었다. 오늘날 한국 교회에 대한 안타까운 시선이 많다. 교회를 사회학적·현상적으로 분석할 필요도 있겠으나, 먼저는 우리 문제의 뿌리를 직면해야 한다. 내 은사이기도 한 스캇 맥나이트는 값싼 구원의 문화 속에 허둥대는 한국 교회를 향해 하나님의 마음을 통렬히 전해주고 있다. 들을 귀 있는 자들은 왕이신 예수의 복음을 들으라!

김형국

나들목교회 대표목사, 『한국 교회가 잃어버린 주기도문』(죠이선교회) 저자

『예수 왕의 복음』은 예수 그리스도가 선포한 하나님 나라 복음의 원음을 간결하고 압축적으로 재생해준다. 그 하나님 나라 복음은 예수가 만왕의 왕 되심, 만주의 주 되심을 선포하는 복음이다. 오늘날 소위 복음주의자들은 하나님 나라 복음을 개인의 영혼이 내세에 누리게 될 복음으로 축소시켜버렸고, 교회는 하나님 나라 복음의 역동성 대신 구원을 받고자 하는 중산층적·소시민적인 열망에 지배당하게 되었다. 이 책은 아브라함부터 시작된 이스라엘 구원사의 절정이자 완성을 나사렛 예수의 하나님 나라 복음으로 규정하고 하나님 나라의 유기적이고 점진적인 완성을 잘 드러내고 있다. 스캇 맥나이트는 네 가지 주장을 전개한다. 첫째, 하나님 나라 복음은 고린도전서 15장에 간결하게 선포된 복음이다. 성경대로 죽으시고 부활하신 나사렛 예수의 십자가와 부활의 복음이 바로 하나님 나라 복음의 진수다. 나사렛 예수의 하나님 나라 복음은 이스라엘 구원사의 열매요 절정이다. 둘째, 하나님 나라 복음은 네

복음서에 다채롭고 다층적으로 제시되어 있다. 셋째, 하나님 나라 복음은 나사렛 예수의 선포에서 그 본질을 드러내고 사도 바울의 서신들은 나사렛 예수가 스스로 선포하신 복음의 심층해설이요 적용이다. 넷째, 사도행전의 사도 베드로나 스데반 집사의 설교들이야말로 왕 되신 예수의 하나님 나라 복음의 본질적인 사례들이다. 이책은 부록으로 복음전도와 하나님 나라 복음을 통한 문화변혁적 실천에 도움이 될만한 자료를 제공한다. 이 책을 읽고 나면 독자들은 네 가지 점에서 큰 유익을 얻게될 것이다.

첫째, 복음서의 하나님 나라 복음과 사도 바울의 갈라디아서, 로마서의 이신칭의 복음, 야고보서의 실천궁행적 복음의 유기적 통일성과 차원 높은 일치성을 깊이 있게 깨닫고, 예수님과 바울의 복음 이해는 서로 달랐다는 19세기 서구 자유주의 신학자들의 피상적인 복음 이해를 극복할 수 있다. 둘째, 구약성경과 신약성경의 구원사적 통일성과 연속성을 명료하게 이해하게 될 것이다. 다시 말해 왜 나사렛 예수의 복음이 아브라함의 족보부터 시작되는지, 심지어 아담의 족보부터 시작되는지를 한층 더 명확하게 깨달을 수 있다. 셋째, 주 예수의 왕 되심을 선포하는 복음이 개인의 영혼 구원을 넘어 문화변혁적이고 세계갱신적인 하나님 나라의 전복적·변혁적 기상에 독자들의 안목을 열어줄 것이다. 마지막으로, 기독교 신앙은 그리스도인들의 전유물이 아니라 온 세상 사람들이 들어야 할 복음이라는 진리를 새삼 깨닫고 더욱 강한 구령 열정과 세계 선교 열망에 불붙게 될 것이다. 정말 머리와 가슴을 동시에 두드리는 책이다.

김회권

숭실대학교 기독교학과 교수, 『하나님 나라 복음』(새물결플러스) 저자

The King Jesus Gospel

예수 왕의 복음

당신의 삶에 예수의 통치가 임하게 하라!

스캇 맥나이트 지음 | 박세혁 옮김

Holy
WavePlus

패트릭 미첼과 아일랜드 성서연구소

데이비드 드실바와 애슐랜드 신학교

웨스 올롬스테드와 브리어크레스트 학교

코니 버거와 스텔렌보스 대학교

게이브 라이언즈와 큐 컨퍼런스

제리 러시포드와 페퍼다인 성서강연회

척 코니리와 데리 도슨, 조지폭스 대학교

데이비드 셰퍼드와 벨파스트 성서대학과 퀸즈 대학교 벨파스트

나의 4010 4학년 세미나 학생들을 위해

도드(C. H. Dodd)의 말

복음을 선포한다는 말을 우리는 어떤 의미로 사용하는가?

　　복음은 다양한 시대와 다양한 사회 안에서 광범위한 의미로 기독교적이라고 불리는 일반적이고 복합적인 사상 안의 특정 요소와 동일시되었다. 때로는 영혼 불멸의 약속과, 때로는 특정한 속죄 이론과, 때로는 '하나님의 아버지 되심과 인간의 형제 됨'이라는 생각과 동일시되었다.

　　나는 이 강연을 통해 역사상 최초에, 그리고 신약시대에 복음이 무엇이었는지를 정의하고자 한다. 1세기 그리스도인은 복음이 무엇인지, 그것이 인간의 필요와 무슨 관계가 있는지에 대해 아무런 의심도 없었다.[1]

톰 라이트(N. T. Wright)의 말

나는 사람들이 흔히들 '복음'이라고 말할 때 의미하는 바에 대해 거리낌이 전혀 없다. 그저 그것이 바울이 의미했던 바가 아니라고 생각할 뿐이다. 다시 말해서 나는 복음의 통상적인 의미가 사람들이 말하고, 선포하고, 믿어야 하는 바임을 부인하지 않는다. 다만 나는 그런 것들을 지칭하기 위해 '복음'이라는 말을 사용하고 싶지 않을 뿐이다.[2]

차례

저자 한국어판 서문

　성경을 대하는 가장 고결한 태도는, 먼저 하나님의 음성에 귀를 기울이고 그 후에 기록된 말씀을 통해서 하나님이 우리에게 전하시는 말씀을 듣는 것이다. 이 책은 독자들을 향해 다시 한 번 성경의 고동 소리에, 곧 **복음 그 자체**에 귀를 기울이라고 도전할 것이다.

　이어지는 본문에서 나는 당신이 부모님 혹은 목회자들로부터 배워왔던 것들에 의문을 제기할 텐데, 이 의문은 성경이 복음에 대해 어떻게 말하는지를 깨달아가기 시작하면서 내가 경험했던 것이다. 나는 복음이 **어떻게 구원받는가**를 설명해주는 것이라고 배우면서 자랐고, 전도할 때도 구원받는 방법에 초점을 맞춘 전도지를 사용했다. 하지만 성경이 복음을 무엇이라 설명하는지에 대해 고민하기 시작하면서 나는 지금까지 복음이라고 배워왔던 내용을 수정할 필요가 있음을 보여주는 수많은 성경 구절들을 접하게 되었다. 내가 복음이라고 배워온 모든 것이 잘못된 것은 아니었지만 근본적인 수정이 필요했다.

여기에서 수정은 확장이라는 의미로 사용된 것이다. 우리를 구원으로 인도하지 못하는 복음은 진정한 복음이 아니다. 하지만 복음이 구원의 문제로만 축소된다면 그것 역시 복음이 아니다!

성경이 복음에 대해 무엇이라고 말하는지를 새롭게 고민하면서 깨달은 중대한 사실은, 내가 자라면서 복음이라고 배워온 것이 **실제로는 주 예수 그리스도를 모욕하고 있다**는 것이었다. 우리가 배워온 복음은 예수님을 구원 역사의 중심으로 파악하기보다는 단순히 구원의 **방편**으로만 여겨왔기 때문이다. 내가 새롭게 깨달은 사실은, 하나님을 영화롭게 하는 최선의 방법은 다른 데 있는 것이 아니라 하나님의 이야기를 나의 이야기로 받아들이고, 그분의 이야기를 복음으로 받아들이는 일이라는 것이다.

사도 바울은 이렇게 말했다.

내가 전한 복음대로

다윗의 씨로

죽은 자 가운데서 다시 살아나신

예수 그리스도를 기억하라(딤후 2:8).

바울은 그의 생애 막바지에 복음을 위와 같이 요약했다. 위대한 사도였던 바울보다 복음에 대해 더 잘 안다고 말할 사람이 누가 있겠는가? 바울이 요약한 복음은 세 가지 요소를 포함한다. 예수는 다윗의 후손이고, 예수는 부활하셨으며, 예수는 주님이시다.

바울의 복음은 온 세계의 합법적이고 영예로운 주님이자 왕이며 구원자이신 예수 이야기에 중점을 둔다. 바울이 복음을 단지 어떻게 구원받는가의 문제로 축소하지 않았다는 사실을 유념하라. 그는 복음을 우주적인 차원으로 확장시켜서, 복음은 만유의 주이신 예수에 관한 것이라고 말한다!

우리가 주님을 영화롭게 하는 방법은 성경을 읽을 때 성경의 예수 이야기가 복음의 중심이 되게 하는 것이다.

우리는 바울이 회당에서 예수 그리스도를 전파할 때 그의 말이 사실인지 확인하기 위해 성경을 펴고 매일 그 말씀을 상고했던 베뢰아 사람들을 본받을 필요가 있다(행 17:11). 나는 바울이 받았던 존경을 받을 자격이 없지만, 우리 주님은 우리를 통해 영광을 받기에 합당한 분이시다. 우리가 주님을 영화롭게 하는 길은 성경이 복음에 대해 뭐라고 말하는지 귀 기울여 듣는 것이다.

스캇 맥나이트

노던 신학교 신약학 교수

톰 라이트의
서문

참된 기독교의 특징은 각 세대가 그것에 대해 새롭게 숙고해야 한다는 것이다. 하나님은 모든 그리스도인이 믿음뿐만 아니라 이해에 관해서도 성장하기를 원하시기 때문에(그리스도인들은 그렇게 믿기 때문에), 기독교 신앙은 한 세대가 완벽히 이해할 수 있어서 다음 세대는 아무것도 하지 않아도 되는 신앙이 결코 아니다. 그런 유산은, 엄청난 재산을 상속받은 젊은이가 그러한 것처럼 당신을 게으르게 만들 뿐이다. 당신은 그저 책에 있는 내용을 찾아보거나 당신이 가장 좋아하는 목사가 했던 말을 떠올리기만 하면 된다. 그런 신앙에는 인격을 위한 여지가 없다. 인간의 온전한 성숙을 위한 여지도 없다―그리스도인의 온전한 성숙 따위는 잊어버려라.

어떤 형태의 기독교에서는 그런 식의 자본을 축적하려고 끊임없이 노력하지만, 이는 결코 성공할 수 없다. 기독교 신앙은 만화경 같은 것인데 우리 대부분은 색맹이다. 그것은 다차원적인데 우리 머리는 기껏해야 한 번에 두 차원을 함께 생각할 수 있는 정도다. 그것은 다성적인데 우리는 여러 성부 중 하나를 그저 휘파람으로 불 수 있을 뿐이다. 그러므로 누군가 다가와서 우리가 알아차리지 못했던 다른 색깔과 무늬로 우리의 주의를 환기할 때 놀라서는 안 된다. 그가 우리가 간과했던 세 번째, 네 번째, 심지어는 다섯 번째 차원을 소개할 때 경계해서는 안 된다. 어떤 음악가가 우리가 안다고 생각했던 노래에 맞추어 새로운 화음을 연주할 때 우리는 이를 환영해야 한다.

다시 말해서 우리는 스캇 맥나이트의 신간과 같은 책을 환영해야한다. 스캇은 미국에서—어떤 의미에서는 세계적으로—영향력 있는신약학자 중 한 사람으로 알려져 있다. 스캇의 명성은 오래전부터 높았다. 그는 자신이 다루는 텍스트를 철저히 이해하고 있으며, 그 의미와 해석을 놓고 오랫동안 숙고하며 씨름해왔다. 뿐만 아니라 스캇은기도하는 그리스도인으로서 교회를 섬기고, 복음을 전하며, 다른 사람들로 하여금 그들의 영적 삶을 계발하고 심화하도록 돕는 일에 헌신하고 있다. 일부 교수들은 자신의 과거와 거리를 둔 채, 아직도 피상적인 신앙에 머물러 있는 가련하고 무지한 신앙인들을 비웃거나 놀리기좋아한다. 스캇은 그렇지 않다. 스캇이 전통적인 이해에 도전할 수 있는 것은 그가 성경과 기독교 전통을 충실히 소화했기 때문이다. 그렇기 때문에 그는 우리가 복음 이야기를 절반만 하고 있거나 잘못 이해하고 있다고 확신에 차 말할 수 있다.

스캇이 제안하는 혁명은 거대한 것이다—너무나도 거대해서 그의동료 중 누구도, 물론 나 역시도 모든 세부사항에 전적으로 동의하지는 않을 것이다. 몇몇 지점에서는 우리 사이에 미묘한 차이가 존재하며, 우리는 각기 다른 논점을 부각시키고, 다른 시각을 강조한다. 충분히 예상할 수 있는 바다. 그럼에도 이 책의 전반적인 주장은 몇몇 사람들이 주장하는 바와 공통점이 있다. 즉 오랫동안 '복음주의'를 자처해 온 이 운동에 사실은 '구원주의'라는 이름표를 붙이는 편이 더 낫다는 것이다. 다시 말해 우리는 사실 '구원'에 초점을 맞추면서도 '복음'에 관해 이야기한다고 생각해왔다.

당신은 "하지만 복음의 주제가 구원 아닌가?"라고 반문할지도 모른다. 스캇은 그렇기도 하고 아니기도 하다고 (정확하게) 답한다. 왜 초대 교회 성도들은 마태, 마가, 누가, 요한복음을 '복음'('복음들'이 아니라)이라고 불렀는가? (즉, 왜 그들은 이 네 책이 하나의 복음을 가지고 네 가지 방식으로 이야기한 것으로 보았는가?) 이 물음에 대한 스캇의 답은 이렇다. 나는 그가 옳다고 확신한다. '복음'은 이스라엘의 오랜 이야기의 절정이라고 선포된 나사렛 예수님의 이야기이며, 이를 통해 한 분이신 참 하나님이 어떻게 세상을 구원하시는지를 보여주는 이야기다. 오랫동안 '복음'이 아닌 '배경 이야기'로 간주되었던 복음서와 사도행전이 갑자기 제자리를 찾았다. 여기서 어떻게 그것이 가능한지를 설명함으로써 이 책을 읽는 재미를 빼앗지는 않겠다. 이 책은 새롭고 풍성한 조화뿐만 아니라 새로운 색깔과 무늬, 새로운 차원, (우리 대부분이 처음 듣는) 참신한 노래로 가득하다고 말하는 것으로 충분할 것이다.

스캇 맥나이트는 현대 기독교, 특히 미국 기독교의 아픈 곳을 건드린다. 많은 사람에게 '복음'은 예수님의 죽음과 그 의미에 관한 진술,

그리고 이를 받아들이는 기도문 정도로 축소되었다. 헬리콥터에서 회전날개가 중요하듯이 이 문제는 중요하다. 그 날개 없이는 이륙할 수 없다. 그러나 회전날개만으로는 헬리콥터를 만들 수 없다. 마찬가지로 속죄와 믿음에 관한 축소된 이론만으로는 '복음'이 이루어지지 않는다.

오래전에 존 스토트John Stott에게서 '환원 불가능한 최소한의 복음'에 관해 이야기하는 사람들이 있다는 것을 들었다. 그는 그런 생각을 거부했다. 그는 이렇게 물었다. "누가 환원 불가능한 최소한의 복음을 원하는가?" "나는 완전하고 성경적인 복음을 원한다." 기대하시라! 그것이 바로 스캇 맥나이트가 이 책에서 당신에게 말하고자 하는 것이다. 앞서 말했듯이 모든 사람이 이 책의 모든 내용에 동의하지는 않을 것이다. 그러나 우리 모두는 이 책에서 제시하는 '복음'에 대한 철저히 성경적인 전망을 통해 우리가 너무나도 오랫동안 소중히 간직해온 완전히 성경적이지는 못한 전망을 재검토해야 한다. 하나님은 이 책을 통해서 새로운 세대의 그리스도인들을 향해 모든 것을 숙고해야 할 책임을 다하고, 1세기의 온전한 복음을 다시 회복함으로써 21세기의 복음이라는 기회의 땅으로 나아가라고 촉구하고 계신지도 모른다.

톰 라이트

세인트앤드루스 대학교 신약학 및 초대교회사 연구교수, 전 더럼 주교
『마침내 드러난 하나님 나라』(IVP 역간), 『성경과 하나님의 권위』(새물결플러스 역간) 저자

달라스 윌라드의
서문

오늘날 '가시적 교회'를 괴롭히는 수많은 문제의 근저에는 하나의 단순한 이유가 존재한다. 그것은 바로 선포되는 메시지다. 먼저, 오늘날 하나의 메시지가 아니라 셋 혹은 넷의 두드러진 메시지가 존재한다는 점을 기억하라. 그리고 이 메시지들은 여러 면에서 상충하거나 중복된다. 독실한 교인뿐만 아니라 외부의 방관자에게도 이는 혼란스러운 장면이다. 이런 메시지로는 사람들의 삶 전체로부터 확고하고 일관된 전인격적 반응을 결코 이끌어낼 수 없으며, 현대 사회에서 교회 공동체가 진실하게 그리고 효과적으로 그리스도를 섬기는 데에 헌신하게 만들 수 없다. 둘째, 이런 혼란 때문에 흔히 메시지로 선포되는 내용은 듣고 응답하려고 노력하는 사람을 예수 그리스도를 따르는 **제자의 삶**으로 이끌지 못한다. 따라서 성경 저자들이 그토록 분명하게 기대했으며, 널리 존경받는 이 도(道)에 속한 '위인들'의 삶에 분명히 나타났던 인격적·사회적 변화가 실현되는 경우는 극히 드물다.

지혜로운 '제자의 삶'만이 이런 변화를 이룰 수 있다. 그것이 없을 때 우리에게 남는 것은 거대하지만 이름뿐이고 제자도와는 동떨어진 '기독교'밖에 없다.

이런 분석은 다음과 같은 문제를 제기한다. '고대 세계를 깜짝 놀라게 하여 그 세계로 하여금 그리스도와 그분의 제자들에게 응답하게 했던 그 메시지는 무엇이었는가?' 그리고 이후에도 수없이 많은 이를 '이 세상에 속하지 않은' 삶으로 이끌고, 심지어는 그리스도의 성품과 능력으로 빚어진 공동체를 만들게 했던 그 메시지는 무엇이었는가? 오늘 우리는 그 메시지를 되찾아 가르치고 살아낼 수 있는가?

이 물음에 대한 답은 '그렇다!'이다. 우리는 오늘도 예수님이 가르치신 바를 그분이 가르치신 방식으로 가르칠 수 있고, 이것은 그분이 자신의 제자들에게 행하도록 명하신 바이기도 하다. 예수님은 제자들과 함께 계심으로써 그들이 이 사명을 대단히 효과적으로 완수할 수 있게 도우셨다. 그 결과 지금 이 땅 위에서 그분이 사시는 삶 속으로 들어온 이들은 사도 바울의 말처럼 '생명의 말씀을 굳게 붙듦으로써 별과 같이 빛나고 있다'(빌 2:15). 오늘날 우리가 그리스도를 위해 세상으로 나아가고자 한다면 그 외에 다른 방법은 없다.

이 책에서 스캇 맥나이트는 성경의 복음, 왕이시며 구원자이신 예수님의 복음을 강력하면서도 선명하게 제시한다. 그는 성경에 대한 철저한 이해와 역사에 대한 통찰을 기초로, **제자**는 만들지 못하고 그저 종교적 재화와 용역의 **소비자**만 양산하는 복음을 만들어낸 현대의 오해에 대한 자신의 주장을 펼친다. 이 과정에서 그는 이것—제자도나 영적 변화와 아무런 관계가 없는 구원관과 은총 이해—이 오늘날 예수님의 복음의 능력을 가로막는 일차적인 걸림돌이라고 말한다. 비록 이 구원관과 은총 이해가 죽을 준비는 하게 해줄지언정, 어떻게 지금 부활의 삶의 은총과 능력 속에서 살아갈 것인가에 관해서는 아무런 도움도 주지 못한다.

왕이신 예수님의 복음, 이 땅에 임한 그분의 나라의 복음은 정말로 '구원/해방을 주시는 하나님의 능력'이다. 이 능력을 증명하기 위해 당신과 모든 이를 위한 복된 소식—지금 여기서 예수님과 함께 하나님 나라를 살아갈 수 있다는—을 선포하고 가르치고 보여주라. 복음서를 공부함으로써 예수님이 어떻게 하셨는지를 배우고, 그분이 하신 대로 행하라. 이를 위해 필요한 것은 프로그램이나 예산, 특별한 자질이 아니다. 그저 성경적으로 이해하고 행동하라. 스캇 맥나이트가 당신에게 그 열쇠를 줄 것이다.

故 달라스 윌라드
전 남가주대학교 철학대학원 교수
『하나님의 모략』(복있는사람 역간), 『영성훈련』(은성 역간) 저자

1971년

때는 1971년이었다. 나는 완전히 새롭게 신앙을 경험하기 시작한 열일곱 살의 고등학교 3학년 학생이었다. 내 안에는 복음을 전하겠다는 열정이 넘쳤지만 내가 그토록 사랑하는 것—하나님과 예수님, 성경, 구원, 종교적 황홀경—에 관해 친구들에게 이야기하는 것 외에는 어떻게 복음을 전해야 하는지 전혀 알지 못했다.

우리 교회에는 전도 프로그램이 있었다. 어느 날 저녁 나는 전도 폭발 훈련을 이수한 후 처음으로 집사님 한 분과 짝을 이뤄 집집마다 다니면서 사람들에게 복음을 전했다. 그 집사님과 나는 첫 번째 집 문을 두드렸다. 우리는 그 집에 사는 사람의 이름을 알고 있었는데, 왜냐하면 그 사람은 이전에 우리 교회를 방문해서 방문자 카드를 작성한 적이 있었기 때문이다. 그 남자는 문으로 다가와 우리에게 인사했다. 그러나 얼굴에 음식이 묻어 있고 손에 냅킨을 들고 있는 것으로 보아가족과 함께 저녁을 먹으며 텔레비전을 보고 있었던 게 분명했다.

집사님은 이 남자의 영원이 걸린 문제 앞에서 그런 세상적인 문제는 전혀 개의치 않을 기세였다. 집사님은 노련하게 집 안으로 들어갔고, 우리는 그 다음 한 시간 동안 그 가족이 식사를 마치고 식탁을 치우고 설거지를 하고—아빠만 남겨둔 채—각자 방으로 들어갈 때까지 거기 앉아 있었다. 긴장한 신출내기인 내가 맡은 일은 기도를 하고, 정말로 하고 싶은 말이 있지 않는 한 입을 다물고 있는 것이었다. 나는 기도를 했고, 정말로 아무 말도 하지 않았다. 시간이 지남에 따라 두 가지가 분명해졌다. 첫째, (전도의 경험이 없는 내가 보기에는) 그 남자는 구원받는 데 전혀 관심이 없었으며 둘째, 그 집사님은 그 남자가 관심을 가지고 있다고 굳게 확신하고서 자신이 습득한 모든 설득의 기술을 다 동원했다. 결국 집사님이 이겼고, 그 남자는 '그리스도를 믿기로 결단했으며', 우리는 그와 함께 기도했다. 그런 다음 우리는 모두가 기다리고 있는 교회로 돌아왔다. 우리가 구원의 소식을 전했을 때 모두가 '하나님을 찬양하라!'라고 화답했다.

그렇다. 우리는 목적을 달성했다. 하지만 나는 마음 깊은 곳에서 그 사람이 그리스도를 믿기로 결단하지 않았음이 분명하다고 생각했다. 그 남자 역시 우리를 집에서 내보내겠다는 자신의 목적을 달성한 것이다. 우리 교회에서 그를 다시 볼 수는 없었지만, 동네에서 우연히 마주친 적이 있다. 우리가 복음을 전한 방식에 대해 사과하고 싶었지만, 내가 진리라고 믿는 것에 관해 어떻게 사과를 해야 할지 확신이 서지 않았다.

이 사건으로 인해 나는 전도 전략을 냉소적으로 바라보기 시작했다. 그것은 내가 복음전도자가 아니어서가 아니라 우리가 잘못된 것에 초점을 맞추고 있다고 믿기 때문이다. 오늘날 대부분의 복음전도는 누군가로 하여금 **결단**하게 하는 데 몰두하지만, 사도들은 **제자**를 만드는 데 몰두했다. 이 책 전체의 배후에는 이 두 단어―결단과 제자―가 있다. 결단에 초점을 맞추는 복음전도는 복음의 의도를 온전히 구현하지 못하는 반면, 제자 삼기를 목표로 하는 복음전도는 서두르지 않고 예수님과 사도들의 온전한 복음을 제시하기 위해 노력한다.

내가 복음전도와 복음의 본질에 관해 고민하기 시작했던 나이와 비슷한 연령대에 있는 학생들을 통해 나는 과거의 경험을 재확인할 수 있었다. 이 책의 처음 몇 장에서는 복음에 관한 그들의 생각을 본문에 삽입된 글상자 안에 담아 소개했다. 여러 해 동안 노스파크 대학교 North Park University 강의실에서 복음에 관해 토론하면서 나는 두 가지 결론을 내렸는데, 이는 이 책의 주제를 잡는 데 큰 도움이 되었다. 첫째, 내가 가르치는 그리스도인 학생들 거의 모두는 자라면서 들었던 복음이 일차적으로 죄, 예수님의 죽음, 천국에 가는 것과 관계가 있다고 말했다. 그러나 둘째, 다시 이 학생들은 그런 복음이 무엇인가 잘못되었음을 알고 있다고 말했다. 예수님의 복음은 천국에 갈 때까지 안전하도록 죄 사함을 받겠다는 일회적인 결단 그 이상을 우리에게 원한다는 것이다. 앞서 언급한 전도 폭발 훈련의 사례는 결단하게 만드는 일에 우리가 얼마나 몰두하고 있는지를 보여준다. 한 걸음 뒤로 물러서서 이 문제를 바라보면, 우리는 대안적인 접근이 훨씬 더 생산적임을 깨닫게 될 것이다.

> 나는 하나님이 나를 사랑하시고 예수님을 보내셔서 내 죄를 위해 죽게 하셨으며, 이 문제가 이미 해결되었다고 배웠다. 나에게 기대되는 반응은 대체로 지적인 것이라고 생각했기 때문에 별로 어려울 것이 없어 보였다.
>
> 그래서 사람들이 그리스도를 주로 고백하면서도 대안적인 삶을 살지 못하는 이 문화가 스스로를 재생산하기 시작한 것 같다. 닭이 먼저냐 달걀이 먼저냐 하는 문제처럼 무엇이 먼저인지 나는 잘 모르겠다. 이 두 성경 구절〔롬 6:23; 요 3:16〕이 각각 복음의 본질을 표현했다고 이해했지만, 복음의 토대가 되는 이 말씀은 정작 우리 삶에는 영향을 미치지 못했다. 혹은 사람들이 구원받은 후 그에 따르는 어려운 삶을 지금 여기서 살고 싶지 않아서 복음을 영원의 문제만을 다루는 것으로 설명하는 구절을 택한 것일지도 모른다.
>
> '대런'―학생[3]

만약 한 걸음 뒤로 물러서서 결단에 대한 집착에 관해 성찰해본다면 지금까지 무슨 일이 일어났는지, 무슨 일이 일어나고 있는지, 몇 가지 중요한 변화를 이루어내지 못한다면 무슨 일이 계속해서 일어날지 깨달을 수 있을 것이다. 무려 75%의 미국인이 그리스도를 영접하겠다는 **결단**을 한 적이 있다고 한다. 하지만 통계에 따르면 규칙적으로 교회에 나가는 미국인은 25%에 불과하다.[4] 교회 출석이 제자도를 측정

예수 왕의 복음

하는 완벽한 기준이라고 주장하는 사람은 없을 테지만, 그것이 적어도 최소한의 기준임을 부인하는 사람도 없을 것이다.

최근 나는 미국인과 그들의 신앙에 관한 통계 조사를 전문적으로 실시하는 단체인 바나 그룹Barna Group의 데이비드 키네먼David Kinnaman과 대화를 나눴다. 신앙에 관한 통계를 제시하는 사람들은 누구든 논쟁을 일으키려는 것처럼 보이지만, 전반적인 통계 연구—나는 이런 연구 보고서를 즐겨 읽는다—에 따르면 결단하는 것과 예수님을 따르는 성숙한 신앙인이 되는 것 사이의 상관관계는 그다지 높지 않다. 몇 가지 통계 수치를 살펴보자. 십대(13-17세)의 약 60%가 '예수님께 헌신'을 했다. 즉 그들은 '결단'을 했다. 개신교인 전체에서는 그 비율이 80%를 넘고, 복음주의자가 높은 비중을 차지하는 비주류 개신교인의 경우에는 그 비율이 (놀랍게도) 90%에 이른다. 뿐만 아니라 십대 로마 가톨릭 교인 중에서도 열 명 중 여섯 명이 '예수님께 헌신'한 적이 있다고 말했다.

우리가 이 통계를 어떻게 바라보든, 대부분의 미국인은 예수님을 위한 '결단'을 한다. 그러나 청년들(18-35세)의 제자도를 측정해보면 수치가 극적으로(솔직히 말하자면 대단히 실망스럽게) 바뀜을 알 수 있다. 바나 그룹은 '혁명적 신앙', '성경적 세계관', '삶의 최우선 순위로서의 신앙' 등 '제자도'에 관한 몇 가지 기준을 세웠다. 예를 들어 혁명적 신앙은 '삶의 의미, 그리스도인으로서의 자기 정체성, 성경 읽기, 기도, 신앙이 한 사람의 삶을 어떻게 변화시켜왔으며 변화시키고 있는가'와 같은 문제를 포함한다. 그러자 앞에서 거의 60%에 달했던 수

치는 약 6%로, 80%였던 개신교인의 수치는 20% 이하로, 90%에 가까 웠던 비주류 개신교인은 약 20%로 떨어진다.[5]

가장 소극적인 추정치를 적용하더라도 **우리는 결단한 사람들 중 최소 50%를 잃어버린 셈이다.** 결단이 제자의 삶을 살게 하는 핵심 요 소가 아니라는 결론을 내릴 수밖에 없다. 제자의 삶은 꾸준한 주일학 교 참석, 중·고등부 모임 참여, 그리고 가정의 신앙 교육과 훨씬 더 높 은 상관관계가 있는 것으로 나타났다.[6] 젊은이들을 결단하게―즉 '우 리 마음속에 예수님을 영접하게'―하는 데 초점을 맞추는 태도가 오 히려 영적 형성을 왜곡하고 있는 것처럼 보인다.

이제 나는 이 점을 더 강력하게 주장하고자 한다. 나는 그리스도를 위해 결단하고 나중에 참된 제자가 되는 **복음주의적인**[7] 어린이 혹은 십대들과, 유아세례를 받고 어른이 되어 신실하고 독실한 가톨릭 제 자가 되는 **로마 가톨릭 교인들** 사이에 차이가 거의 없다고 주장하고 자 한다. 이 비판이 로마 가톨릭 교인은 구원을 받지 못하지만(혹은 구 원받지 못할 수도 있지만) 우리는 구원받았다고 오랫동안 주장해온 사 람들을 직접적으로 겨냥하고 있음을 잘 알고 있다. 그러나 이것이 바 로 내가 주장하고자 하는 바다. 내가 틀렸으면 좋겠지만 그렇다고 해 서 이 책이 제기하는 핵심적인 문제가 달라지지는 않을 것이다.

한 가지 더 지적해두자. 중·고등부 행사, 수련회, 그리고 각종 프로 그램이 사람들을 결단하도록 설득하는 데 초점을 맞출 때 우리는 복 음을 무장 해제시키고, 숫자를 왜곡하고, 제자도의 중요성을 약화시 킬 뿐이다. 얼마 전에 학생들에게 내 책의 이 부분을 읽게 했을 때, 강의실 안에는 '그래, 맞아'라며 공감대가 형성되었다. 학생들 중 일부는 어두운 조명과 감정을 자극하는 음악으로 결단을 촉구하는 열광적인 순간을 통해 신앙을 갖게 되었으며, 그들의 다른 친구들 역시 그런 경험을 했다고 말했다. 그리고 지금 그들은 예수님을 따르는 것과 전혀 상관없는 삶을 살고 있다. 한 학생은 "무엇이 신앙을 끈끈하게 만들어주는지 궁금해졌어요"라고 말했다.

이 책에서 나는 이 주제로 다시 돌아가겠지만, 지금은 내 이야기를 먼저 하고자 한다. 전도 폭발 훈련의 경험과 그 후에 일어난 생각의 변화로 나는 복음전도에 냉소적인 태도를 갖게 되었고, 이런 태도는 대학과 신학교, 박사 과정을 거치면서 내 안에 깊이 뿌리를 내렸다. 나는 **복음**과 **전도**, **구원**, 그리고 우리가 사용하는 (때로는 당혹스럽게도) 말주변과 조작의 경계에 서 있는 **설득의 방법** 사이의 상관관계에 관심을 기울이기 시작했다. 나는 우리의 전도 방식에 심각한 오류가 있으며 그 때문에 수십 년이 넘는 시간 동안, 이 문제에 관해 한 번이라도 생각해본 사람이라면 누구라도 이 문제에 귀를 기울이지 않을 수 없을 거라 확신한다.

신학교에서 가르치던 초기에 나는 '전도'나 '복음'에 '제자도'를 통합시키기 위해 열심히 노력했지만, 성서학과 전도의 필요성을 동시에 충족시키는 만족스러운 곳을 결코 찾지 못했다. 신학교에서 십여 년을 가르친 후 나는 대학으로 자리를 옮겼고, 마침내 나는 내 수업을 통해 신앙이 있는 학생들이 제자도로 나아가고 심지어는 몇몇 학생이 기대하지도 않았던 방식으로 회심에 이르는 것을 목격했다. 이런 수

업 경험을 통해 나는 **복음이 무엇이며 전도가 무엇인지**를―그리고 아마도 가장 중요하게는 어떻게 해야 결단을 넘어 제자도에 이르게 하는 방식으로 전도를 할 수 있는지를―더 명확히 이해하려는 노력을 시작하게 되었다.

하지만 이 모든 것은 중요한 한 가지 질문에 대한 대답을 요구한다.

1장

중요한
질문

이 책은 오늘 우리가 할 수 있는 가장 중요한—혹은 가장 중요한 것 중 적어도 하나의—질문을 던진다. 이 책에서 나는 우리가 성경으로부터 멀어져 충분히 성경적이지 않은 대답에 만족하고 있기 때문에 우리 모두가 이 질문을 던져야 한다고 주장할 것이다. 사실, 현재 상태에 대한 불만과 이 질문에 대한 더 성경적인 접근을 향한 열망이 널리 퍼져 있고, 오늘날은 이 질문에 관한 활기차고 고무적인 논의를 통해 이런 불만과 열망이 표출되고 있다. 내 친구 중 한 명은 교회가 이 물음에 있어서 '안갯속에' 있다고 말하며, 또 다른 작가는 이와 관련해 '혼란의 안개'가 존재한다고 말한다.

그 물음은 바로 이것이다.
복음이란 무엇인가?

복음

당신은 놀랄지도 모른다. 당신이 **이해하고** 있다고 생각하는 **복음**이라는 단어는 고대 세계에서 (결혼식처럼) 무언가에 관한 좋은 소식을 선포할 때 사용되었고, 오늘날에는 기독교의 메시지를 가리키는 말로 사용되고 있다. 당신은 이 단어 주변에 안개 같은 것은 전혀 없다고 생각할지도 모른다. 다른 모든 것—정치나 종말론, 속죄론, 빈곤과 같은 것—은 열띤 논쟁을 불러일으키지만 복음은 단순한 것이라고 생각할 수도 있다. 이런 쟁점에 관한 논의도 필요하지만, 복음에 관한 문제를 해결하기 전에는 결코 그런 문제들을 가지고 기독교적으로 논의할 수 없다. 나는 우리가 복음을 잘못 이해하고 있거나, 현재 우리의 이해는 예수님과 사도들의 복음을 희미하게 반영할 뿐이라고 생각한다. 본래의 복음을 찾기 위해 우리는 성경으로 돌아가야 한다.

신약성경이 실제로 이야기하는 바를 낱낱이 살펴본 후에는 당신도 위에서 지적한 질문이 오늘 우리가 던져야 할 가장 중요한 질문이라는 나의 주장에 동의할 것이다. 그리고 당신이 지금 우리가 가지고 있는 대답이 충분히 성경적이지 않다는 주장에도 동의하기를 바란다. 또한 내 제안이 성경적 지혜를 담고 있음도 발견하기를 기대한다. 먼저 종이 한 장을 꺼내서, 혹은 이 책 뒤의 백지를 펴서 가장 중요한 이 질문에 대한 당신의 답을 적어보라. 복음이란 무엇인가?

세 가지 증거물

다음 세 가지 증거물은 왜 우리가 성경을 벗어났으며 이 물음에 답하기 위해서는 다시―마치 처음인 것처럼, 우리가 갈릴리에서 직접 예수님의 말씀을 듣는 것처럼, 혹은 마치 우리가 부산하고 떠들썩한 로마 제국의 어느 작은 가정 교회에서 사도들의 복음을 처음으로 듣는 사람들인 것처럼―성경으로 돌아가야 하는지를 예증한다. 성경으로 다시 돌아갈 때 우리는 발견하는 것을 보고 깜짝 놀랄 것이며, 이 세 증거물은 우리가 놀랄 수밖에 없는 이유를 보여준다.

증거물 A

나는 한 독자로부터 이런 질문이 담긴 이메일을 받았다. "당신은 아마도 매우 바쁠지도 모르겠습니다. 혹시 시간이 있으시면 복음에 대한 질문을 하고 싶습니다. 저는 복음서 기자들이 그들의 복음서에 예수님이 메시아라는 선언을 포함시키고 있음을 발견했습니다. 제 질문은, '예수님이 메시아, 다윗의 자손이라는 사실이 어떤 점에서 좋은 소식인가?'입니다.…시간 내주셔서 감사합니다!" 나는 이 편지를 세 번 읽었고, 읽을 때마다 고개를 가로저었다. 우리가 예수님이 메시아라는 사실이 복음과 무슨 관계가 있는지를 궁금해하는 지경에 이르렀다는 점이 너무도 의아했기 때문이다. 하지만 이메일을 보낸 그 사람 혼자만 그런 의문을 가지고 있는 게 아니다.

▶대답 A: 이메일을 보낸 사람에게 복음이라는 단어는 거의 전적으

로 개인 구원에 관한 것이다. 즉 이 복음은 더 이상 예수님이 메시아라는, 이스라엘에게 주어진 약속을 포함하지 않는다는 말이다. 하지만 이 사람만 탓하지는 말자. 어쩌면 오늘날 대부분의 그리스도인은 복음이 예수님이 '메시아'인 것과 무슨 관계가 있는지 궁금해할지도 모른다.

증거물 B

미국에서 영향력 있는 설교자와 저자 중 한 사람인—그리고 그런 평가를 받을 만한 자격이 있는—존 파이퍼John Piper는 2010년 4월에 열린 한 대형 집회에서 이런 질문을 던졌다. "예수님은 바울의 복음을 선포하셨는가?" 이에 대한 답변으로 그는 누가복음 18장에 나오는 바리새인과 세리의 비유를 살펴보았는데, 이 본문에는 복음서에 몇 차례 나오지 않는 "의롭다 하심을 받는다"는 말이 등장한다. 존 파이퍼는 예수님이 정말로 이신칭의라는 바울의 복음을 선포하셨다고 결론 내린다. 나는 파이퍼가 던진 질문의 정당성에 공감하며, 예수님의 이 비유에서 이신칭의의 가르침을 발견할 수 있다는 점에도 동의한다. 따라서 예수님이 바울의 복음과 비슷한 복음을 선포하셨는지를 묻는 것은 전적으로 타당하다.

그러나 우선순위의 문제, 더 나아가 우선권의 문제가 존재한다. 바울이 예수님의 복음을 선포했는지를 묻는 것이 더 중요하지 않은가? 뿐만 아니라 또 다른 문제도 있다. 파이퍼는 칭의가 복음이라고 전제한다. 미국의 칼뱅주의자들—그리고 파이퍼는 복음주의자들 사이에서 칼뱅주의 사상이 재부상하는 데 중요한 영향을 미치고 있다—은 복음을 '이신칭의'라는 짧은 공식으로 정의해왔다. 그러나 우리는 사도들이 과연 복음을 이런 식으로 정의했는지를 물어야 한다. 혹은 '복음을 선포할 때 그들은 무엇을 말했는가?'를 묻는 것이 더 낫겠다. 앞으로 우리는 이 질문들에 답할 것이다.

▶대답 B: 사복음서에서 우리가 좋아하는 신학적 범주의 예시를 찾기 어려울 때, 우리는 우리의 해석과 신학적 선호가 얼마나 중요한지에 대해 경계할 필요가 있다.

증거물 C

공항에서 우연히 어떤 목회자를 만났다. 그는 증거물 B에서 살펴본 입장을 더 극단적인 형태로 제시했다. 내가 어떤 책을 쓰고 있는지 그가 묻기에 나는 '복음의 의미에 관한 책'이라고 대답했다.

그는 "그건 쉽죠. 이신칭의잖아요"라고 말했다. 그의 빠르고 쉬운 대답을 들은 후 나는 대화를 더 진전시켜보려는 마음으로 그에게 파이퍼의 질문을 던졌다. "예수님이 복음을 선포하셨습니까?"

그의 대답에 나는 숨이 막힐 지경이었다. "아니요." 그는 이렇게 말했다. "예수님은 복음을 선포하지 않으셨습니다. 바울 이전에는 그 누구도 복음을 이해하지 못했죠. 십자가와 부활, 오순절 이전에는 그 누구도 복음을 이해**할 수 없었습니다.**"

"예수님도 이해하지 못했다고요?"라고 나는 물었다.

"네. 불가능한 일입니다"라며 그는 단언했다. 내가 자주 사용하던 오만해 보이는 말을 덧붙이고 싶었다. "불쌍한 예수님은 십자가 사건보다 먼저 태어나셔서 복음도 선포하지 못하셨군요." 비꼬는 말은 아니었지만 내 풍자가 그에게 도움이 되지 않았을 것이므로 나는 참았다. 하지만 나는 다른 이들도 예수님과 바울, 그리고 복음에 관해 비슷한 주장을 하는 것을 들은 적이 있다. 이 책에서는 이런 신념을 철저하게 반박할 것이다.

▶대답 C: 이 목회자에게 **복음**이라는 말은 '이신칭의'를 의미하며, 예수님은 이런 관점에서 말씀하지 않으셨기 때문에 복음을 선포하지 않으신 것이다. 이 설교자만큼 이를 단호하게 주장하는 사람은 거의 없지만, 안타깝게도 몇몇 사람은 여전히 이 같은 주장을 고수한다. 이런 견해는 잘못되고 완고한 것이다.

가혹한 말이라는 점은 나도 인정한다.

위의 세 사례—'메시아'와 '복음'이 어떻게 연결되는지 이해하지 못하는 이메일 발신자와 '이신칭의'와 '복음'이 하나이며 동일하다고 믿는 두 목회자(한 사람은 예수님이 이신칭의를 전하셨다고 생각하는 한편, 다른 한 사람은 예수님이 그러지 않으셨고 그러실 수 없었다고 생각한다)—는 각각 내가 깊이 우려하는 바를 예증한다. 나는 **복음**이라는 말이 우리가 '개인 구원'에 관해 믿는 바에 의해 납치당했으며, '결단'을 촉구하기 위해 복음 자체가 변형되었다고 믿는다. 이 납치의 결과 이제 **복음**이라는 말에는 본래 예수님이나 사도들이 이해했던 대로의 의미가 더 이상 남지 않게 되었다.

나는 이것이 흔하지 않은 주장임을 알고 있으며, 어떤 사람은 내 주장을 기이하게 여길 것이라는 사실도 알고 있다. 그래서 나는 당신이 인내심을 가지고 끝까지 내 말을 잘 들어주기를 당부하려 한다. 나는 우리가 오해하고 있고 이런 오해 때문에 문제가 생겨났다고 믿으며, 우리는 지금 그 문제를 해결하려고 애쓰고 있다. 그러나 계속해서 오해하는 한 우리는 결코 문제를 해결할 수 없다. 우리의 신앙 체계는 망가졌고 소위 우리의 복음이 그것을 망가뜨렸다. 시스템의 작동 방식을 개선하기 위해 노력하는 것으로는 충분하지 않다. 그게 문제가 아니다. 문제는 잘못 형성된 복음으로부터 동력을 얻어 시스템이 작동하고 있다는 점이다.

얼마 전에 미국의 유명한 목회자와 점심을 함께 먹으며 이 책의 주제에 관해 이야기를 나누었다. 그는 나에게 이렇게 말했다. "스캇, 우리는 그 책이 필요합니다. 사람들이 헷갈려 하기 때문입니다. 사람들은 헷갈려 할 뿐만 아니라 자신이 헷갈리고 있다는 사실조차 모르고 있습니다."

> 내가 배운 복음을 짧게 요약해보면 이렇다. 사영리, 이신칭의, 믿음에 더해 '선택 사항에 해당하는' 일을 하지 않았을 때 느끼는 약간의 죄책감, 6일간의 창조를 믿지 않으면 덤으로 주어지는 '너는 아마도 그 복음을 받아들이지 않은 것'이라는 경고…. 내가 자라면서 배운 복음이 기본적으로 '죄의 관리'였다면, 바울이 〔고전 15장에서〕 설명하는 복음은 더 큰 문제 혹은 적敵인 '죽음'을 '물리치는', '죄'의 해결책이다.   '게리'—학생

그 역시 다른 사람들이 느끼는 '안개'를 알아차린 듯 보였기 때문에 나는 그에게 이야기를 조금 더 해달라고 부탁했다. 그가 한 말의 요점은 이랬다. "대부분의 미국 그리스도인은 복음이 죄를 용서받고 죽어서 천국에 가는 문제를 다룬다고 생각합니다." 그런 다음 그는 계속 이렇게 말했다. "저는 '죄 관리의 복음'에 대한 달라스 윌라드^{Dallas Willard}의 지적을 결코 잊지 못할 것 같습니다. 달라스의 글을 읽으면서 그가 옳다는 것을 깨달았습니다. 만약 복음이 변화를 다루지 않는다면 그것은 성경의 복음이 아니며, 우리에게는 신약성경의 복음이 정말로 무엇인지를 분명히 말해주는 책이 필요합니다." 이 목회자의 말은 옳다. 나는 이 책이 그에게, 그리고 그와 비슷한 생각을 가지고 있는 다른 사람들에게 도움이 되기를 바란다.

가장 큰 문제는 우리 문화 전체가 복음에 대한 오해를 바탕으로 형성되었다는 점이다. 복음이라고 불리는 이 오해가 교회를 해체하고 있다.

2장

복음의 문화인가?
구원의 문화인가?

복음주의는 교회와 세상에 주어진 선물이다.

　복음주의의 가장 소중한 신념 중 하나이자 나 역시 소중히 여기는 신념은, 각 사람이 거듭나서 구원을 받아야 한다는 것이다. 복음서의 거의 모든 페이지는 이 신념을 명확히 밝히고 있으며, 사도행전의 각 설교에서도 이를 찾아볼 수 있고, 서신서도 이를 강조한다. 개인적인 믿음은 필수적이며 결코 양보할 수 없는 것이다. 복음은 구경꾼들에게는 아무런 영향을 끼치지 않는다. 복음이 그 능력을 발휘하기 위해서는 당신이 참여해야만 한다.

　교회가 유아에게 세례를 베푼 후 아이가 십대 전후가 되었을 때 교리문답을 통해 신앙을 가르칠 수 있다는 생각은 예수 그리스도를 향한 개인적 결단에 집착하는 복음주의자들에게 도전을 받아왔다. 내 친한 친구 브래드 나시프^{Brad Nassif}는 동방 정교회 신학자다. 그는 자신의 전통에서는 사람들이 '성례전'에는 자주 참여하지만 '복음화'는 되지 않는다고 거듭 말했다. 즉, 그들은 세례를 받고 일부는 교회에도 나가지만 예수 그리스도에 대한 개인적인 헌신은 하지 않았을지도 모른다.

신학적으로 나시프는 정교회가 수 세기에 걸쳐 복음에 충실한 모습을 지켜왔으며 그 안에도 회심을 촉구하는 가르침이 있다고 믿는다. 그러나 그는 다른 역사적 전통들처럼 '이름뿐인 신앙'이 교회의 목을 조르고 있다고도 확신했다. 따라서 나시프가 보기에 오늘날 정교회의 가장 시급한 필요는 사람들을, 심지어는 일부 성직자들을 예수 그리스도에 대한 개인적인 신앙으로 (다시) 회심하게 만드는 공격적인 내부적 선교다. 정교회나 로마 가톨릭교회처럼 예전을 중시하는liturgical 전통으로부터 복음주의로 회심하는 사람들의 숫자를 볼 때 나시프의 말이 맞다는 것을 알 수 있다. 성례전만으로는 충분하지 않다. 개인적인 믿음을 갖도록 촉구해야 하며, 이것이 복음주의에서 강조해온 바다.

복음주의가 교회와 세상에 주어진 선물일지는 모르지만, 결코 완벽하지는 않다.

복음주의를 특징짓는 대표적인 두 단어는 복음과 (개인적) 구원이다. **복음**이라는 말의 어원은 그리스어 단어 유앙겔리온euangelion과 영어 단어 이벤절evangel이며, 복음주의와 복음전도 역시 이 두 단어로부터 파생되었다. 이제 두 번째 단어를 살펴보자. **구원**은 그리스어 소테리아soteria를 번역한 말이다. 이제 나는 신랄한 비판을 하고자 한다. 사도적 복음의 의미에 따르면 우리 복음주의자들은 (대체로) '복음적'이지 않으며 그 대신 **구원적**soterian이다. 우리가 복음적이라기보다는 구원적이라고 말하는 이유는 이렇다. 복음주의자들은 **복음**이라는 말과 **구원**이라는 말을 (잘못) 동일시한다. 따라서 우리는 사실 '구원주의자들'이다. 우리 복음주의자들은 **복음**이라는 단어를 볼 때 본능적으로 (개인적인) '구원'을 생각한다. 그러나 이 두 단어는 같은 것을 의미하지 않으며, 이 책은 그 차이를 보여줄 것이다.

아이러니는 명백하다. 우리가 우리 자신을 규정하기 위해 사용하는 용어(복음/유앙겔리온)가 우리를 규정하지 못하는 반면, 우리가 우리 자신을 규정할 때 사용하지 않는 용어(소테리아, 즉 '구원')가 실제로 우리를 규정한다는 것이다. 우리는 복음주의자가 아니라 **구원주의자**soterians(구원받은 사람들)라고 불려야 한다. 나는 이 책을 통해 우리가 신약성경으로 돌아가 예수님의 복음이 무엇인지를 완전히 새롭게 발견하고, 그것을 받아들임으로써 참된 복음주의자가 되기를 소망한다. 지금까지 우리는 '구원의 문화'를 만든 후 그것을 '복음의 문화'로 착각해왔다.

구원의 문화

개인적 신앙에 대한 강조는 '구원의 문화', 즉 사람들이 개인적 구원의 경험을 증언할 수 있는지 여부에 초점을 맞추고 그에 기초해 사람을 평가하는 문화를 만들어냈다. 구원의 문화에서는 이런 이중적인 물음을 던지는 경향이 있다. "누가 안에 있고, 누가 밖에 있는가?" 혹은 더 개인적인 차원에서 "당신은 안에 있는가? 아니면 밖에 있는가?" 복음주의 문화에서는 개인적 구원 경험을 그 문화를 만드는 결정적 요인으로 간주한다. 이 책의 주장에서 내가 가장 중요하게 생각하는 바는 이렇게 요약될 수 있다.

- 구원의 문화와 복음의 문화는 동일하지 않다.
- 구원의 문화가 복음의 문화와 동일하다고 생각한다면, 우리는 복음이 무엇을 뜻하는지와 복음의 문화가 오늘날 세상 속에서 어떤 의미를 갖는지를 이해하지 못하는 심각한 문제점을 드러내는 셈이다.
- 우리는 복음의 문화를 발견하기 위해 성경으로 되돌아가야 하며 그 복음의 문화를 교회의 중심으로 삼아야 한다.

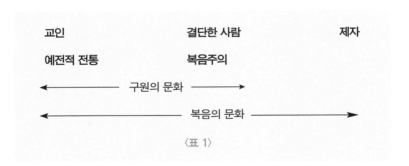

〈표 1〉

위의 〈표 1〉은 문제를 분명하게 보여준다. 큰 그림은 이렇다. 로마 가톨릭과 정교회, 성공회를 포함하지만 이 교단들에 국한되지 않는 구원의 문화에서는 교인들을 결단한 사람으로 만들기 위해 노력해왔다. 구원의 문화는 교인들이 복음을 바로 이해하고 개인적 구원의 필요성을 깨달을 때까지 계속 노력할 것이다. 일부 복음주의자들도 이러한 예전적 전통에 속해 있지만, 나는 문제를 조금 단순화시켜서 '개인적 결단을 강조하는 복음주의 운동'에 초점을 맞추고자 한다. 더 광범위한 예전적 전통의 일부이든 그런 전통으로부터 분리되어 있든 복음주의에서는 개인적 결단과 개인적 구원을 강조하면서 교인들을 결단한 사람들로 변화시키기 위해 노력한다. 그러나 복음주의자들은 결단한 사람들을 제자들로 변화시키기 위해서도 노력해야 하는데, 이는 복음주의권에서 만들어낸, 구원받지 못한 사람을 구원받은 사람(결단한 사람)으로 변화시키기 위해 올바른 결단을 하는 것에 집착하는 (때로는 독선적인) 구원의 문화 때문이다. 복음의 문화는 이 모두를 아우르며 교인들이 제자들로 변하게 하는데, 이 문화는 전자와 후자를 동일시하기 때문이다.

사실상 나는 자라면서 두려움의 복음을 배웠다고 말할 수밖에 없다… 어려서부터 나는 이런 가르침을 받았다.

너는 죄인이다.

우리는 예수님과 함께 있어야 한다.

그리고 그분은 우리를 지옥으로부터 구원하신다….

우리는 언제나 우리가 죄인이며 하나님을 떠나 방황하고 있고 그분이 우리를 지옥에 보내야만 할 때가 오기 전에 그분께 나아가야 한다고 이야기했다.   '크레이그'―학생

이제 이 점을 조금 더 자세히 살펴보자. 모든 기독교 전통—특히 가톨릭과 정교회 전통—에서는 교회로 들어오는 것(즉 교인이 되는 것)을 강조한다. 더 예전적인 전통의 경우 교회로 들어오는 것은 유아세례로부터 시작되어 교리문답으로 이어진다. 어떤 이들에게 이것은 거의 자동적인 과정이다. 즉, 세례받은 사람들은 교리문답 교육을 받고 교인이 된다. 얼마 전 강의실에서 나는 로마 가톨릭 교인인 학생에게 '교인 자격'을 얻지 못한 청년을 알고 있는지 물었다. 그는 즉시 "아니요"라고 답했다. 회심을 자동적인 과정으로 만드는 것—여기서 나는 철저히 솔직해지고자 최선을 다하고 있다—은 신앙과 교회 생활의 활력에 치명적인 영향을 미친다. 이런 종류의 복음은 한 교회를 해체할 수도 있으며, 나는 이 문제가 유럽 문화권 교회의 몰락을 초래한 원인 중 하나라고—유일한 원인은 아닐지라도—생각한다.

이러한 성례전적 과정은 많은 개신교회의 신앙 행태와 극적인 대조를 이루며, 특히 복음주의자들은 아동이나 청소년, 성인이 개인적으로 신앙을 고백할 때 구원을 받는다고 생각한다. 따라서 복음주의 전통에서는 두 번째 단계로 나아가기 원한다. 두 번째 단계는 결단한 사람이 되는 것이다. 예전적 전통과 복음주의 전통 사이의 명백하고 중요한 차이점에도 불구하고 두 전통은 비슷한 문제를 안고 있다. 구원의 문화에서는 교인이나 결단한 사람을 제3의 범주, 즉 제자로 변화시키기 위해 노력해왔고, 노력하고 있으며, 앞으로도 계속 노력할 것이다. 그러나 교인을 제자로 변화시키기 원한다면 복음의 문화를 만들어야 한다. 복음의 온전성을 이해하기 위해 씨름하는 아래에 소개

예수 왕의 복음

하는 한 목회자의 사례는 우리가 해체하고 개혁해야 하는 패러다임이 무엇인지를 보여준다.

에릭 목사

에릭 목사는 복음을 설교하는 것이 얼마나 중요한지를 잘 알고 있다. 그래서 그는 명확한 정의로부터 출발하며, 이 정의는 구원의 문화가 말하는 복음을 완벽히 표현한다. "복음은 하나님이 그분의 아들 예수 그리스도를 통해 우리에게 구원을 베푸신다는 좋은 소식이다." 에릭은 천사가 "내가…[구주에 관한] 좋은 소식을 너희에게 전하노라"라고 말하는 장면이 나오는 누가복음 2장을 예로 든다. 그런 다음 복음이란 일차적으로 구주─그리고 그분이 가져다주시는 구원─에 관한 좋은 소식이라고 결론 내린다.

그 다음에 에릭은 "그렇다면 그리스도는 우리를 무엇으로부터 구원하셨습니까?"라고 묻는다.

이 물음에 대한 대답은 마태복음 1:21에 있다. "우리의 죄에서."

이제 에릭 목사는 "어떻게?"라고 묻는다. 그는 베드로전서 3:18에서 그 답을 찾을 수 있다고 말한다. 예수님의 죽음과 부활을 통해서. 오늘날 대부분의 복음전도에서 부활에 대해 이야기하지 않는다는 사실은 사뭇 당혹스럽다. 그러므로 에릭 목사가 복음을 제시하는 방식을 나는 칭찬해주고 싶다.

그러나 그런 다음 에릭 목사는 그분의 부활의 복음을 해체하거나 적어도 축소시키는 몇 가지 불길한 주장을 한다. 그의 주장은 모두 부정어를 포함하는 문장들로 제시되며, 구원의 문화가 가진 불안의 핵심을 잘 보여준다.

- 복음은 예수님을 본받으라는 부르심이 아니다.
- 그것은 예수님이 주님이며 왕이시라는 공적 선언이 아니다.
- 그것은 (직접적으로는) 교회로의 초대가 아니다.
- 그것은 재림의 약속을 포함하지 않는다.

"그렇다." 에릭 목사는 계속해서 이렇게 말한다. "이런 요소는 물론 기독교 신학의 일부이며 참이지만, 출발점은 복음이다. 그것은 예수님이 십자가에 달려 죽으시고 죽은 자 가운데서 부활하심으로써 우리를 우리 죄에서 구원하셨다는 좋은 소식이다."

에릭 목사는 이제 이렇게 묻는다. "우리는 어떻게 구원을 받는가?" 그의 대답은 다음과 같다. "그저 믿음으로 구원을 받는다. 왜냐하면 모든 것이 은총이기 때문이다." 그러나 여기서 에릭 목사는 교회가 안고 있는 가장 중요한 문제 중 하나에 대해 의아해하기 시작한다. 구원이 정말 결단한 사람으로 하여금 제자가 되게 하는가? 이제 그는 말을 끼워 맞추기 시작한다. 그는 참된 믿음이란 강력한 믿음이라고 주장한다. 그런 믿음은 지정의知情意를 아우른다는 것이다. 사실 그는 구원이 오직 믿음으로 말미암는다는 점을 명확히 하기 위해 정말 최선을 다했지만, 믿음이 (필연적으로 그리고 확실하게) 제자도로 이어지는 것 역시 원한다. 한편으로는 제자도를 지나치게 강조하면 은총과 오직 믿음에 의한 구원이 약화될지도 모른다고 걱정한다. 그래서 그는 계속해서 앞뒤를 왔다 갔다 할 수밖에 없는데, 그의 복음은 '복음의 문화'를 만드는 복음이 아니라 '구원의 문화'를 만드는 복음이기 때문이다.

이 책은 사도적 복음이 구원의 문화를 만드는 복음이 아니라 복음의 문화를 만드는 복음이기 때문에 이런 문제에 빠지지 않음을 보여줄 것이다. 이런 문제는 우리 스스로 만들어낸 것일 뿐이다. 당신은 원하는 모든 말을 동원해 논리를 전개해나갈 수는 있지만, 이런 식으로 구원의 문화를 만드는 복음은 언제나 제자도의 문제와 갈등을 빚을 수밖에 없다.

구원의 문화에서는 교인이나 결단한 사람에게 구원을 받기 위해서는 제자가 되어야 한다고 요구하지 않는다. 왜 그런가? 이 문화의 복음은, 전적으로 구원에 관한 '내부와 외부'의 문제에 의해 규정된 복음이기 때문이다. 또한 결단을 내리는 것이 이 복음의 핵심인 탓이다. 이 책을 통해 나는 예수님의 복음과 사도들의 복음은 모두 단순한 구원의 문화가 아니라 **복음**의 문화를 만들어냈으며, 이 복음은 '안'으로 들어오기 원하는 사람들에게 제자가 되기를 요구할 수 있는 능력을 지닌 복음임을 보여주고자 한다. 다시 말해서, 이 복음에서는 구원의 문화가 복음의 문화 안으로 통합된다.

그러나 복음의 문화를 만들기 위해서는 먼저 네 범주를 구별해야 한다.

3장

이야기로부터
구원으로

당신은 내가 곧장 **복음**이라는 말의 의미를 제시하지 않은 채 시간을
끈다고 생각할지도 모른다. 이제 거의 다 왔다. 복음을 정의하기 위한
사전 준비로서 우리는 네 개의 큰 범주를 구별해야 하고, 이 책의 주제
들 역시 이 네 범주로부터 흘러나온다.

  이스라엘 이야기/성경
  예수님 이야기
  구원 계획
  설득의 방법

먼저 질문을 하나 던져보자. 나는 당신이 이 질문에 답하기 전에
충분한 시간을 갖고 생각해보기를 바란다. 당신은 이 네 범주 중 어느

것에 **복음**이라는 용어를 적용하겠는가? 오늘날 많은 사람이 이스라엘 이야기가 복음이라고 생각한다. 성경 이야기가 복음 그 자체다. 어떤 사람들에게는 복음이란 곧 예수님이다. 여기서 끝이고, 더 이상 토론이 필요 없다. 그러나 다른 사람들—나는 복음주의, 가톨릭, 정교회가 이 범주에 속한다고 생각한다—은 복음이라는 말이 세 번째 범주, 즉 구원 계획과 가장 일치한다고 생각한다. 여기서 나는 구원 계획이라는 말을 하나님이 우리를 구원하시는 방법에 관한 (개인적) 계획이라는 의미로 사용한다. 사실 오늘날 복음을 선포하는 방식 때문에 많은 사람은 구원 계획과 설득의 방법 사이에 다른 점이 거의 없다고 생각할 것이다. (이에 관해서는 잠시 후에 더 자세히 논할 것이다.)

이 범주들은 서로 연결되어 있으며, 상호 의존적일 수밖에 없다. 〈표 2〉에서 볼 수 있듯이, 기초는 이스라엘 이야기고 그 기초 위에서 예수님 이야기를 이해할 수 있다. 구원 계획은 이스라엘 이야기와 예수님 이야기로부터 유래하며, 설득의 방법은 구원 계획으로부터 유래한다.

설득의 방법

구원 계획

예수님 이야기

이스라엘 이야기/성경 이야기

〈표 2〉

예수 왕의 복음

이스라엘 이야기

이스라엘 이야기는 성경 이야기가 어떻게 전개되는지를 보여주는 큰 줄기다. 하나님은 하나님의 성전인 세상을 창조하시고, 두 작은 이콘 _Eikon_—하나님의 형상으로 지음 받은 아담과 하와—이 (에덴동산이라는) 하나님의 성전에서 하나님을 대리하고, 하나님을 대신해 다스리고, 하나님과 자신, 다른 이들, 그리고 세상과 구속救贖적인 방식으로 관계를 맺게 하셨다. 아담과 하와가 하나님의 선한 명령에 반역했을 때, 하나님을 대리하고 하나님의 동산을 다스리는 바로 이 책무가 철저히 왜곡되었다. 하나님은 그들을 에덴에서 내쫓으셨다. 우리는 여기서 바로 예수님과 신약성경으로 건너뛴 후 이스라엘 이야기/성경을 다 이해했다고 말할 수 없다. 성경 전체는 다른 길을 택한다. 이와 관련해 다룰 내용이 많지만, 나중에 이 전체적인 개요를 미묘하지만 중요한 방식으로 수정할 계획이므로 여기서는 간략하게만 제시하고자 한다.

하나님은 한 사람 아브라함을, 그런 다음 그를 통해 한 민족 이스라엘을, 그런 다음 교회를 택하셔서 이 세상에서 하나님을 대신하는 하나님의 제사장과 통치자가 되게 하셨다. 아담이 에덴동산에서 해야 했던 일—즉, 하나님을 대신해 구속적인 방식으로 이 세상을 다스리는 일—은 하나님이 이스라엘에게 주신 사명이기도 하다. 아담처럼 이스라엘도 실패했으며, 그 왕들 역시 실패했다. 그래서 하나님은 자신의 아들을 보내셔서 아담과 이스라엘 그리고 왕들이 하지 않았던 (그리고 분명히 할 수 없었던) 일을 함으로써 모든 사람을 그들의 죄와 구조악,

그리고 사탄(적대자)으로부터 구하게 하셨다. 따라서 성자는 메시아와 주님으로서 다스리시는 분이다.

이 점을 명심하라. 성자를 보내실 때 하나님이 하신 일은 예수님을 메시아(이 단어의 뜻은 '왕'이다)로 세우시고, 예수 그리스도를 통해 하나님의 나라를 세우신 것이다. 즉, 이 왕이 그분의 왕국을 다스리신다는 뜻이다. 우리는 이 점을 이렇게 고쳐서 말해야 한다. 왕과 왕국이라는 관념은 최초의 창조와 연결된다. 하나님은 이콘들, 즉 아담과 하와가 이 세상을 다스리기를 원하셨다. 그러나 그들은 실패했고, 하나님은 그분의 아들을 보내셔서 세상을 다스리게 하셨다. 성자는 세상의 왕이자 메시아, 주님으로서 참 왕이신 예수 그리스도를 통해 이루어진 세상의 구속을 증언하고 하나님의 백성으로서 이 왕국을 구현하는 일을 교회에게 맡기셨다.

마지막으로 이 이야기에는 목적이 있다. 그것은 하나님이 지구상에 그분의 왕국을 세우시고 모든 것을 바로잡으시는 때에 이루어지는 최종적 완성이다. 우리는 완성이라는 관점에서 성경 전체를 새롭게 읽고 그 뜻을 더욱 분명히 이해할 수 있다. 하나님은 본래 아담과 하와를 동산-성전에 두셨지만, 그분이 모든 것을 완전히 다 이루실 때 동산은 사라진다. 요한계시록 21-22장에는 동산 대신 **도성**이 나온다. 다시 말해서 동산은 이상적인 조건이 아니다. 이상적인 조건은 번영하며, 활기차고, 문화를 만들며, 하나님을 경외하고, 예수님을 중심으로 삼는 도성이다.

이렇게 요약한 성경 이야기의 줄거리는 많은 사람에게 옛날이야기처럼 들릴 수도 있으나, 위의 각 문장은(단어까지는 아니더라도) 이 책에서 한 장씩 할애하여 다룰 가치가 있고, 이것은 성경의 이야기며, 더하지도 빼지도 않은 성경의 유일한 이야기라고 말할 수 있다. 그러나 이 이야기가 곧 복음인 것은 아니다. 복음은 이 이야기와 조화를 이루지만, 이 이야기 자체가 복음은 아니다. 그뿐 아니라 복음은 **이 이야기 안에서만 의미를 갖는다.** 이제 대단히 중요한 주장을 제시하고자 한다. 즉, 이 이야기 없이는 복음도 없다. 이것은 두 번째 주장으로 이어진다. 만약 우리가 이 이야기를 무시한다면 복음은 왜곡되며, 그리고 그것이 바로 지금까지 구원의 문화에서 일어난 일이었다.

예수님 이야기

『나니아 연대기』*Chronicles of Narnia*의 일곱 이야기들 대신 『사자와 마녀와 옷장』*The Lion, the Witch and the Wardrobe*만 이야기하는 것처럼, 우리의 두 번째 범주는 이야기의 한 부분, 즉 **예수님 이야기**로 초점을 좁힌다. 예수님 이야기는 이스라엘 이야기의 **최종** 목적지이자 성취, 완성, 해답이다. 앞으로 나는 '완성시키다'라는 단어를 자주 사용할 텐데, 이 단어의 의미는 '결말에 이르렀다', 혹은 이스라엘 이야기가 최종 목적지에 도달했다는 것이다. 이야기가 공식적으로 끝났다는 말이 아니다. 교회는 계속 존재할 것이며 최종 완성은 아직 도래하지 않았다.

예수님 이야기의 핵심 주제는 그분의 왕국에 대한 전망이며, 그리고 이 전망은 창조 이야기, 이스라엘을 향한 하나님의 계획을 실현하고자 했던 이스라엘의 이야기, 요한계시록에 기록된 도성에 대한 전망을 통해 확인할 수 있다. 방금 제시한 용어와 주장 각각에 대해 한 장씩은 쓸 수 있지만, 여기서는 큰 그림을 이해하는 것이 목적이므로 자세한 논의는 생략하겠다. 예수님 이야기의 핵심은 그분의 탄생과 삶, 가르침, 기적과 활동, 죽음, 장례, 부활, 승천과 높여지심에 관한 서술이다. 그분을 규정하고 이스라엘 이야기의 완성에서 그분이 맡으신 역할을 말해주는 명칭들—메시아, 주, 하나님의 아들, 구원자, 인자—은 예수님 이야기와 밀접하게 연결되어 있다. 메시아이자 주님이신 예수님의 이야기를 통해 이스라엘 이야기 속에 담긴 완성에 대한 열망이 성취된다. 이 예수님은 이스라엘을 그들의 죄에서 구원하시는 분이고, 인간을 갇힌 상태로부터 구해내시는 분이다.

내게 이메일을 보낸 그 사람에게로 돌아가 보자. 메시아이신 예수님이 복음과 무슨 관계가 있는지 물었던 그 사람이 가지고 있었던 근본적인 문제점은, '복음'을 개인적·실존적·사적인 '죄 문제'에 대한 해결책으로만 이해할 뿐 (그와 동시에) '이야기 문제', 즉 '메시아 해결책'을 찾아 헤매던 이스라엘 이야기의 결말로는 이해하지 못하고 있다는 것이다. 예수님 이야기는 무엇보다도 먼저 이스라엘 이야기의 결말이고, 예수님 이야기가 우리를 구원하는 것은 그것이 이스라엘 이야기를 완성하기 때문이다. 이는 다음 범주와도 연결된다.

구원 계획

이제 세 번째 주요 관념, (개인적) **구원 계획**에 대해 이야기해보자. 구원 계획은 '이스라엘/성경 이야기'와 '예수님 이야기'로부터 흘러나온다. 이스라엘로부터 예수님에 이르는 성경의 이야기는 구원 이야기다. 복음을 이해하고자 한다면 이 이야기의 중요성을 감히 축소해서는 안 되는 것처럼, 이야기가 가지고 있는 구원의 효과도 축소해서는 안 된다.

그러나 구원 계획을 이스라엘 이야기나 예수님 이야기와 동일시할 때 복음을 왜곡하게 되며, 심지어는 이야기 자체를 망가뜨리는 경우도 많다. 미국에서는 흔히 '복음의 구원 계획'에 관해 이야기하는데, **이것은 개인이 어떻게 구원을 받는지, 하나님이 우리를 위해 무엇을 행하셨는지, 구원을 받으려면 우리가 어떻게 응답해야 하는지를 다룬**다. 지구 곳곳에서 온 친구들과의 대화를 통해, '구원 계획'이라는 말이 그들에게는 내가 '이스라엘 이야기와 예수님 이야기'라고 부르는 것과 유사한 무언가를 환기할 수도 있음을 나는 알고 있다. 즉 많은 사람에게 구원 계획은 이 세상 속에서 행하시는 하나님의 선교를 환기한다.

친구들의 입장을 존중하기는 하지만, 나는 구원 계획을 특정한 의미로, 그리고 오직 그 의미, 즉 구원의 메시지라는 우리가 구원받는 방식을 가리키는 말로 사용하고자 한다. 큰 그림은 이렇다. 이따금 우리는 개인적인 구원 계획과 우리가 구원받는 방식에만 초점을 맞추고 이스라엘 이야기와 예수님 이야기에는 전혀 관심을 기울이지 않는다. 최근 복음에 관한 책을 읽은 후 이런 질문이 떠올랐다. 이 저자가 복음을 이해하는 데 구약성경이 필요하기는 할까? 안타깝게도 그에게는 구약성경이 중요하지 않을 것이라는 생각이 들었다. 우리가 '복음'을 '구원 계획'에서 작동되는 교리들과 동일시할 때 이런 일이 일어난다.

성경의 이야기가 사라지고, 그 결과 복음 역시 사라지고 만다!

그렇다면 (개인적) 구원 계획이란 무엇인가? 나는 이 말을 '한 사람이 어떻게 구원받고, 용서받으며, 하나님과 화목을 이루는지, 구원받기 위해 그 사람은 무엇을 해야 하는지를 설명할 때 복음주의자들뿐만 아니라 많은 사람이 사용하는 성경 이야기 속의 요소나 관념'을 일컫는 말로 사용할 것이다. 아래에서 제시할 (그리고 제시하지 않은) 항목에 대해 내가 전적으로 편안하게 생각하는 것은 아님을 먼저 고백해야겠다. 구원이 이보다 더 풍성하다고 생각하기 때문이다. 그러나 논의를 위해서 이 항목들을 열거할 텐데, 이 항목들은 많은 사람이 개인적 구원의 기초를 이해하는 방식과 복음 자체를 이해하는 (혹은 오해하는) 방식을 잘 보여주기 때문이다. 구원 계획에서 가장 흔히 등장하는 요소는 다음과 같으며, 하나님의 구원의 능력을 아는 사람이라면 누구든지 각 문장을 읽으며 마음이 뜨거워짐을 느낄 것이다.

- 하나님의 사랑과 은총, 거룩과 공의
- 이콘, 즉 하나님의 이미지를 지닌 존재로 창조된 인간. 그러나 죄를 선택한 인간—불순종과 원죄 역시 이와 관련이 있음
- 하나님의 심판 아래에 있는 우리의 상황
- 우리의 죄를 용서하고 우리를 하나님과 화해시키는 예수 그리스도의 대속적 죽음이라는 좋은 소식
- 모든 인간이 자신의 죄인 됨을 인정하고, 죄를 회개하고, 예수의 대속적 죽음을 믿음으로써 이 소식에 응답해야 할 필요성

예수 왕의 복음

당신이 내 주장을 대단히 이상하게 여길지도 모르지만, 어쨌든 나는 이 말을 하려고 한다. 이 구원 계획은 복음이 아니다. 구원 계획은 이스라엘/성경 이야기로부터, 그리고 예수님 이야기로부터 나온 것이지만, 이 계획과 복음은 동일한 사상이 아니다. 이 주장이 논란의 여지가 있음을 알고 있다. 나는 구원—혹은 이신칭의—이나 성경 안에서의 구원의 중요성을 부정하지 않으면서도 위에서 열거한 것보다 훨씬 더 많은 이야기를 할 수 있다고 믿는다. 또한 구원받지 못했을 때 우리는 하나님과 화목하지 못한 상태로 그분 앞에 서게 된다. 그러나 내가 말하고자 하는 것은, 신약성경의 '복음'은 구원 계획으로 환원될 수 없다는 것이다. 〈표 2〉가 보여주는 것처럼 구원 계획은 이스라엘 이야기와 예수님 이야기로부터 흘러나온다(그리고 그것에 기초해 있다). 좋은 소식은, 우리가 '구원'을 '복음'이라는 더 큰 개념 속에 더 많이 잠기게 할수록 구원에 관한 우리의 이해도 더 풍성해질 것이라는 점이다.

네 번째 범주로 넘어가기 전에, (이후에도 다루겠지만) 복음과 구원 계획을 구별하는 것이 왜 중요한지 생각해보자. 성인이 된 후 나는 어떻게 '구원받은' 사람들이 더 적극적으로 제자도를 실천하게 할 것인가와 관련된 불평을 들어왔으며, 나 역시 그렇게 불평해왔다. 모든 종류의 동기부여를 활용해보았으며, 몇 가지 방법을 만들어내기도 했다. 그 방법 대부분은, 아니 아마 그 모두는—아일랜드의 위대한 작가 프랭크 오코너^{Frank O'Connor}의 표현을 사용하자면—"핀으로 겨우겨우 이어 붙인" 것일 뿐이었다.[8]

내가 전해 받은 복음은 다음과 같다.

하나님은 진짜다. 하나님은 우리를 사랑하신다. 복음과 구원은 모든 사람을 위한 것이다. 하나님은 자기 아들을 우리에게 보내셨고, 그분은 우리를 위해 십자가에 달려 죽으셨다.

하나님의 사랑에 응답하는 방법은 그분을 믿는 것이며, 그 보답은 영원한 생명이다.

[나에게 복음을 가르친] 이 사람들은 복음을 가능한 단순하게 설명하고 싶어한다. [그리고·그들은] 사람들이 그저 축복을 받듯이 복음을 받아들일 수 있도록 복음의 '친절한 면'에만 초점을 맞춘다 [그렇게 하고 싶어한다].　　　　　　　　　　　　　　　'존'―학생

나는 동기부여에 초점을 맞추는 방식에 근본적인 오해가 존재한다고 확신한다. 즉, 우리는 풍성한 구원관을 이 네다섯 항목으로 축소할 뿐만 아니라, 구원 계획에 결코 의도되지 않았던 무언가를 구원 계획을 통해 이루려는 잘못을 범하고 있다. 거칠게 말하자면, 구원 계획은 제자도나 정의, 순종이 아니다. 구원 계획은 한 가지, 오직 한 가지로 귀결된다. 바로 구원이다. 칭의는 우리가 의 안에 있으며, 하나님의 백성에 속한다는 하나님의 선언으로 귀결된다. 칭의가 자동적으로 정의와 선, 사랑과 자비의 삶으로 이어지지는 않는다. 만약 그렇다면 모든 그리스도인은 더 정의롭고, 더 선으로 넘치고, 사랑에 흠뻑 젖어 있을 것이다.

그러나 바르게 이해했을 때 복음은 정말로 우리를 이러한 결과로

이끌며, '복음'과 '구원 계획'의 차이를 알았다면 우리는 이런 동기부여 전략에 갇히지도 않았을 것이다. 만약 구원 계획을 복음으로 선포한다면 우리는 사람들에게 동기를 부여하기 위해 모든 노력을 다하거나, 앞서 언급한 용어를 사용하자면 더 많은 사람을 세 번째 열, 즉 제자의 범주에 들어가게 하기 위해 더 열심히 노력할 것이다. 그러나 구원 계획으로부터 복음을 구별하는 법을 배운다면 우리는 전혀 다른 세계를 발견하게 될 것이다. 복음이 구원 계획이라고 생각하기 때문에, 그리고 구원 계획을 복음으로 선포하기 때문에 사실상 우리는 복음을 선포하지 않고 있다. 이 점을 더 진지하게 표현하자면, 오늘 우리에게, 특히 구원 계획을 직관적으로 이해하지 못하는 세대에게 가장 필요한 것은 구원 계획이 어떤 맥락에 놓여 있는지를 알게 하는 복음을 더 많이 선포하는 것이다. (이에 관해서는 나중에 더 자세히 논할 것이다.)

여기서는 복음과 하나님 나라, 구원 계획에 관해 간단히 언급하고자 한다. 오늘날 젊은 목회자들은 하나님 나라에 관한 예수님의 전망에 대해 설교하고 가르치고 그것을 구현하기 위해 노력하며, 많은 사람에게 예수님의 하나님 나라 전망은 그 어떤 것보다 더 큰 생명력을 준다. 많은 사람이 나에게 '복음'을 어떻게 설교해야 하는지, 혹은 하나님 나라와 관련해 사람들을 어떻게 '복음화'해야 하는지 묻는다. "어떻게 당신은 사람들을 복음화해 하나님 나라 안으로 이끄는가?" 나는 이런 질문을 수백 번이나 받았다. (이제 나는 그들에게 내 책 『한 삶: 예수님이 부르시고 우리가 따르다』 *One.Life: Jesus Calls, We Follow*를 읽어보라고 권한다.) 그러나 내가 이 질문에 가지는 불만은, 이렇게 물을 때 사람들이 용어를 비성경적인 방식으로 사용한다는 점이다. '복음화'라는 말을 사용할 때 그들은 '구원 계획'을 의미하며, 그로 인해 즉시 우리는 순환 논리에 빠지고 만다. 그러나 하나님 나라와 구원 계획 사이의 관계는 복음과 구원 계획 사이의 관계와 같다. 이것은 두 개의 다른 범주다. 하나님 나라 전망은 구원 계획을 수반·암시·포함하고 구원 계획 없이는 하나님 나라가 제대로 기능할 수 없기는 하지만, 예수님의 하나님 나라 전망이 구원 계획만 다루는 것은 아니며 심지어는 직접적으로 그것을 다루지도 않는다.

그러므로 사람들은 구원 계획을 하나님 나라 전망에 억지로 끼워 맞추려고 애쓰며, 예수님도 그렇게 하셨기를 바라지만 그분은 그러지 않으셨다. 왜 우리는 이렇게 힘들게 노력하는가? 우리가 '복음'을 '구원 계획'과 동일시했기 때문이다. 이는 곧 우리가 '하나님 나라'를 '구원 계획'과 동일시할 수밖에 없었다는 뜻이다. 더 나쁜 것은 우리가 둘 중 하나를 택해야만 한다는 점이다. 많은 사람이 하나님 나라와 구원 계획 중 하나를 선택한다. 그러나 이 용어를 구별하는 법을 배운다면 우리는 '하나님 나라'를 '구원 계획'에, '구원 계획'을 '하나님 나라'에 억지로 끼워 맞추거나 둘 중 하나를 골라야 할 필요가 없을 것이다. (이에 관해서도 나중에 더 자세히 논할 것이다.)

설득의 방법

네 번째 범주는 **설득의 방법**이다. 이것은 사람들의 응답을 이끌어내는 강력하고 성공적인 설득을 위해 구원 계획을 '포장하는' 방법을 말한다. 여기에서는 특히 두 가지가 중요한데, 바로 구체적인 성경의 요소(즉 하나님의 사랑과 은총, 믿음)와 이런 요소를 묶어내는 수사다.

대부분까지는 아니더라도 많은 사람이 선호하는 설득의 방법은 하나님의 은총으로부터 시작해 재빨리 최후의 심판, 지옥, 하나님의 진노로 옮겨간다. 이 두 번째 단계에서는 우리의 메시지에 궁극성을 부여하고 듣는 이의 관심을 사로잡을 수 있는 용어를 활용한다. 그러나 다른 사람들은 하나님의 놀라운 사랑과 은총을 보여주고 구체화하며 선포하는 것, 그리고 하나님의 은총이 듣는 사람의 마음을 뜨겁게 하도록 기도하는 것이 더 중요하다고 생각한다. 그러나 이 점을 다시 한번 강조해야 한다. 즉, 우리가 선호하는 설득의 방법과 복음은 동일하지 않다. 오늘날 많은 사람이 전도 소책자나 강단 앞으로 나오라고 초청하는 설교에서 전하는 '복음'이 교회가 처음부터 선포한 유일한 복음이라고 생각한다. 어쩌면 우리는 과거를 다시 기억해야 할 필요가 있을지도 모른다.

> 청소년 시절에 보았던 그림이 기억난다. 가운데 있는 깊은 협곡에 의해 양쪽이 나누어져 있는 그림이었다. 한편에는 죄에 갇힌 인류가, 반대편에는 완벽히 선하신 하나님이 계셨다. 그러나 양쪽을 연결할 방법이 없었다. 선생님은 십자가를 그려서 한쪽과 다른 쪽을 연결한 후 예수님의 죽음과 부활을 통해 인류가 어떻게 하나님과 바른 관계를 맺게 되었는지를 설명했다. '에스더'—학생

이 책을 쓰기 위해 자료를 조사하면서 간략히 살펴본 바에 따르면, 복음전도를 목적으로 한 설교의 역사에서는 복음전도자와 청중의 필요에 따라 복음전도의 방법이 바뀌어왔다. 첫째, 물론 우리는 우리의 복음이 사도들의 복음과 일치하도록 주의를 기울여야 하지만, 사도행전에 나타난 베드로와 바울의 설교는 교회사에서 사용해온 방법과 동일하지 않다.

둘째, 현존하는 사도 시대 이후 가장 이른 시기의 복음전도의 예는 아마도 디오그네투스 서신 *Epistle of Diognetus*에서 찾을 수 있을 것이다.[9] 이 서신의 목적은 세 가지다. 즉 우상숭배를 비판하는 것, 기독교 신앙과 유대교의 차이를 명확히 하는 것, 예수 그리스도의 영광스러움과 인간을 향한 하나님의 절대적인 사랑과 자비를 제시하는 것이다. 사도행전 14장과 17장에 기록된 이방인을 향한 바울의 설교와 공통점이 많지만, 이 문서는 2세기 말의 복음전도 소책자라고 볼 만한 명백한 특징을 담고 있다.

셋째, 종교개혁은 새로운 강조점을 만들어냈는데, 아마도 토머스 크랜머 *Thomas Cranmer*의 유명한 「오직 우리 구주 예수 그리스도에 의한, 죄와 영원한 죽음으로부터의 인류의 구원에 관한 설교」*A sermon on the salvation of mankind, by only Christ our Saviour, from sin and death everlasting*만큼 복음전도에 대한 종교개혁의 접근 방식을 명확히 보여주는 글은 없을 것이다. 영국의 모든 교회에서 읽히도록 작성된 이 설교는 한 가지 목표를 가지고 있었는데, 그것은 바로 구원을 가르치는 것이었다. 다시 말해 사람들로 하여금 더 이상 자신을 신뢰하지 않게 하고, 하나님 앞에서 의롭다 하심을 얻을 수 있도록 그리스도를 신뢰하는 방법을 배우도록 권면하는 것이다.[10] 이것은 대단히 종교개혁적인 복음전도 방식이다.

넷째, 웨슬리^{Wesley}의 설교를 읽어보면, 그가 어떤 설교에서든 구원의 완전성과 칭의와 성화를 위해 믿음이 필요하다고 분명히 가르치고 있음을 알 수 있다.[11]

지금까지 네 시대를—복음전도의 네 가지 다른 지향점을—살펴보았다. 그러므로 우리의 방법은 교회가 사용해온 유일한 방법이 아닌 셈이다.

복음의 참된 요소를, '설득을 위해 그 요소들을 마구 끌어오는 것'으로부터 구별해야 함을 명심하라. 그러나 우리의 설득의 방법—혹은 웨슬리나 크랜머의 방법—과 복음 자체를 동일시해서는 안 된다. 사실 이 책 후반부에서 제시할 결론에 비추어볼 때, 〈표 3〉은 현재 구원의 문화 안에서 무슨 일이 일어나고 있는지를 보여준다. **구원 계획과 설득의 방법을 너무나도 강조한 나머지 그것이 이스라엘 이야기와 예수님 이야기를 압도해왔다. 이것은 복음 자체에 대한 이해에도 엄청난 영향을 미친다.** 이 책의 뒷부분에서 설득의 방법에 관해 더 많이 논의할 테지만, 여기서 먼저 위험 신호를 보내고 싶다. 우리가 사용하는 설득의 방법은 구원의 문화에 의해 형성되었으며, 이것은 처음부터 끝까지 하나의 목적, 즉 사람들을 결단하게 만듦으로써 결단한 사람이라는 경계선 안에 안전하게 들어가게 하려는 목적을 가지고 있다. 이 방법에는 심각한 수정이 필요하다.

이 네 범주는 두 개의 단위를 이룬다. 예수님 이야기는 이스라엘 이야기/성경 이야기에 속하며, 그 이야기 안에서만 이해할 수 있다. 구원 계획과 설득의 방법은 서로에게 속한다. 그중 하나는 이론이며 나머지 하나는 함의다.

설득의 방법

구원 계획

예수님 이야기

이스라엘 이야기

성경 이야기

〈표 3〉

> 내가 배운 복음은 대단히 단순하며, 대단히 간단했다.
>
> 아무런 질문도 필요 없었다. 그리스도인이 되기 위해서는 한 가지 단순한 일만 하면 되기 때문이다…
>
> 내가 배운 이 복음은 요한복음 3:16이라고 말할 수도 있다. 왜냐하면 신약성경에서 중요하다고 여겨지는 유일한 구절이기 때문이다.
>
> '로즈'—학생

이 넷은 구별되어야 한다. 그러나 우리가 구원 계획과 설득의 방법으로 이스라엘 이야기와 예수님 이야기를 짓눌러왔기 때문에—나 역시 그렇게 해왔다고 고백하지 않을 수 없다—복음은 그 날카로움과 의미를 잃어버리고 말았다. 오늘날 많은 그리스도인이 구약성경 이야

기에 대해 거의 전적으로 무지하다는 사실만큼 이를 더 잘 입증하는
것은 없다. 이토록 많은 그리스도인이 구약성경을 알지 못하는 까닭
은 그들의 '복음'에서는 구약성경이 필요하지 않기 때문이다! 나는 당
신이 이 주장에 관심을 기울이기를 바란다. 나에게 이메일을 보내 "메
시아가 복음과 무슨 관계가 있는가?"라고 물었던 그 사람은 바로 이런
문제를 드러내고 있다.

　　앞으로 나는 복음이라는 말이 이 네 용어 중 단 하나에만 속한다
고 주장할 것이다. 또한 그것이 이스라엘 이야기의 해결로서의 '예수
님 이야기'에 속한다고 주장할 것이다. 이 점을 분명히 하고 '복음'과
'구원'의 차이를 확실하게 한 후에야 비로소 우리는 '복음의 문화' 안
에서만 참된 본향을 찾을 수 있는 '구원의 문화'를 발전시킬 수 있을
것이다. 그러나 그 전에 먼저 해야 할 일이 있는데, 그 일은 지금 많은
사람이 던지고 있는 물음으로부터 시작한다.

본래의 복음이란 무엇인가?

혹은,

사도들의 복음이란 무엇인가?

혹은,

예수님이 선포하신 복음이란 무엇인가?

혹은,

신약성경의 복음이란 무엇인가?

4장

바울의
사도적 복음

모든 문제는 어디에서 시작하는가에 달려 있다. 내 아들의 친구의 친구의 아버지(실제로 이보다는 조금 더 가까운 관계다)는 사립 컨트리클럽의 골프장 감독관이다. 어느 날 그는 나에게 골프장이 회원들에게 문을 열지 않는 월요일에—혼자서—골프를 칠 수 있게 해줄 테니 주일 저녁에 전화를 달라고 말했다. 그래서 나는 그의 말대로 전화를 했다. 그는 내게 언제 오면 되는지, (의심을 사지 않도록) 어디에 주차를 하면 되는지 알려주었다. 그런 다음 나에게 간단한 질문을 했다. "골프장의 구조에 관해 알려줄까요?" 나는 그 골프장에서 골프를 칠 수 있다는 사실에 흥분해 있었으며, 공짜로 칠 수 있다는 사실에도 매우 기뻐하고 있었다. 그동안 골프를 많이 쳐보았으므로 나는 "아니요, 짐. 가보면 알 겁니다"라고 말했다.

골프장에 도착해 주차를 하고, 골프채를 챙겨 클럽 하우스를 지나서 있는 첫 번째 나무에 도착했을 때의 시간은 오전 6시 30분이었다. 두 가지 문제 때문에 상황이 복잡해졌다. 첫째, '첫 번째 홀'이라고 쓴 티 마커tee marker(각 홀의 출발점에 설치된 표시물—옮긴이주)가 없었다. 그 즉시 나는 이렇게 혼잣말을 했다. "물론 없겠지. 이곳은 사설 골프장이야. 회원들이 코스를 다 알 테니 티 마커가 필요 없을 거야." 두 번째 문제는 티 박스tee box(각 홀의 첫 타를 치는 구역—옮긴이주)에 점수 카드가 없었기 때문에 지도도 없었다는 것이다. 나는 다시 이렇게 생각했다. "물론 없겠지. 이 골프장 회원들은 클럽 하우스 안에서 카드를 얻겠지."

그 다음 세 번째 문제가 생겼다. 클럽 하우스 근처에 티 박스가 세 개 있었으며, 그것은 곧 첫 번째 홀에서 경기를 하기 위해서는 먼저 그 중 하나를 선택해야 함을 뜻했다. 나는 선택을 했고, 네 홀을 거치는 동안 이 골프장이 내가 가본 골프장 중에서 가장 이상한 구조를 가지고 있다고 생각했다. 다섯 번째 홀에 도착했을 때 짐이 카트를 몰고 와서 "스캇, 오늘 정말 일찍 도착했나 보군요"라고 말했다.

나는 그의 말처럼 일찍 도착하지 않았기 때문에 뭔가 잘못되었음을 깨달았다. 그래서 나는 짐에게 물었다. "무슨 뜻이에요?"

그는 대답했다. "스캇, 당신은 지금 14번 홀에 있어요"(나는 5번 홀에 있다고 생각했다). 그는 뼈아픈 농담을 던졌다. "골프장 구조에 대해 알려주겠다고 물어봤을 때 필요 없다고 했잖아요?" 그는 크게 웃으며 "내가 말해줬어야 했는데! 카트에 타요. 내가 카드를 줄 테니 처음부터 다시 시작해요"라고 했다. 그런 다음 그는 이렇게 말했다. "올바른 장소에서 시작하지 않으면 제대로 골프를 칠 수가 없죠."

그의 말이 맞다. 짐의 말은 복음을 이해하는 지도를 그리고자 할 때 훨씬 더 잘 들어맞는다. 어디에서 시작할 것인가? 시작하기에 가장 좋은 곳은 **신약성경 전체에서 복음의 정의에 가장 가까운 구절**이다. 고린도전서 15장이 바로 그런 구절이다.

사도적 복음의 전통

복음을 이렇게 고유하게 정의하는 것의 장점 중 하나는, 이 정의가 신약성경 전체에서 '가장 먼저 기록된' 구절 중 하나이기도 하다고 생각하는 학자들이 많다는 점이다. 학자들은 이것이 신약의 모든 사도가 전해 받고 전해주었던 복음에 관한 구전이라고 생각한다. 고린도전서 15장은 교회의 초창기에 관한 비밀을 밝혀주며, 모든 사람이 무엇을 믿고 무엇을 선포했는지를 우리에게 말해준다. 이 본문은 **사도적 복음의 전통**이다.[12] 따라서…

신약성경이 있기 전에…

사도들이 서신서를 쓰기 시작하기 전에…

복음서가 기록되기 전에…

복음이 있었다.

맨 처음에 복음이 있었다.

그 복음이 바로 고린도전서 15장에 담겨 있다.

만약 여기서 시작하지 않는다면 우리는 큰 실수를 저지르고 말 것이다. 바울이 다메섹으로 가는 길에서 하나님의 구원의 은총으로 높이 들리신 주 예수 메시아를 만났던 고유한 경험을 했음을 기억한다면, 그가 사도적 복음의 전통을 얼마나 중요하게 여겼는지를 분명히 이해할 수 있을 것이다. 이 경험이 너무나도 압도적이어서 바울은 후에 **자신의 복음**이 하나님으로부터 직접 받은 개인적 계시라고 말하기도 했다(갈 1:13-16). 하나님으로부터 받은 계시가 너무나도 분명해서 그는 다른 사도들로부터 확증을 받을 필요조차 없다고 단호하게 선언한다.

바울은 이처럼 자신의 독특한 경험과 하나님으로부터 받은 특별 계시를 강조한다…. 그러나 복음의 정의에 관한 한 바울은 분명한 보수주의자다. 자신의 관점에서 복음을 표현하는 대신에 그는 그저 교회의 전통을 통해 전해진, 검증되고 참된 복음을 암송했다. 이것은 마치 세계에서 가장 유명한 신학자에게 그의 신학을 요약해서 진술해달라고 부탁했을 때, 이 신학자가 개인적인 주장을 전개하는 대신에 "전능하사 천지를 만드신 하나님 아버지를 내가 믿사오며…"라고 말하는 것과 같다. 이 신학자는 자신의 고유한 신학적 틀을 제시하는 대신 사도신경을 암송한 것이다. 이것이 바로 '복음'을 설명해달라는 부탁을 받았을 때 바울이 보였던 반응이다. 그는 전통을 인용했다.

고린도전서 15장의 세 부분

바울의 말을 A, B, C의 세 부분으로 나눠서 살펴보는 것이 유익할 것이다. A는 서론이고, B에서는 복음을 정의한다. 그러나 많은 사람이 십수

절을 건너뛴 다음 15:20-28에서도 바울의 '복음 진술'이 계속된다고 생각하기 때문에 나는 이 구절 역시 C에 포함시킬 것이다. 아래 인용문의 굵은 활자에 대해서는 더 자세한 설명을 덧붙일 것이다. 이렇게 책에 성경 구절이 인용되어 있을 때 성경에 익숙한 사람들은 본문을 건너뛰기가 쉽다. 그래서 나는 당신에게 이 구절을 주의 깊게 읽어보기를 당부한다. 이곳이 바로 바울이 시작한 곳이며, 우리가 시작할 곳이기도 하다. (나중에 우리는 예수님이 과연 복음을 선포하셨는가라는 질문을 다룰 때에도 여기서 시작하는 것이 현명한 길이라는 점을 보여줄 것이다.)

A 형제들아 내가 너희에게 전한 복음을 너희에게 알게 하노니 이는 너희가 받은 것이요 또 그 가운데 선 것이라. 너희가 만일 내가 전한 그 말을 굳게 지키고 헛되이 믿지 아니하였으면 그로 말미암아 구원을 받으리라(15:1-2).

B 내가 받은 것을 먼저 너희에게 전하였노니
   이는 **성경대로** 그리스도께서 우리 죄를 위하여 죽으시고
   장사 지낸 바 되셨다가
   성경대로 사흘 만에 다시 살아나사
   게바에게 보이시고 후에 열두 제자에게와⋯(15:3-5).

C 그러나 이제 그리스도께서 죽은 자 가운데서 다시 살아나사 잠자는 자들의 첫 열매가 되셨도다. **사망이 한 사람으로 말미암았으니**

죽은 자의 부활도 한 사람으로 말미암는도다. 아담 안에서 모든 사람이 죽은 것같이 그리스도 안에서 모든 사람이 삶을 얻으리라. 그러나 각각 자기 차례대로 되리니 먼저는 첫 열매인 그리스도요 다음에는 그가 강림하실 때에 그리스도에게 속한 자요 그 후에는 마지막이니 그가 모든 통치와 모든 권세와 능력을 멸하시고 나라를 아버지 하나님께 바칠 때라. 그가 모든 원수를 그 발 아래에 둘 때까지 반드시 왕 노릇 하시리니 맨 나중에 멸망받을 원수는 사망이니라. "만물을 그의 발 아래에 두셨다" 하셨으니, "만물"을 아래에 둔다 말씀하실 때에 만물을 그의 아래에 두신 이가 그중에 들지 아니한 것이 분명하도다. 만물을 그에게 복종하게 하실 때에는 아들 자신도 그때에 만물을 자기에게 복종하게 하신 이에게 복종하게 되리니 이는 하나님이 만유의 주로서 만유 안에 계시려 하심이라(15:20-28).

우리는 사도 바울이 제시한 '복음'의 정의로부터 시작해야 한다. 그리고 여기에서 시작할 때, 우리는 '복음'의 의미를 찾을 수 있으며 신약성경과 교회사 전체를 항해하는 법을 알려주는 지도를 얻을 수 있을 것이다! 여기에서 시작할 때 우리는 복음의 문화를 만들기 위한 첫걸음을 내딛는 셈이다. 이 본문을 꼼꼼히 해설할 수도 있지만, 여기서는 그럴 필요가 없다. 대신 나는 몇 가지 사항에 초점을 맞추고자 한다.

바울의 복음에 관한 여덟 가지 관찰

"내가 전한 복음"

단락 A(고전 15:1-2)에서 **바울은 복음을 매개로 자신과 고린도 교인들을 연결시킨다.** 그는 복음이란 "내가 전한 좋은 소식"이라고 말한다. 이 구절의 그리스어 원문을 주목해볼 필요가 있다. 토 유앙겔리온 호 유엥겔리사멘*to euangelion ho euēngelisamen*은 "**내가** 전한 복음"이라는 뜻이다. 하지만 바울이 전한 복음은 그 이상의 의미를 담고 있다. 그것은 고린도 교인들이 "받은" 복음이며 "[그들이] 그 가운데 서 있는" 복음이기도 하다. 뿐만 아니라 이것은 그들이 그것으로 말미암아 "구원을 받은" 복음이다. 바울의 복음이 그들을 구원하고 지탱한다. 그러나 다시 한번 바울은 단락 A의 마지막 문장에서 이 복음을 통한 연결을 강조한다. "**내가** 전한 그 말"은 "내가 복음으로 전한 그 말"이라고 번역할 수도 있다. 우리의 첫 번째 관찰은 단순하다. 이 모든 것이 '복음'에 관한 것이다.

전해진 복음

단락 B(고전 15:3-5)에서는 단락 A에서 제시한 바를 더 자세히 설명한다. 그리고 이 모든 설명은 "너희가 받은"(15:1)이라는 한마디에 집약된다. 이 말(그리스어로 *parelabete*)은 그들이 터득했고 바울 자신도 전해 "받은"(15:3, *parelabon*, 같은 그리스어 동사) 사도들의 권위 있는 전통을 가리킨다. 그런 다음 바울은 바로 이 복음의 전통을 고린도 교인들에게 "전해주어" 그들이 참된 복음을 소유할 수 있게 했다. 우리는 여기서 바울이 말하고자 하는 바를 되새겨볼 필요가 있다. 바울은 그가 전한 복음은 참되며 신뢰할 만한 사도들의 복음이라고―그는 이 복음을 받아서 전해주었을 뿐이라고―말하고 있다. 복음에 관한 한 그는 결코 혁신자가 아니다.

그렇다면 사도 바울이 고린도 교인들에게 전하고 그들이 받았던 참된 전통의 복음은 무엇일까? 단락 B에 그 답이 있다.

복음의 정의

참된 사도적 복음, 바울이 받아서 전한 복음, 고린도 교인들이 전해 받은 복음은 예수님의 생애 가운데 일어난 다음 사건과 관계가 있다.

그리스도께서 죽으신 사건,

그리스도께서 장사 되신 사건,

그리스도께서 부활하신 사건,

그리스도께서 나타나신 사건.

복음은 예수 그리스도의 생애 가운데 일어난 핵심 사건에 관한 이야기다. 최초의 복음은 많은 사람이 구원의 문화를 뒷받침한다고 생각하는 '사영리' 대신 예수 그리스도의 생애에서 일어난 네 가지 '사건'이나 '장' chapter 에 관해 이야기한다.

어쩌면 우리는 가장 기초적인 사실을 상기해야 할 필요가 있을지도 모른다. 즉, 사도 시대의 유대인들 사이에서 **복음**이라는 말은 무언가를 **알리기** 위해, 무언가를 좋은 소식―복음 euangelion 이라는 말은 언제나 좋은 소식을 뜻한다—으로 **선언하기** 위해 사용되었다. '복음을 전한다'는 말은 어떤 것과 관련해 무엇인가를 알리고, 선포하고, 선언하는 것을 뜻한다. 이를 종합해보면 복음이란 예수 그리스도의 생애 가운데 일어난 핵심 사건에 관한 좋은 소식을 알리는 것이다. 바울은 복음을 전한다는 것은 곧 하나님의 구원 소식인 예수 그리스도의 이야기를 하고, 알리고, 선언하고, 크게 외치는 것이라고 생각했다.

이스라엘 이야기의 성취

위의 단락 B와 C에서, 특히 굵은 활자로 표기한 단어들을 통해 **예수 그리스도의 복음 이야기가 (우리에게는 구약성경에 해당하는) 성경에 나타난 이스라엘 이야기를 해결하거나 성취한다**는 점을 강조하고 있음에 주목하라. 여기에 사용된 중요한 단어는 "성경대로"다. 사도적 복음이란 '성경대로 말하는 예수님의 이야기'다.

관주성경을 가지고 있다면, 바울 서신 중 어느 책이든 한두 단락을 읽은 후 관주를 찾아보라. 바울이 이스라엘의 성경이라는 깊은 우물에서 길어올린 단어를 얼마나 자주 사용하는지 알 수 있을 것이다. 바울은 구약성경을 백 번 이상 명시적으로 인용하고 있으며, 그의 서신서에서 구약성경을 간접적으로 암시하거나 상기시키는 구절은 놀라울 정도로 많다.[13] 사실 복음의 이해와 선포, 가르침에 관한 바울의 상상력은 이스라엘 이야기에 의해 형성되었다. 그는 때로 로마서 3:10-18에서처럼 다섯 구절을 연달아 인용함으로써 성문을 부수는 공성퇴처럼 구약을 이용하기도 한다. 갈라디아서 3:6-9의 한 문단에서는 창세기 12장과 15장의 본문을 해설한다. 더 미묘한 방식으로 사용하는 경우도 있다. 고린도후서 3:17-4:6에서 바울은 성령, 주, 영광, 빛과 같은 단어를 사용해 이스라엘의 성경에서 가져온 수많은 구절과 주제, 사상을 환기한다. 그러나 한 가지 부인할 수 없는 사실은 바울의 복음— 더 정확히는 초기 기독교의 복음—이 성경에 기초해 있다는 것이다.

그러므로 예수 그리스도의 이야기는 모르몬경처럼 어느 날 갑자기 나타난 이야기도, 플라톤의 철학서처럼 일군의 무시간적인 사상도 아니다. 예수 그리스도의 이야기는 한 민족, 한 역사, 한 성경 안에 자리 잡고 있으며, 이 이야기는 이스라엘 이야기를 뒤따르고 완성하는 이야기로 볼 때만 바르게 이해할 수 있다. 대럴 복^{Darrell Bock}은 『잃어버린 복음의 회복』^{Recovering the Real Lost Gospel}이라는 책에서 이 구약성경 이야기가 복음이라 불릴 수 있는 모든 것 안에서 어떻게 작동하고 있는지에 관해 기발한 예를 제시한다.[14] 나는 복이 이 책의 첫머리에서 했던, 복음은 약속으로부터 시작된다는 말에 깜짝 놀랐다. 어떤 약속인가? 성령 안에서의 관계다. 복의 책을 읽으면서 책장을 넘길 때마다 가슴이 두근거렸다. 왜냐하면 그가 복음이 이스라엘 이야기와 약속의 해결이자 성취임을 거듭 강조하기 때문이다.

다시 한 번 말하지만 이 복음이라는 '좋은 소식'은 이스라엘 이야기가 예수 그리스도 안에서 결말에 이르렀다는 사실이다. 이 점은 3장의 〈표 2〉, 〈표 3〉과 다시 연결된다. '복음'은 이스라엘 이야기를 성취하고 완성하고 해결한 예수님의 이야기이기 때문에, 우리는 감히 복음을 추상적이며 이야기와 동떨어진 구원 계획의 구성 요소로 축소시켜서는 안 된다.

복음으로부터 흘러나온 구원

이처럼 구원 계획과 '복음'을 구별할 때 독자와 청중이 얼굴을 찌푸리는 경우도 있으므로 이 점을 분명히 해두자. **구원―하나님의 강력한 구원―은 구약성경의 이스라엘 이야기를 완성한 예수 그리스도에 관한 복음 이야기가 의도한 결과다.** 바울은 복음을 정의할 때 구원 계획에 관한 표현을 사용한다. 단락 B가 복음에 대한 그의 정의임을 기억하라. "우리 죄를 위하여." 바울은 "우리 죄를 위하여"와 "그리스도께서 죽으시고"를 연결하면서 복음의 또 다른 핵심적 특징을 제시한다. 여기서 그는 용서(와 속죄)로서의 십자가를 강조한다.

여기서 복음의 문화를 보존하는 데 절대적으로 중요한 한 가지를 지적해두어야 한다. 즉, 바울은 예수님의 죽음이 우리의 죄를 **어떻게** 사하는지를 말하지 않는다. 그는 그저 예수님이 "우리 죄를 위하여" 정말로 죽으셨다고 말할 뿐이다. 우리가 예수님의 이야기를 어떤 식으로 하든지, 그 이야기는 "죄"를, 예수님이 "위하여" 죽으신 것으로서의 "죄"를 다루어야만 한다. 우리는 이 이야기를 수많은 방식으로 전개할 수 있다―이렇게 말할 때 내 머릿속에는 성경 속 구원의 이미지들을 연구한 브렌다 콜레인^{Brenda Colijn}의 탁월한 책이 떠오른다.[15] 그러나 이 이야기는 복음이 우리를 **구원한다**는 사실을 보여주는 데 초점을 맞춰야 한다.

예수님의 구원의 죽음의 포괄성을 설명함에 있어서 내가 선호하는 방식은 그 죽음 안에서 일어난 세 가지 일을 살펴보는 것이다.

(1) 우리와 **함께** (동일시)

(2) 우리를 **대신해** (대표와 대리)

(3) 우리를 **위해** (하나님의 생명 안으로의 결합)

예수님이 죽으셨다.

즉, 먼저 그분은 인간의 조건 안으로 온전히 들어오셨다. 죄인이라는 우리의 조건 안으로 들어오셨을 뿐만 아니라 우리의 조건 안으로 '전적으로' 들어오셨다.

둘째, 그분은 우리의 대표자이자 대리자로서 죽으셨다. 다시 말해 그분은 우리 죄 때문에 우리가 받아 마땅한 처벌을 우리를 대신해 받으셨다. 그리고 성경의 일치된 증언에 따르면 이 처벌은 **이중적 죽음**, 즉 육체적 죽음이자 영적/영원한 죽음이다.

셋째, 그의 죽음은 **우리의 유익을 위해** 무언가를 성취했다. 그의 죽음은 죄 사함과 하나님과의 화해, 하나님의 법정에서의 칭의—이 용어의 포괄성에 대해서는 지금 언급하지 않겠다—를 확보함으로써 우리를 노예 상태로부터 구출하고 우리를 구속하는 모든 것으로부터 우리를 해방시켰다. 궁극적으로 예수님의 죽음(과 부활)은 우리를 하나님의 임재와 생명 가운데로 이끈다. 나는 바울이 "우리 죄를 위하여"라고 말할 때 이것을, 그리고 그 이상을 의미했다고 믿는다. 그러나 고린도전서 15장 본문을 통해 분명해지는 한 가지는, 바울이 구원을 단 하나의 이미지에 고착시키지 않는다는 점이다.

바울은 예수님이 "성경대로" 우리의 죄를 위해 죽으셨다고 말한다.

그리고 나는 (아마도 당신 역시도) 본능적으로 이 말씀이 고난받는 종을 통한 속죄를 말하는 이사야 53:10-12과 연결된다고 생각한다. 그러나 바울은 고린도전서 15장에서 이 본문으로 되돌아가지 않는다. 대신 그는 속죄에 관한 구약성경 전체의 증언에 대해 환기한다. 그러므로 우리는 먼저 제사 제도와 모세, 욤 키푸르(대속죄일), 유월절로부터 시작해야 한다. 그런 다음에야 비로소 이사야 52, 53장과 같은 본문을 이야기할 수 있다.

기독교 신학자들은 오랫동안 '속죄 이론'에 관해 논쟁해왔으며, 나 역시 이 논쟁에 참여한 바 있다.[16] "우리 죄를 위하여"라는 문구 때문에 이 이론 중 어느 하나를 받아들여야 하는 것은 아니며, 우리는 각 이론이 그 나름대로 예수님의 죽음이 구원에 미친 영향력을 밝혀줄 수 있음을 깨달았다. 단 하나의 이론에 갇혀 있는 것보다 하나님이 "우리 죄를 위하여" 행하신 일에 대한 우리의 이해를 확장시키는 편이 더 낫다. 바울이 사도들에게 충분했다고 말했던 바―이것이 사도적인 복음 전통이다―가 오늘날 우리에게도 충분하다. 즉, 예수님이 "우리 죄를 위하여" 죽으셨다.

나는 이 점을 좀 더 강조하고 싶다. 복음이 구원에 어떤 영향을 미치는지를 말해주는 좋은 사례는 갈라디아서 4:4-6이다.

때가 차매 하나님이 그 아들을 보내사 여자에게서 나게 하시고 율법 아래에 나게 하신 것은 율법 아래에 있는 자들을 속량하시고 우리로 아들의 명분을 얻게 하려 하심이라. 너희가 아들이므로 하나님이 그

아들의 영을 우리 마음 가운데 보내사 아빠 아버지라 부르게 하셨느
니라.

또 다른 본문은 고린도전서 6:11이다.

너희 중에 이와 같은 자들이 있더니 주 예수 그리스도의 이름과 우리
하나님의 성령 안에서 씻음과 거룩함과 의롭다 하심을 받았느니라.

여기에 사용된 용어들은 복음 자체가 개인적·공동체적으로 어떤
영향을 미치는지를 설명해준다. 예수님은 속량하시고, 양자가 되게 하
시고, 성령을 보내시고, 거룩하게 하시고, 의롭다 하심을 받게 하신다.
이런 것들이 그리스도께서 "우리 죄를 위하여" 죽으셨다고 말할 때 사
도들이 의미했던 바다.

완전한 이야기

단락 A, B, C를 읽으면서 당신은 깜짝 놀랐을지도 모른다. 어쩌면 그렇
지 않았을지도 모르겠다. 그러나 복음을 전하고자 할 때 당신이 최대
한 빨리 숙지해야 할 사실은 사도 바울이 말하는 복음의 주제가 예수
님의 삶 전체라는 것, 혹은 브렌다 콜레인이 "그리스도의 생애 전체"라
고 부른 것이라는 점이다.[17] **예수 그리스도의 이야기는 단지 성금요
일 이야기가 아니라 하나의 완전한 이야기다.**
　이 이야기와 구원 계획에서 십자가가 아무리 핵심적이라고 할지라

도 우리는 이 이야기가 십자가 이야기 그 이상임을 명심해야 한다. 예수님은 그저 죽기만 하지 않으셨다. 예수님 이야기에는 예수님의 삶(탄생, 가르침, 행동)도 포함된다. 그러나 바울은 그분의 생애 마지막 주와 그 이후에 일어난 일에 초점을 맞춘다. 단락 B에서는 예수님 이야기를 네 줄로 요약한다.

예수님의 죽음,

예수님의 장사,

예수님의 부활,

예수님의 나타나심.

그뿐 아니라 예수님 이야기는 그분의 나타나심 이후에도 계속된다. 그리고 많은 사람(나 역시 그런 사람 중 하나)은 바울이 전해 받고, 그가 선포하고, 고린도 교인들이 전해 받은 '복음'이 단락 B(15:5)에서 끝나지 않았으며 단락 C(20-28절)에서 묘사한 종말까지 계속된다고 믿는다. 다시 말해서 바울의 복음은 예수님의 승천과 그리스도의 재림, 그리고 하나님이 만유의 주로서 만유 안에 계실 때의 하나님 나라의 온전한 성취까지 포함한다고 생각하는 것이 타당하다.

오늘날 화해·용서·속죄·화목·속량·해방·칭의로서의 예수님의 죽음을 강조하는 경우는 많지만, 복음을 제시할 때 그분의 장사·부활·나타나심·최종적 성취에 대해 이야기하는 경우는 그렇게 많지 않다. 앞서 언급한 '에릭 목사'의 경우가 좋은 예다. 에릭 목사는 복음에서 죽음(과 부활) 외에는 그 무엇도 중요하지 않다고 생각하기 때문이다. 우리는 아마도 부활에 대해서는 조금 관심을 가지겠지만, 죽음 외의 다른 모든 것을 무시하는 경향이 있으므로 그 밖의 다른 요소 각각에 대해 한마디씩 해두고자 한다.

> 해마다 여름 수련회에 가면 '십자가의 밤'이라고 부르는 행사를 하곤 했다. 그들은 그리스도의 죽음을 매우 실감나게 그린 비디오를 보여주고, 감정이 고조되었을 때 모든 참가자에게 그리스도를 영접하기 원하면 주위에 있는 사람들이 그렇게 하도록 도와줄 것이라고 말하곤 했다. 예수님이 죽은 다음 비디오가 끝났으며 부활은 언급조차 하지 않았다.……나는 그리스도의 죽음 때문에 구원받는다고 배웠다. 부활은 거의 보너스였고, 재림은 모두가 두려워해야 하는 사건이었다.
> '드니스'—학생

예수님의 **장사**는 부활의 배경이 된다. 그러나 베드로가 다윗이 장사 되었다고 말하면서 다윗의 무덤이 예루살렘의 바로 거기에 있음을 상기시키는 사도행전 2:29과 같은 본문에 주의를 기울여야 한다. 그리스도는 무덤에 묻히심으로써 우리의 죽음 안으로 온전히 들어오셨으며, 교회는 그 장사를 통해 그리스도가 지옥에 있는 죄수들에게 찾아가 그들을 해방시키셨다고 가르쳐왔다(참고. 벧전 3:18-22).[18]

부활은 칭의의 신학(롬 4:25), 더 나아가 하나님의 시공간 속으로의 종말론적 침투—새로운 피조물(고후 5:17)과 최종적이며 총체적인 부활의 도래—를 환기시킨다.[19] 부활하신 예수의 모습은 실제적인 몸의 부활(요 21장을 보라)과 그 믿음에 대한 근원적인 변증을 환기하며, 승천과 재림, 그리고 최종적 성취는 주님이며 심판자이신 예수님, 역사를 위한 계획을 가지고 계신 하나님에 관한 신학을 계시한다. 하나님의 통치 아래 모든 것이 바르게 자리 잡게 될 때 이 오랜 여정이 끝나고 마침내 역사가 그 목적지에 이를 것임을 말해주는 것이다. 요약하자면 복음은 예수님의 삶 전체에 관한 이야기이며, 예수님의 삶을 성금요일로 축소시키지 않는다. 구원주의자들은 성금요일밖에 모르는 복음을 가지고 있는 것이다.

복음의 예수님

바울 복음의 핵심에는 한 사람이 있으며, 이 사람을 바울 복음의 핵심에 두기 전까지는 그의 복음, 아니 사도들의 복음을 정확히 이해할 수 없을 것이다. 예수 그리스도의 복음 이야기는 **메시아로서의 예수님, 주님으로서의 예수님, 구원자로서의 예수님, 아들로서의 예수님에 관한 이야기**다. '그리스도'가 히브리어 단어 메시아를 그리스어로 번역한 말이라는 사실을 잊어버리는 경우가 종종 있다. 메시아라는 말은 '기름 부음을 입은 왕'과 '주', '통치자'를 뜻한다. 주는 '주 하나님'을 뜻하며, **아들**이라는 말은 시편 2편 등에서 말하는 이스라엘의 기름 부음을 입은 왕을 의미한다. 그러므로 복음의 강조점은 예수님이 만물을 다스리시는 주님이라는 데에 있다.

그러나 그분은 전투의 결과로서의 왕이시다. 단락 C에 따르면 예수님 이야기에는 "모든 통치와 모든 권세와 능력"에 대한 승리가 포함된다. 이 승리는 훨씬 더 깊고 넓다. 즉, 메시아이시며 주님이시고 아들이신 예수님은 '죽음'까지도 정복하실 것이다. 그러므로 고린도전서 15장을 읽는 사람은 누구든지 즉각적으로 이 이야기의 중심이신 예수 님께 우리의 생각을 고정하게 된다.

> 내가 자주 들어온 신학에서는, 예수님의 사명은 우리의 죄를 용서하 는 것이었고 이 사명은 십자가에서 성취되었기 때문에 사실 예수님 의 부활은 필요 없었다고 넌지시 말한다.
>
> 부활은 신학적인 구성 요소로 간주될 뿐이다.
>
> 죽은 사람들의 총체적인 부활에 대해 나는 거의 아무것도 들어 보지 못했다….
>
> 여러모로 내가 배운 복음은 바울의 복음이 끝나는 지점에서 끝 나지 않는다.   '제이'—학생

복음에서 예수님의 중심성^{centrality of Jesus}을 표현한 구절 중 내가 가 장 좋아하는 구절은 고린도후서 1:18-22이다. 여기서 바울은 하나님 이 글과 이야기를 통해 주신 약속이 예수 안에서 우렁찬 나팔소리와 같은 '예!'가 되었다고 말하고, 우리는 그분께 '아멘!'이라고 고백한다.

하나님은 미쁘시니라. 우리가 너희에게 한 말은 '예' 하고 '아니라' 함 이 없노라. 우리 곧 나와 실루아노와 디모데로 말미암아 너희 가운데 전파된 하나님의 아들 예수 그리스도는 '예' 하고 '아니라' 함이 되지 아니하셨으니 그에게는 '예'만 되었느니라. 하나님의 약속은 얼마든지

예수 왕의 복음

그리스도 안에서 '예'가 되니, 그런즉 그로 말미암아 우리가 '아멘' 하여 하나님께 영광을 돌리게 되느니라. 우리를 너희와 함께 그리스도 안에서 굳건하게 하시고 우리에게 기름을 부으신 이는 하나님이시니 그가 또한 우리에게 인치시고 보증으로 우리 마음에 성령을 주셨느니라.

만약 복음의 예수님을 요약해야 한다면 나는 '왕이신 예수님'이라고 말하겠다. 혹은 '예수님이 주님이시다', '예수님은 메시아이며 주님이시다'라고 말하겠다. 왕으로서, 메시아로서, 주님으로서 예수님은 '우리의 죄로부터' 우리를 구원하시는 구원자 혹은 해방자이시다.

종말

마지막으로 단락 C의 마지막 문장인 고린도전서 15:28을 둘러싼 논쟁이 존재한다. "만물을 그에게 복종하게 하실 때에는 아들 자신도 그때에 만물을 자기에게 복종하게 하신 이에게 복종하게 되리니 이는 하나님이 만유의 주로서 만유 안에 계시려 하심이라."

한 가지는 분명하고 확실하다. **성부 하나님이 만물을 위해, 만물 안에서, 만물을 통해서 하나님이 되실 때 이 이야기는 끝날 것이며, 그분의 아들을 통해 하나님이 영광을 받으실 때 그 아들 역시 영광을 받으실 것이다.** 그때 우리는 영광에 이를 것이고, 이 이야기의 끝에 이를 것이다. 창조부터 마지막 성취까지, 에덴동산으로부터 하나님의 도성까지, 성전으로서의 땅으로부터 성전으로서의 어린 양까지 이어지는 이 긴 이야기, 아담으로부터 아브라함과 모세, 다윗, 예수로 이어지고 계속해서 퍼져나가는 이 이야기, 예수님에 관한 복음 이야기는 모든 사람이 하나님으로 섬겨야 할 우리 하나님이 모든 사람을 위하시는 분이 될 때 최종적인 목적지에 도달할 것이다.

고린도전서 15:28에서 말하는 종말에 하나님이 성경의 첫 장에서 제6일(인간의 창조)에 인간에게 주신 책무가 완성될 것이라고 말할 수도 있다. 인간에게는 단 하나의 임무가 주어졌다. 그것은 곧 하나님의 대리자로서 이 세상을 다스리는 일이다. 그러므로 고린도전서 15:28은 우리가 마침내 그분의 아들을 통해 하나님과 영원한 연합을 이룰 때, 인간은 하나님이 그분의 피조물을 위해 계획하신 바로 그 일을 하게 될 것이라고 말한다. 하나님은 하나님이 되시고 우리는 하나님의 백성이 될 것이다. 이 모든 이야기는 하나님에 관한 이야기다.

톰 신부

톰 신부는 복음이 무엇인가에 대해 에릭 목사와 전혀 다른 생각을 가지고 있다. 그리고 톰 신부는 신약성경이 복음에 관해 실제로 무엇을 이야기하는지를 새롭게 연구한 소수의 사람 중 하나다. 대개는 톰 라이트 Tom Wright나 N. T. 라이트 N. T. Wright라고 불리는 톰 신부는 『톰 라이트 바울의 복음을 말하다』 What Saint Paul Really Said (에클레시아북스 역간)라는 중요한 책을 통해 바울 서신에서의 **복음**이라는 단어의 의미를 논한다. 그는 우리가 논의하고 있는 복음의 문화를 위축시키는 구원의 문화를 직접적으로 공격한다.[20]

오늘날 많은 그리스도인은 신약성경을 읽을 때 이 단어[복음]의 의미를 전혀 문제 삼지 않는다. 그들은 스스로 '복음'이 무엇을 뜻하는지를 알고 있다고 생각하며 바울과 다른 사람들도 정확히 같은 의미로 이 말을 사용했을 것이라고 가정한다.

그런 다음 라이트는 이 용어가 구원의 서정*ordo salutis*, 즉 우리가 구원 계획이라고 설명했던 것을 의미하게 되었다고 말한다.[21]

- 사람들이 어떻게 구원을 받게 되는가에 관한 설명
- 구원의 절차에 대한 신학적 설명
- 어떤 사람들은 그리스도께서 우리의 죄를 취하시고 우리가 그분의 의를 취한다고 말한다[이중적 전가].
- 다른 사람들은 예수님이 나의 개인적 구원자가 되신다고 말한다.
- 또 다른 사람들은 "내 죄를 인정하고 그분이 나를 위해 죽으셨다고 믿으며, 내 삶을 그분께 헌신한다"라고 말한다.

그런 다음 라이트는 계속해서 이렇게 말한다.

…만약 예수 그리스도의 [주님이라는] 주장이 그 당시의 정치적·사회적 문제와 관계가 있다는 설교를 들으면, 어떤 사람들은 이 주제가 흥미롭기는 하지만 '복음'은 선포되지 않았다고 말할 것이다.

그런 다음 라이트는 고린도전서 15장에서 바울이 복음에 관해 이야기할 때 그가 무엇을 의미했는지를 설득력 있게 해명한다.

나는 사람들이 '복음'이라고 말할 때 그들이 통상적으로 **의미하는** 바에 아무런 이의가 없다. 단지 나는 그것이 바울이 의미했던 바가 아니라고 생각할 뿐이다. 다시 말해서 나는 통상적인 의미가 사람들이 말하고, 선포하고, 믿어야 하는 것임을 부인하지 않는다. 나는 단지 그런 것들을 지칭하기 위해 '복음'이라는 단어를 쓰지 말아야 한다고 생각할 뿐이다.

정말 그렇다. 라이트는 복음을 구원 계획과 동일시하는 태도를 비판하고 있다. 다른 많은 사람보다 신약성경의 실제 본문을 더 잘 이해하고 있는 라이트는 **복음**이라는 단어가 이것을 뜻하지 않는다는 것을 알고 있다. 그렇다면 라이트에게 '복음'은 무엇을 의미하는가?

이 질문에 답하기 위해 라이트는 바울이 **복음**이라는 용어를 사용할 때 그 배경이 되었던 두 가지, 즉 이사야서에 제시된 강력한 이미지들과 로마 특유의 제국의 복음에 대해 설명한다. 바울에게 **복음**이라는 단어는 그가 처한 로마의 상황 속에 자리 잡고 있는 이스라엘 이야기/성경 이야기와 연결된다. 가장 중요한 점은, 1세기 상황에서 **복음**이라는 말은 **선언**을 뜻했다는 것이다. '야웨YHWH가 왕이라고 선언하는 것은 카이사르가 왕이 아니라고 선언하는 것과 같다.'

그러나 라이트는 여기서 더 나아가며, 그렇게 함으로써 에릭 목사와 정반대 입장을 취하는 것처럼 보인다. 그는 '복음'이 구원 계획이 아니라고 분명히 주장한다. 복음은 "사람들이 어떻게 구원받는지에 관한 체계가 아니다. 엄밀히 말해서 '복음' 자체는 왕이신 예수님에 대한 서술적인 선포다." "혹은 더 간단히 말하자면, 십자가에 달려 죽으시고 부활하신 메시아이신 예수님은 주님이시다." 몇 쪽을 지나서 라이트는 더 일반적이고 보편적으로 적용 가능한 의미로 이 말을 설명한다. "바울에게 '복음'의 핵심은 **거짓 신들에 맞서는 참 하나님에 관한 선언이다.**"

우리는 이런 질문을 제기해야 한다. 어떤 목회자—에릭과 톰 중에서—의 말이 옳은가? 어느 쪽이 신약성경이 실제로 말하는 바에 더 가까운가? 그 전에 한 목회자의 생각을 더 살펴보도록 하자.

그렉 목사

'우리는 어디서부터 시작해야 하는가?'라는 물음으로 이 장을 시작했고, 시작할 때 가장 중요한 곳은 고린도전서 15장이라고 주장했다. 나는 이를 지지하며, 이 선택이 얼마나 지혜로운 것이었는지는 다음 장에서 분명히 드러날 것이다. 그러나 다른 사람들은 다른 곳에서 시작하고 있음이 확실하다. 워싱턴 D. C.에 있는 캐피톨 힐 침례교회 Capitol Hill Baptist Church의 목사이며 교사인 그렉 길버트 Greg Gilbert는 『복음이란 무엇인가』 What Is the Gospel? (부흥과개혁사 역간)라는 새롭고도 대단히 명쾌한 책을 썼다. 길버트는 로마서, 특히 로마서 1-4장을 출발점으로 삼아야 한다고 믿는다.[22] 사실 길버트의 복음은 내가 어렸을 때 '구원에 이르는 로마서의 길'Romans Road to Salvation이라고 배웠던 것과 다르지 않으며, 복음의 의미에 대해 그렉 목사와 에릭 목사는 거의 의견을 같이한다.

길버트의 복음은 구원 계획이다. 그는 로마서 1-4장에서 네 가지 사항을 강조한다. 첫째, 인간은 하나님에 대해 책임져야 한다. 이것은 로마서 1장에 대한 그의 해석으로부터 나온 것이다. 둘째, 인간이 지닌 문제는 우리가 하나님께 반역했다는 것이다. 이 점은 로마서 1:23; 2:1; 3:9, 19 그리고 3:23에 기초한다. 셋째, 인간의 반역이라는 문제의 해법은 예수님의 희생적인 죽음과 부활이며, 성경 전체에서 이를 가장 잘 증언하는 구절은 로마서 3:21-26이다. 넷째, 인간은 오직 믿음으로써만 구원을 받을 수 있다. 이 가르침은 바울 서신의 핵심 구절인 로마서 3:22에서 발견된다. 나는 그의 주장에 전적으로 동의한다. 네 가지 요점, 즉 하나님, 인간, 그리스도, 응답. 그러나 이런 물음이 떠오른다. 이것은 구원 계획인가? 아니면 사도적 복음인가?

여기서는 내가 길버트의 책을 읽으면서 여백에 적어둔 문제점을 길게 논의할 여유가 없지만 몇 가지만 짚고 넘어가고자 한다. 첫째, 이것은 길버트만의 주장이 아니다. 그는 복음과 구원 계획을 동일시하는 가장 분명한 예다. 나는 이 등식이 잘못되었다고 믿는다.

둘째, 나의 비판은 이렇다. 길버트는 고린도전서 15장의 구조적 의미를 최소화시켰다. 그는 사도행전의 전도 설교 중에서 구원을 다룬 부분에만 초점을 맞췄다. 그는 메시아이자 주님이신 예수님을 통해 해결되기를 고대하는 이스라엘 이야기가 복음을 이해하기 위한 뼈대가 되는 이야기임을 충분히 강조하지 않았다. 그러나 이스라엘 이야

예수 왕의 복음

기야말로 사도행전의 설교와 고린도전서 15장의 핵심이다.

그뿐 아니라 나는 로마서에서 바울이 다루는 근본 주제는 개인적인 구원뿐만 아니라 하나님이 어떻게 유대교 신자와 이방인 신자를 예수 그리스도의 한 교회 안으로 연합시키는가에 관한 문제이기도 하다고 믿는다. 또한 길버트는 하나님의 거룩함을 지나치게 강조하고 성부의 은혜로운 사랑을 거의 무시했다. (이런 지나친 강조를 확인하려면 그의 책 2장을 읽어보라.)

더 나아가 길버트는 로마서 1:1-5에도 더 많은 주의를 기울였어야 했다. 이것은 바울이 로마서를 여는 구절이며, 여기서 바울은 고린도전서 15장과 일치하는 복음에 대한 이해를 제시한다. 즉, 복음은 왕이며 주님이신 예수님 이야기의 선언이다. 복음 이해의 틀을 제시하는, 성취에 이르는 이스라엘 이야기에 대한 강조에 주목하라.

> 예수 그리스도의 종 바울은 사도로 부르심을 받아 하나님의 복음을 위하여 택정함을 입었으니, **이 복음은 하나님이 선지자들을 통하여 그의 아들에 관하여 성경에 미리 약속하신 것이라.**[23]
>
> [이제 다윗의 자손인 메시아로서의 예수님이라는 주제에 주목하라.]
> 그의 아들에 관하여 말하면 육신으로는 **다윗의 혈통에서 나셨고,**
>
> [바울이 부활을 복음과, 예수님이 주님이시라는 사실과 얼마나 빨리 연결시키고 있는지를 눈여겨보라.]
>
> 성결의 영으로는 **죽은 자들 가운데서 부활하사 능력으로 하나님의 아들로 선포되셨으니 곧 우리 주 예수 그리스도시니라.**

[그리고 사도행전 설교에서 볼 수 있듯이 바울은 '그리스도의 주 되심'이라는 이 주제를 확장해 복음이 유대인과 이방인 모두를 위한 것이며 이는 그들이 하나의 거룩한 교회를 이루게 하기 위함이라고 강조한다.]

그로 말미암아 우리가 은혜와 사도의 직분을 받아 그의 이름을 위하여 모든 **이방인** 중에서 믿어 순종하게 하나니 너희도 그들 중에서 예수 그리스도의 것으로 부르심을 받은 자니라.

비록 나는 그와 다른 틀을 가지고 복음을 이해하지만, 길버트의 설명이 틀렸다는 것이 아니다. 내가 말하고자 하는 바는, 길버트가 복음을 구원—구원 계획—과 동일시하기 때문에 잘못된 곳에서 출발했으며, 따라서 복음이 근본적으로 이스라엘 이야기의 해결로서의 예수 그리스도에 관한 선언임을 이해하지 못한다는 것이다. 그는 구원 계획이라는 렌즈를 통해 이 이야기를 이해하지만, 고린도전서 15장의 복음에서는 이스라엘 이야기라는 렌즈를 통해 복음을 이해하고 있으며 예수 그리스도 안에서 이 이야기가 결말에 이르렀다고 본다. 그러는 사이에 길버트는 복음의 근본적인 층위를 누락시켰다.

더 나아가 나도 길버트처럼 로마서 안에서 복음을 발견한다는 점을 강조하고 싶다. 나는 이 책 전체가 '복음의 제시', 즉 이스라엘 이야기를 '복음으로 제시'하고 있다고 생각한다. 왜냐하면 이 이야기는 (1) 예수님이 하나님 우편으로 높임을 받으신 이후의 유대인과 이방인의 관계와 (2) 예수님이 유대인과 이방인 모두에게 메시아이며 주님이시

예수 왕의 복음

라는 복음의 선포로부터 흘러나오는 그 구원의 본질을 이해하는 데에 영향을 미치기 때문이다. 앞서 인용했듯이 톰 라이트는 이 점을 설득력 있게 설명한다.

> 나는 [길버트처럼] 사람들이 '복음'이라고 말할 때 그들이 통상적으로 **의미하는** 바에 아무런 이의가 없다. 단지 나는 그것이 바울이 의미했던 바가 아니라고 생각할 뿐이다. 다시 말해서 나는 통상적인 의미가 사람들이 말하고, 선포하고, 믿어야 하는 것임을 부인하지 않는다. 나는 단지 그런 것들을 지칭하기 위해 '복음'이라는 단어를 쓰지 말아야 한다고 생각할 뿐이다.

요약

이제 이 장을 마무리해야 할 시점이다. 사도 바울은 복음을 구약성경에 나타난 이스라엘 이야기를 성취하시는, 메시아-주-아들이신 예수님의 이야기로 이해했으며, 이 이야기로부터 구원이 흘러나온다고 믿었다. '복음'을 전한다는 것은 곧 이 이야기를 선포하는 것이며, 이것은 사람들을 죄에서 구원하는 이야기다. 만약 우리가 사도들처럼 복음을 제시하고자 한다면, 이 이야기가 그 틀을 제공해주는 유일한 이야기다. 우리는 다른 이야기나 범주를 가지고 '복음'을 어떤 틀 안에 넣을 수는 있겠지만, 하나의 거룩하고 사도적인 이야기가 있으며 그것은 바로 이스라엘의 이야기다. 그것은 복음을 위해 사도적인 틀을 제공하는 이야기다.

이 이야기는 창조에서 시작되어 하나님이 만유의 주로서 만유 안에 계실 최종적 성취의 때에 비로소 완결된다. 이것이 바울의 복음이다. 이것은 구원 계획을 포함하며 설득의 방법을 어떤 식으로 구성할 것인가의 문제를 확정되지 않은 채로 남겨둔다. 바울의 복음은 구원 계획에 제한되거나 그것과 동일시될 수 없다. 바울의 복음을 이루는 네 문장은 예수님 이야기를 다룬다. 바울이 그의 서신서에서 '복음'을 언급할 때마다(그는 이 말을 약 75번 언급한다) 그는 이 네 줄로 이루어진 복음을 가리키는 것이다. 그리고 많은 경우 바울은 단순히 "복음"이나 "내 복음", "구원의 복음", 심지어는 "십자가에 달리신 그리스도"라고 말함으로써 '약어'를 사용한다. 그러나 그는 언제나 이 복음—이스라엘 이야기를 완결 짓는, 예수님의 온전한 구원 이야기—을 의미한다. 고린도전서 15장에서는 이를 축약된 형태로 제시하지만 복음서에서는 이를 온전히 해명하고 있다. (이에 관해서는 나중에 더 자세히 논할 것이다.)[24]

이것은 경고로 이어진다. 내가 이 책을 쓴 것도 이 경고 때문이다. 즉, 이 이야기와 별개로 구원 계획에 대해서만 설교할 수도 있으며, 사실상 지난 5백 년 동안, 아니 지난 2천 년 동안 그렇게 설교해왔다. 구원 계획이 이야기와 분리될 때, 구원 계획은 대개 추상적이고, 명제적이며, 논리적이고, 합리적이며, 철학적이고, 가장 중요하게는 이야기와 동떨어지고 비성경적인 것이 되고 만다. 구원 계획을 이야기와 분리시킬 때, 우리는 우리가 누구인지를 알려주고 우리의 과거와 미래를 말해주는 이야기로부터 우리 스스로를 떼어내는 것이나 다름없다. 우리는 자신을 예수님으로부터 분리시키고, 기독교 신앙을 구원의 체계로 변질시킨다.

그뿐만이 아니다. 우리는 하나님이 이스라엘과 예수 그리스도를 통해 이 세상 속에서 행하시는 일에 관한 이야기를 **나와 나 자신의 개인적 구원에 관한 이야기**로 변질시키려는 유혹을 받는다. 다시 말해서 구원 계획은 하나님과 하나님의 메시아, 하나님의 백성에 관한 이야기를 하나님과 한 사람—나—에 관한 이야기로 축소시킬 수 있으며, 그러는 사이에 이 이야기의 주제가 그리스도와 공동체에서 개인의 구원으로 바뀌고 만다. 물론 우리에게 후자가 필요하기는 하지만, 그것이 결코 전자로부터 분리되어서는 안 된다.

구원 계획을 이야기로부터 떼어낼 때, 전적으로 '누가 구원받고 누가 구원받지 못하는지'라는 기준에 따라 만들어진 구원의 문화가 생겨난다. 이 문화는 중요하며, 나는 그리스도 안에 있는 구원을 믿는다. 그러나 하나님의 의도는 이 문화를 지배 문화가 아닌 하위문화로 만드는 것이다. 지배 문화는 복음의 문화다. 그리고 복음의 문화는 이스라엘 이야기와 예수 그리스도의 이야기, 즉 창조로부터 최종적 성취로 나아가는 이야기, 단지 성금요일 이야기만이 아니라 예수님 이야기 전체를 들려주는 이야기, 개인적인 구원뿐만 아니라 "만유의 주로서 만유 안에" 계실 하나님에 관한 이야기에 의해 만들어진 문화다. 이 문화에서는 다른 어떤 인간 통치자가 아닌 예수님이 만물을 다스리시는 주님이시라고 이야기한다.

이제 당신은 분명히 이 단순한 질문을 제기할 것이다. 어떻게 이 구원 계획이 복음을 장악할 수 있었을까? 이 질문에 답하기 위해 우리는 신약성경 이후 교회사의 수 세기를 살펴보아야 한다. 나는 이런 질문을 매우 자주 받기 때문에 신약성경으로 돌아가기 전에 먼저 이 물음에 대해 생각해보고자 한다.

5장

어떻게 구원이
복음을 압도하게 되었을까?

나는 신조를 강조하는 교회에서 자라지 않았다. 내가 속한 교회에서는 신조에 대해, 그리고 신조와 기도문을 암송하는 것에 대해 매우 경계하는 태도를 가지고 있었다. 우리는 주기도문조차도 같이 암송한 적이 없다. 우리가 사도신경을 암송하려고 했다면 제우스가 우리에게 벼락을 내렸을 것이다. 우리는 '나는 성경을 믿는다'라는 고백 외의 모든 신조를 두려워했다. 따라서 신조에 관해 배우기 시작했을 때 나는 나 자신의 양심의 울타리를 부수어야만 했다. 나는 상당한 양의 공부와 생각, 기도, 저항을 거친 후에야 신조에 굴복했다. 하지만 이제 나는 신조, 특히 사도신경과 니케아 신조, 니케아-콘스탄티노플 신조가 모든 그리스도인의 신앙의 근본이라고 믿는다.

그러나 신조가 우리의 유산의 일부라는 것 외에 신조에 관해 배워야 할 훨씬 더 중요한 점이 있다. 나는 용어들을 세심하게 살펴봄으로써 '신조'와 '복음'이 밀접하게 연결되어 있으며, 그 관계가 너무나도 밀접해서 신조가 복음이라고 말할 수 있을 정도라고 확신하게 되었다. 아마도 내가 '신조'와 '복음'을 연결시켰다는 사실만으로 깜짝 놀랄 것이다. 이 장의 끝에 이르면 이 점이 더 명확해질 것이다.

나는 오랫동안 신조에 사용된 용어들을 알고 있었지만, 테드 캠벨Ted Campbell이 쓴 『기독교 전통 안의 복음』The Gospel in Christian Traditions을 읽을 때에 비로소 신조와 복음에 관한 역사적 실체가 내 뼛속까지 파고들었으며, 나의 개인적인 신앙에 새로운 생명을 불어넣었다.[25] 테드 캠벨의 책을 읽은 후 나는 자로슬라브 펠리칸Jaroslav Pelikan의 『크레도』Credo를 읽었다(혹은 끈기 있게 다 읽었다).[26] 캠벨과 펠리칸 모두 초기 그리스도인들이 어떻게 자신들이 믿었던 바를 이른바 '신앙의 규칙'regula fidei으로 정리했는지를 설명한다. 그리고 시간이 흐름에 따라 이 신앙의 규칙은 기독교 신앙의 세 가지 주요한 신조, 즉 사도신경, 니케아 신조, 칼케돈 정의로 발전했다. 이 역사를 공부하면서 나는 대부분의 그리스도인이 하나같이 무시하고 있는 사실—즉 초기 그리스도인들은 '복음'의 문화를 발전시켰음—을 깨닫게 되었다. 이 장에서 그려보고자 하는 큰 그림을 간략히 요약하면 다음과 같다.

고린도전서 15장은 신앙의 규칙의 발전으로 이어졌으며,
신앙의 규칙을 통해 사도신경과 니케아 신조가 만들어졌다.
따라서 고린도전서 15장으로부터 니케아 신조가 만들어졌다.
따라서 니케아 신조는 탁월한 복음 진술서다!

그러나 신조의 이러한 복음 진술은 후대에 수정되었으며, 이 같은 수정으로 인해 복음의 문화가 구원의 문화로 변질되었다.

이런 역사와 발전을 연구하는 과정에서 나는 한 가지 단순한 사실을 깨닫기 시작했다. **교회의 고전적인 보편적 (혹은 '공교회적') 신조들은 고린도전서 15:3-5, 즉 앞서 논의한 단락 B에 나타난 바울의 복음 이해에 살을 붙인 것이다.** 다시 한 번 바울의 말을 인용해보자.

> 내가 받은 것을 먼저 너희에게 전하였노니 이는 성경대로 그리스도께서 우리 죄를 위하여 죽으시고 장사 지낸 바 되셨다가 성경대로 사흘 만에 다시 살아나사 게바에게 보이시고 후에 열두 제자에게와….

나는 이 점을 강조하고자 한다. 즉, 신조들은 고린도전서 15장에 나오는 바울의 웅장한 복음 진술 안에 명시되고 암시되어 있는 바를 해명한다. 이 점을 강조해야 하는 이유는 오늘날 많은 그리스도인이 이를 알지 못하고 있기 때문이다. **고린도전서 15장은 위대한 기독교 신조의 원천이다.** 다시 말해서 처음부터 끝까지 이 신조들의 의도는 사변적인 교리 놀음을 하려는 것이 아니라 **복음 자체를 명확히 하려는 것**이었다. 니케아 신조는 고린도전서 15장에 나타난 바울의 복음 전승에 대한 **주석 혹은 해설**이라고 말할 수도 있다. 1세기부터 4세기까지 벌어진 열띤 논쟁과 이와 관련된 문제의 복잡성을 감안하면 이런 단순한 결론에 수많은 유보 조건을 덧붙여야만 한다. 고린도전서 15장에서 니케아로 이어지는 하나의 직선은 존재하지 않았다. 그러나 역사를 살펴보면 이 둘이 이어져 있음은 분명하다.

　　나는 자신이 '비신앙고백적'이라고 용감하게 말하는 사람들, 심지어는 "성경을 믿기 때문에" "신조는 믿지 않는다"라고 말하는 사람들을 자주 만난다. 그들의 말에 나는 한 가지 질문으로 대응한다. 나 역시 한때는 그들과 같은 생각을 가지고 있었기 때문에 이 질문을 던진다. "니케아 신조에서 어떤 항목을 믿지 **않는가**?" 나는 사도신경 전체를 믿지 않는다고 말하는 사람은 만난 적이 없다. 어떤 사람들은 "하나의 거룩하고 보편적이며 사도적인 교회"가 '로마'를 뜻하는 것은 아닌지 의심하기 때문에 반신앙고백적인 태도를 가지고 있기도 하다. 그들은 가톨릭 교인이 아니기 때문에 이 부분을 받아들일 수 없다고 생각한다. 그러나 이 점을 제외하면 **믿지 말아야** 할 것은 없다. 사실 신조를 부인하는 태도는 복음 자체를 부인하는 태도와 다름없다. 왜냐하면 신조의 목적은 **성경의 복음 안에 이미 존재하는 바**를 드러내는 것이기 때문이다. 아래에서 그 이유를 설명하도록 하겠다.

바울의 이야기로부터 니케아로

초대교회의 신학자이자 순교자였던 이그나티우스^{Ignatius}로부터 시작해 보자. 처형을 위해 터키(소아시아)를 가로질러 로마로 호송되는 길―이 여정은 '승리의 행진'이라고 부르기도 한다―에,[27] 이그나티우스는 소아시아의 교회들에 일곱 통의 편지를 썼다. 트랄리아인에게 보내는 편지^{To the Trallians} 9.1-2에서 그는 예수 그리스도에 관한 자신의 믿음을 이렇게 표현한다.

> 다윗의 자손으로 마리아에게서 나신 분,
> 정말로 태어나셨으며 먹고 마셨던 분,
> 본디오 빌라도에게 정말로 고난을 당하신 분,
> 하늘과 땅, 지하의 존재들이 보는 가운데 정말로 십자가에 달리시고 죽으셨던 분,
> 또한 죽은 자 가운데서 정말로 다시 살아나신 분.

이그나티우스가 고린도전서 15장을 명시적으로 인용하지는 않지만, 그의 말은 바울이 요약한 예수님 이야기와 놀라울 정도로 유사하다. 바울이 그렇게 말하지 않았다면, 사도들이 '복음 전승'을 만들고 전하지 않았다면, 이그나티우스도 그렇게 말할 수 없었을 것이다. 물론 여기에는 바울의 말에는 등장하지 않는 용어와 사상도 있다. 그리고 이그나티우스가 유대주의적 경향과 가현설적 경향에 맞서기 위해 예수님의 수난*pathos*과 부활이라는 관점에서 복음을 표현하고 있는 것도 사실이다.[28] 그러나 이그나티우스는 사도적 복음 안에 암시되어 있다고 생각한 바를 명시적으로 표현하고 있다고 말할 수 있다.

주후 190년경 이레나이우스*Irenaeus*는 최초이자 가장 명확한 신앙의 규칙*regula fidei*을 제시했다. 그가 사용한 용어 역시 사도 바울의 용어와 놀라울 정도로 유사하다. 아래 인용문에서 나는 바울이 했던 말과 유사한 말을 굵은 활자로 표시했다.[29]

이 믿음, 즉 하늘과 땅, 바다, 그 안에 있는 모든 것을 만드신 전능하신 하나님 아버지, 우리의 구원을 위해 육신이 되신 하나님의 아들 한 분이신 예수 그리스도, 예언자들을 통해 구원의 계획을 알게 하시고, 우리 주 예수 그리스도의 오심과 동정녀 탄생, 수난, 죽은 자 가운데에서의 부활, 육신적 승천, 모든 것을 마무리 짓고 모든 인류의 육신을 부활시키기 위해 그분이 성부의 영광 가운데 하늘로부터 나타나실 것을 알게 하신 성령에 대한 믿음.

바울과 마찬가지로 이레나이우스 역시 "우리의 구원을 위한" 성육신으로부터 탄생, 수난, 부활, 육신적 승천, 미래의 나타나심에 이르기까지 예수님의 삶 전체를 이야기한다. 그리고 바울처럼 이레나이우스도 이야기가 하나의 목적을 지닌 것으로 이해한다. "모든 것을 마무리 짓고 모든 인류의 육신을 부활시키기 위해." 이레나이우스의 **신앙의 규칙**, 혹은 신조는 바울의 복음에 의해 규정된다. 신조와 복음은 연결되어 있다.

약 10년 후 또 다른 초대교회의 신학자인 테르툴리아누스^{Tertullian}는 바울의 복음 진술로부터 유래한 또 하나의 신조적 진술을 제시했다. 아래에 테르툴리아누스의 말을 인용한다. 여기서 일부는 요한복음에서 가져온 것이지만 고린도전서 15장에 나타난 사도 바울의 복음 진술과 연결되는 용어는 굵은 활자로 표시했다.[30]

그러나 우리가 언제나 그랬듯이, 특히 사람들을 모든 진리 가운데로 이끄시는 보혜사^{Paraclete}의 가르침을 더 잘 받게 된 후 더욱 그랬듯이, 우리는 오직 한 분이신 하나님이 계시다고 믿는다. 그러나 그 다음의 경륜^{oikonomia}을 따라 한 분이신 이 하나님께 그분의 말씀이신 한 아들이 있으며, 이 아들은 하나님으로부터 나오셨고 그분에 의해 만물이 만들어졌으며 아무것도 그분 없이 만들어지지 않았다고 믿는다.

우리는 그분이 성부에 의해 동정녀 안에 보내지셨으며 그로부터 태어나셨다고 믿는다. 그분은 인간인 동시에 하나님이시며, 인자이신 동시에 하나님의 아들이시고, 예수 그리스도라는 이름으로 불리셨다. **우리는 성경대로 그분이 고통당하시고, 죽으시고, 장사 되시고, 성부에 의해 다시 살아나 하늘로 올라가신 후에 성부의 오른편에 앉아 계시고, 산 자와 죽은 자를 심판하기 위해 다시 오실 것이라고 믿는다.** 또한 우리는 그분이 그분 자신의 약속대로 하늘로부터, 성부로부터 성령, 즉 보혜사이시며 성부와 성자, 성령을 믿는 이들의 믿음을 거룩하게 하시는 분을 보내셨다고 믿는다.

이 신앙의 규칙이 그 어떤 옛 이단자들보다도 먼저, 어제의 이단자인 프락세아스^{Praxeas}보다 훨씬 먼저, 복음이 시작될 때부터 우리에게 전해졌음은, 모든 이단이 시간적으로 늦다는 사실뿐만 아니라 지금 유행하는 프락세아스가 완전히 신기한 가르침을 말하고 있다는 사실을 통해서도 분명해질 것이다.

한 가지 주목할 점이 있다. 세 번째 단락에서 테르툴리아누스는 이 "신앙의 규칙"(다시 한 번, *regula fidei*)이 그에게 "복음이 시작될 때부터"

전해졌다고―고린도 교인들과 바울이 그랬듯이 그도 '전해 받았다고'― 주장한다. 이것은 바울 자신의 진술, 사도적 복음 전승과 직접적으로 연결된다. 신조와 복음은 연결되어 있다.

니케아 신조로 넘어가기 전에 한 가지 문서를 더 살펴보자. 이것은 테르툴리아누스보다 약 10년에서 20년 정도 늦은 시기에 히폴리투스 Hippolytus가 쓴 글이다.[31] 세례 후보자는 벌거벗은 채 아동, 남성, 여성의 순서로 일련의 질문을 받는다. 그런 다음 세례를 받는 사람은 신앙고백을 해야 했다. 말하자면 이것은 세례를 받기 전에 하는 성스러운 문답 행위였다.

> [당신은 전능하신 성부 하나님을 믿습니까?]
> 당신은 성령으로 동정녀 마리아에게서 나셨고, 본디오 빌라도로 인해 십자가에 달리셨고, 죽으셔서 장사 되셨고, 제3일에 죽은 자 가운데서 다시 살아나셨고, 하늘로 올라가셨고, 성부의 오른편에 앉으셨고, 산 자와 죽은 자를 심판하기 위해 오실 하나님의 아들 그리스도 예수를 믿습니까?
> 당신은 성령과, 거룩한 교회, 몸의 부활을 믿습니까?[32]

세례를 받기 위해서 해야 했던 신앙고백이 바울이 고린도전서 15장에서 제시한 복음의 진술에 근거한다는 점에 다시 한 번 주목하라. 이 역시 신조와 복음이 하나로 연결되어 있음을 보여준다.

아마도 가장 주목할 만한 사실은, 바울의 복음 진술은 거의 전적으

예수 왕의 복음

로 예수 그리스도에 관한 것인 반면, 신조에 관한 교회의 전통은 본래의 사도적 복음에서 취하고 있던(혹은 그렇다고 믿었던) 노선에 입각해 점점 더 삼위일체적으로 발전하고 있다는 점일 것이다.[33] 그러나 더 주목할 만한 사실은 바로 이것이다. 이른바 신조의 두 번째 조항, 즉 예수님에 관한 항목은 **언제나 바울이 고린도전서 15:1-5, 20-28에서 복음에 관해 했던 말에 의해 규정된다.** 고린도전서 15장은 바울의 우연한 진술이 아니었다. 그것은 다른 사도들과 마찬가지로 바울 자신도 전했던, 복음에 대한 사도적 정의였다.

마지막으로 니케아 신조(주후 325년)로 넘어가 보자.[34] 성자에 관한 항목이 고린도전서 15장에 기초하고 있음을 금세 알아차릴 수 있다.

우리는 한 분이신 주 예수 그리스도를 믿습니다.

그분은 하나님의 독생자,

영원으로부터 성부에게서 나신

하나님으로부터 나신 하나님, 빛으로부터 나신 빛,

참 하나님으로부터 나신 참 하나님으로서

창조되지 않고 나셨으며

성부와 한 본체이십니다.

그분을 통해 만물이 창조되었습니다.

그분은 우리를 위해, 우리의 구원을 위해

성령의 능력으로

하늘로부터 내려오셨습니다.

그분은 동정녀 마리아에게서 육신을 입으시고

사람이 되셨습니다.

우리를 위해 그분은 본디오 빌라도에게 고난을 받으셨습니다.

그분은 죽으시고 장사 되셨습니다.

성경대로

그분은 사흘 만에 다시 살아나셨습니다.

그분은 하늘로 오르셔서

성부의 오른편에 앉아 계십니다.

그분은 영광 중에 다시 오셔서 산 자와 죽은 자를 심판하실 것이며,

그분의 나라는 끝이 없을 것입니다.

마찬가지로 사도신경의 두 번째 항목 역시 고린도전서 15장과 연결됨을 알 수 있다.[35]

그 외아들 우리 주 예수 그리스도를 믿사오니, 이는 성령으로 잉태하사 동정녀 마리아에게 나시고, 본디오 빌라도에게 고난을 받으사, 십자가에 못 박혀 죽으시고, 장사한 지 사흘 만에 죽은 자 가운데서 다시 살아나시며, 하늘에 오르사, 전능하신 하나님 우편에 앉아 계시다가 저리로서 산 자와 죽은 자를 심판하러 오시리라.

지금까지 신조의 역사를 간략히 살펴보았다. 이와 관련해 많은 것을 이야기할 수 있지만 여기서는 한 가지만 지적하고자 한다. 즉, **니케**

아 신조 이전의 신앙의 규칙*regula fidei*뿐만 아니라 니케아 신조와 그 이후의 다른 신조들은 신학적 궤변이나 추론의 산물이 아니라 복음을 선포하는 중요한 사건으로 간주해야 한다. 초대교회 성도들에게 신조를 암송하는 것은 비밀스러운 신학 용어로 말장난을 하는 행위가 아니라 복음 자체를 큰 목소리로 고백하는 일상적인 행위였다. 신조를 부인하는 것은 복음을 부인하는 것이었다.

우리는 1세기에 바울이 고린도 교인들에게 보낸 서신에서부터 4세기의 니케아까지 먼 거리를 여행해보았다. 이 여행의 목적은 두 가지를 분명히 하기 위함이었다. 즉, 복음은 성경에 나타난 이스라엘 이야기의 완성으로서의 예수님 이야기이며, 복음의 이야기가 초대교회 성도들의 문화를 형성하고 구성했다. 이 문화는 무엇보다도 먼저 이 복음에 의해 규정되었으며, 이 복음의 문화 안에서 구원의 문화라는 하위문화가 형성되었다. 구원받은 사람들은 예수 그리스도의 복음 이야기를 받아들인 사람들이었다.

그러나 초대교회가 완벽했다거나 처음 4세기가 이상적이었다는 말은 아니다. 이상적인 교회는 결코 없었다. 이상은 하나님 나라이며, 이 나라는 장차 올 나라이기 때문이다. 사실 초대교회는 그 나름대로 문제를 안고 있었다. 예를 들어 신학 논쟁 때문에─사랑과 평화, 정의에 관한 복음의 주장에도 불구하고─반대자들을 처벌하거나 심지어는 사형에 처하는 경우도 있었다. 그들의 논쟁은 점차 격화되었고 결국 적대감 때문에 교회의 일치에 관한 그들의 고백은 현실이 아니라 바람이 될 지경에 이르렀다. 그들은 세례를 받으면 자동적으로 구원을 받는다고 가르치는 성례전적 절차를 만들어 냈다. 그들은 콘스탄티누스Constantine 황제에 완전히 굴복하여 교회와 로마 제국을 나누는 벽은 보이지 않을 정도로 희미해지고 말았다. 이제는 실제로 일어났던 일(그리고 일어나지 않았던 일)을 주의 깊게 검토하고 그 미묘한 의미를 가려내려는 노력을 기울이고 있기는 하지만, '십자군'만 생각해보아도 교회와 제국이 결탁한 결과가 얼마나 치명적이었는지 이해할 수 있다.

나는 복음의 문화가 아름다운 복음의 교회를 만들었다거나 수많은 참된 예수님의 제자들을 길러냈다고 주장하는 것이 아니다. 내가 주장하는 바는, 초대교회의 첫 4세기는 사도적 복음 전승으로부터 직접적·근본적으로 유래한 복음의 문화에 의해 규정되었다는 것이다. 그러나 '어떤 일'이 일어났으며, 그 결과 현대 교회는 복음을 피상적으로 인식하고, 구원은 개인적 결단으로 축소되었으며, 예수님과 사도들의 복음의 문화는 거의 다 소멸되고 말았다.

그렇다면 어쩌다 우리는 복음의 문화를 잃어버리고 구원의 문화에 이르게 되었을까?

무슨 일이 일어났는가?

내가 수없이 그랬듯이 당신도 이런 질문을 던질 것이다. **무슨 일이 일어났는가?** 어떻게 우리는 복음의 문화로부터 구원의 문화를 만들어 냈는가? 어떻게 '복음주의자들'이 '구원주의자들'이 되었는가? 혹은 언제 '복음'이 구원 계획으로 변했는가? 여러모로 그 시작은 아우구스티누스Augustine였다. 또한 종교개혁 시기에 시작된 것은 아니지만 문제가 본격화된 것은 종교개혁을 통해서였다. 우리는 이런 전환이 일어나고 있었다는 증거가 되는 동시에 구원의 문화 구축의 토대가 된 문서를 구체적으로 지목할 수 있다. 이 두 문서는 각각 루터파 진영과 칼뱅주의/개혁파 진영에서 만든 아우크스부르크 신앙고백Augsburg Confession과 제네바 신앙고백Genevan Confession이다.

그러나 이를 이야기하기 전에 먼저 내가 믿는 바를 고백하고자 한다. 세르베투스Servetus의 화형을 초래한 칼뱅의 불행한 결정과 유대인에 관한 루터의 불행한 신념, 재세례파에 관한 그의 불행한 결정, 자신들만이 하나님의 백성이라는 일부 재세례파의 불행한 종파주의적 성향을 비롯해, 인간이 행하는 모든 일에 수반되는 피할 수 없는 어리석음을 제외한다면, 나는 종교개혁이 교회에 활력을 불어넣은 동시에 서유럽 역사를 더 나은 방향으로 이끈 하나님의 일이었다고 믿는다. 세 흐름―루터파, 개혁파, 재세례파―모두에서 확인할 수 있는 종교개혁의 독특한 공헌은, 복음의 무게중심을 인간의 반응과 개인적 책임 쪽으로 이동시켰으며, 복음을 전하는 데에 있어서 인간의 책임을 강조했다는 점이다.

이렇게 주장한다고 해서 이 세 운동의 중요하고 실제적인 차이점을 부인하는 것은 아니다. 중요한 점은 각 운동이 개인적 구원의 필요성을 대단히 강조했다는 것이다. 그렇다고 로마 가톨릭에서 그런 강조를 찾아볼 수 없다는 뜻은 아니다. 하지만 사실상 종교개혁은 '복음'이 개인적 구원으로 귀결되어야 한다고 말했다.

그러나 이를 강조하는 것이 아무리 중요했고 지금도 중요하다고 하더라도 그로 인한 대가를 치러야만 했다. 복음의 문화가 구원의 문화로 변하기 시작한 것이다. 오늘날 **복음**이라는 말을 구원 계획과 동일시하게 된 것은 종교개혁과 그 이후의 역사적 발전 과정 때문이다. 복음을 단순한 몇 가지 항목으로 피상적이고 빈약하게 축소시키는 글을 읽을 때, 종교개혁이 없었다면 그런 글들이 결코 나올 수 없었을 것이라는 생각이 든다. 한편 나는 그것이 종교개혁 시기에 일어난 일이라기보다는 사도적 복음을 신조로 재구성하고자 했던 종교개혁의 결과로 일어난 일임을 알고 있다.

이제 앞서 언급한 두 문서를 간략히 살펴보자. 아우크스부르크 신앙고백부터 시작하겠다. 종교개혁기의 문서는 가톨릭교회와의 차이점을 드러내는 기독교 신앙의 근본 요소에 초점을 맞춘다. 하지만 그렇다고 해서 종교개혁 교회들이 니케아 신조를 부인한 것은 아니었다. 대신 그들은 신조 자체를 바라보는 렌즈를 제공하는 방식으로 신앙을 재구성했다.

1530년에 필립 멜란히톤Philip Melanchthon은 아우크스부르크 제국의회Diet of Augsburg에서 카를 5세Charles V에게 루터파 개신교인들의 입장에 기초한 신앙고백서를 제출했다. 여기서 나는 이 신앙고백의 순서와 내용에 주목하여 이를 니케아 신조의 고전적인 순서와 내용과 대조하고자 한다. 니케아 신조는 성부 하나님, 성자 하나님, 성령 하나님에 관한 항목으로 구성되어 있으며, 성자 하나님에 관한 항목은 고린도전서 15장에 기초했다. 아우크스부르크 신앙고백에서는 '조항'의 목차를 구원과 이신칭의에 관한 항목으로 바꾸었다. 바로 이 지점에서 '복음의 문화'가 '구원의 문화', 혹은 더 정확한 용어를 사용하자면 '칭의의 문화'로 변형되었다. 이 루터파 신앙고백의 핵심 범주는 다음과 같다.

- 삼위일체로서의 하나님[니케아와 동일]
- 원죄[변형된 주요 사상]
- 성자 하나님[니케아, 칼케돈과 동일하나 하나님의 진노의 속상 贖償, satisfaction과 유화宥和, propitiation에 대한 더 명확한 이해를 강조]
- 이신칭의

그런 다음 아우크스부르크 신앙고백은 사역의 직분, 새로운 순종, 교회, 세례, 성만찬, 죄의 고백, 회개, 성례전, 교회 안의 질서, 교회의 규정, 시민 정부, 그리스도의 재림과 심판, 의지의 자유, 죄의 원인, 신앙과 선행의 관계를 다룬다. 또한 성인 숭배 문제를 포함하며 개혁자들이 심각하게 논쟁을 벌이던 문제들에 관해 논한다. 여기서 나는 한 가지만 지적하고자 한다. 이 루터파 신앙고백에서는 구원의 관점에서 복음을 규정했다. 복음이라는 '이야기가 구원론이 되고 말았다', 혹은 이스라엘/성경/예수님 이야기가 구원의 체계가 되어버렸다고 말해도 과언이 아닐 것이다.

종교개혁에서는 복음 이야기를 부인하지도 않았고, 신조를 부인하지도 않았다. 대신 모든 것의 순서를 바꾸어 재배치했다. 종교개혁기에 훨씬 더 균형 잡혀 있던 복음의 문화와 구원의 문화의 결합은 시간이 흐름에 따라 서서히 변질되었으며, 오늘날에는 구원의 문화가 복음의 문화를 잠식하고 말았다.

1536년에 기욤 파렐Guillaume Farel과 장 칼뱅Jean Calvin이 작성한 제네바 신앙고백도 아우크스부르크 신앙고백이 그러했던 것처럼 이전의 신앙고백에 영향을 받기도 했고, 제2 스위스 신앙고백Second Helvetic Confession, 1566, 웨스트민스터 신앙고백Westminster Confession, 1646과 같은 후대의 신앙고백에 영향을 주기도 했다. 그러나 후대의 신앙고백에 관해서는 여기서 논의하지 않을 것이다. 중요한 점은, 오직 믿음에 의한 구원을 복음의 핵심 주제로 삼고자 했던 종교개혁의 특징이 제네바 신앙고백에서 전면에 부각되었다는 사실이다. 아우크스부르크 신앙고백과 마찬가지로 제네바 신앙고백 역시 '구원의 문화'에 의해 규정되었다. 복음에 관한 개혁파의 관점의 핵심을 표현한 항목은 다음과 같다.

하나님의 말씀

유일하신 하나님

율법

자연적 인간—전적 타락

인간 혼자서는 멸망에 이를 수밖에 없음

예수 안의 구원

예수 안의 의

예수 안의 중생

신자에게 필요한 죄 사함

예수 왕의 복음

이 신앙고백에서도 신앙에 관한 다른 항목들이 이어진다. 하나님의 은총 안에 있는 우리의 모든 선, 믿음, 유일한 간구의 대상이신 하나님과 그리스도의 중보, 명확한 기도, 세례와 성만찬의 성례전, 인간의 전통, 교회, 출교, 말씀의 사역자, 행정관 등을 다룬다.

복음 이야기가 구원 이야기라는 새로운 틀로 재구성되고 있다는 점은 루터보다 칼뱅(과 기욤 파렐)의 경우에 훨씬 더 분명히 드러난다. 현대 복음주의, 특히 영국과 미국의 복음주의에서는 이 종교개혁의 (구원) 이야기를 그대로 받아들였다. 많은 경우 그대로 받아들였을 뿐만 아니라 상당 부분을 빼고 재구성하기까지 했다. 많은 복음주의자는 종교개혁에 의한 복음의 근본적인 재구성을 네 가지 단순한 (그리고 얄팍한) 요약으로 환원시킨다. 즉, 하나님이 당신을 사랑하신다. 당신은 구제불능이다. 예수님이 당신을 위해 죽으셨다. 그분을 영접하라. 그러면 (당신이 무슨 짓을 저질렀든지) 천국에 갈 것이다. 종교개혁이 이런 유의 복음을 만들어낸 것은 아니지만 종교개혁에 의한 복음 이야기의 재구성 때문에 복음 이야기가 복음의 창백한 그림자가 되고 말았다.

사실 루터나 칼뱅을 읽어보면 두 사람이 심오한 복음의 문화와 심오한 구원의 문화 모두를 이야기하고 있음을 알 수 있다. 나는 구원주의자들이나 '구원의 문화'를 그들이나 종교개혁의 탓으로 돌리고 싶지 않다. 나는 종교개혁에 대해 하나님께 감사드린다. 그러나 종교개혁기에 일어난, 이야기로부터 구원론으로의 전환이 없었다면 현대 복음주의권의 복음에 대한 네 요목 접근법도 나타나지 않았을 것이다.

체험에 초점을 맞추는 복음주의

이제 종교개혁 이후에 무슨 일이 일어났는지를 더 알아보고 복음주의 운동에 관해 살펴보자.[36] 충실한 복음주의자가 되거나 복음주의 전통에 속한 교회의 교인이 되기 위해서는 자신의 구원 경험을 증언해야만 한다. 청교도들은 이러한 개인적인 신앙의 고백을 '진술'relation이라고 부르기도 했다. 그러나 그것을 어떻게 부르든지 개인적인 구원 경험은 문턱을 넘는 사건이며, 온전한 교인 자격을 얻기 위해서는 그 사건을 증언할 수 있어야 한다. 존 웨슬리John Wesley는 이런 복음주의적 경험을 묘사한다.[37]

> 그날 저녁 나는 정말로 내키지 않는 마음이었지만 올더스게이트 가 Aldersgate Street에서 열린 모임에 참석했다. 그 모임에서는 한 사람이 루터의 로마서 주석 서문을 읽고 있었다. 8시 45분경 하나님이 그리스도에 대한 믿음을 통해 자신의 마음을 어떻게 변화시켰는지를 그가 이야기했을 때, 나는 **내 마음이 이상하게 뜨거워지는 것을 느꼈다.** 나는 그리스도를, 구원을 위해 오직 그리스도만을 신뢰한다고 느꼈으며, 그분이 내 죄를, 심지어 내 죄까지도 제거하시고 죄와 사망의 법에서 **나를** 구원하셨다는 확신을 얻었다.

오늘날까지 대부분의 복음주의 교회에서는 유아세례를 베풀든지 성인 세례를 베풀든지, 교인 후보에게 집사나 장로, 목사를 만나 자신의 구원 경험을 증언하도록 요청한다. 웨슬리나 다른 모범적인 회심 이야기와 비슷하게 들릴 필요는 없지만, 교회는 그 사람의 이야기가 진실하고 개인적인 것인지를 검토할 것이다. 현대의 복음주의자들은 크게 엄격하지도, 초기 청교도 회중교회들만큼 이 문제에 대해 걱정하지 않을지도 모르지만, 오늘날 교회에서도 신앙의 증언을 듣는 사람은 은총이나 회심의 증거가 존재하는지를 분별할 수 있을 것이라고 기대한다. 이러한 개인적 구원과 개인적 간증의 문화는 내가 구원의 문화라고 지칭했던 것을 잘 포착해낸다. 이 문화에서 가장 중요한 것은 회심 체험을 개인적으로 증언할 수 있는 능력이다. 일단 이 경험만 하면 모든 문제가 해결된다.…마지막 잔치가 시작될 때까지는.

달라스 목사

톰 라이트 신부처럼 달라스 윌라드는 두 가지 직책을 수행한다. 즉 그는 교수이면서 목회자다. 윌라드는 복음이 구원으로 축소되고 구원이 개인적 죄 사함으로 축소된 것을 **죄 관리의 복음**이라고 부르면서 강력히 비판한다.[38] 윌라드는 바코드의 이미지를 활용해 구원의 문화를 설명한다. 만약 올바른 바코드를 가지고 있다면―올바른 것을 말하고, 올바른 고백을 하고, 올바른 경험을 하고, 올바른 결정을 한다면―하나님이 바코드를 판독하실 때 불이 꺼지고 당신은 안전할 것이다. 윌라드는 구원의 문화의 문제점을 이렇게 지적한다.

만약 예수 그리스도께 헌신했다고 말하는 미국인 74%의 사람 중 누구에게든지 기독교의 복음이 무엇인지 묻는다면, 그는 아마도 예수님이 우리 죄의 값을 치르기 위해 죽으셨으며, 그분이 이 일을 하셨음을 우리가 믿기만 하면 죽어서 천국에 간다고 말할 것이다.

그리고 윌라드는 계속해서 이렇게 말한다.

이런 식으로 '속죄'의 이론 중 하나에 불과한 것을 예수님의 본질적인 메시지[복음]의 전부인 것처럼 취급한다.

이런 상황에서 '믿는다'는 것은 무엇을 뜻하는가?

그러나 이제 구원받기 위해 필요한 믿음이 점점 더 '단지 당신과 주님 사이의' 전적으로 사적인 행위로 간주된다. 오직 '판독하시는 분'만이 아실 것이다.

칼뱅과 루터(그리고 웨슬리)의 주장과 윌라드가 그의 책에서 신랄하게 비판하는 내용이 극명하게 다르기 때문에 그들이 같은 성경을 읽고 있는지 의심스러울 지경이다.

구원을 근원적으로 강조하는 강력한 복음의 문화가 이제 바른 경험을 했는지를 말할 수 있는, 개인의 능력을 강조하는 문화로 바뀐 것이다. 그리고 그 경험이라는 것도 "나는 죄인입니다. 예수님, 나를 대신해주십시오"라고 말하는 것에 불과한 경우가 너무나도 많다. 복음의 문화는 전혀 그렇지 않으며, 올바른 의미의 구원 역시 전혀 그렇지 않다. 윌라드는 결론적으로 이렇게 말한다.

> 이에 관해 강조해야 할 점은, 그리스도, 참 인격체이신 예수님을 신뢰하고 그러한 신뢰에 수반되는 모든 것을 받아들이는 것은, 그분을 통해 이루어진 죄 사함을 얻는 일종의 계약을 신뢰하는 것─그분을 그저 죄책을 제거하시는 분으로만 신뢰하는 것─과는 전혀 다르다는 사실이다.

이 책에서 그는 이 점을 되풀이해서 강조하며, 복음주의가 '당신'에게 초점을 맞춘다고 지적한다.

> 당신의 체제는 당신이 얻고자 하는 결과를 만들어낼 수 있도록 완벽하게 고안되었다.

이제 그는 비판의 강도를 최대한으로 끌어올린다.[39]

> '죄 관리의 복음'에서는 그리스도께서 인류를 구속하는 것 말고는 중요한 일을 전혀 하지 않으셨다고 가정한다.…이런 복음은 죄를 위한 약간의 피만 원할 뿐 천국에 갈 때까지 예수님과 아무런 관계도 맺고 싶어 하지 않는 '흡혈귀 그리스도인들'을 만들어낸다.

그런 다음 윌라드는 하나님 나라에 대한 예수님의 전망으로 우리를 이끈다. 그러나 나처럼 그도 복음(과 제자도)의 문화를 잠식해버린 구원의 문화에 대해 우려한다.

아마 이 정도면 우리의 주장을 뒷받침하기에 충분할 것이다. '예수님' 시대부터 종교개혁기까지 교회를 지배했던, 고린도전서 15장을 기초로 세워진 '복음의 문화'가 종교개혁기에 구원의 문화로 재편되었다. 다시 한 번 이 점을 강조해두자. 나는 지금 초대교회나 중세 교회를 이상화하려는 게 아니다. 마리아 공경에 대한 논란, 면죄부와 같은 비극적인 결과를 초래한 권력의 중앙집권화, 성례전이 거의 자동적인 효력을 지닌다고 가르침으로써 복음에 대한 개인적 응답이라는 메시지를 약화시킨 것을 비롯해 이 시기의 역사에도 비판할 점이 적지 않다. 나는 하나님이 이끄신 종교개혁의 중요성에 의문을 제기하려는 것이 아니다. 그러므로 나는 구원의 의미를 분명히 하고 구원의 개인적 적용이 필수적임을 강조해야 할 필요성에 이의를 제기하지 않는다. 내가 주장하고자 하는 바는, 미국의 부흥 운동과 그 이후 미국에서 벌어진 근본주의자와 현대주의자들 간의 문화 전쟁을 통해 강력한 복음주의 문화가 만들어졌으며, 그 결과 사도적 복음의 문화가 너무나도 성공적으로 재구성되어서 이제 우리는 복음의 문화와 접촉할 수단을 상실했다는 것이다.

우리는 구원의 문화를 잃지 않으면서도 복음의 문화와 접촉할 길을 되찾아야 한다. 그러나 그렇게 하기 위해서 우리는 다시 한 번 처음부터 시작해야 한다. 이 책 서두에서 우리는 예수님이 복음을 선포하셨는지를 물었다. 지금까지 사도적 복음에 대해, 그리고 그 복음이 어떻게 구원의 체계로 전환되었는지를 살펴보았으므로 이제 우리는 새로운 시각에서 예수님에 관한 이 질문을 다시 던질 수 있다.

만약 고린도전서 15장에 있는 바울의 진술이 복음이라고 믿는다면, 우리는 예수님이 복음을 선포하셨는지 물을 때 많은 사람이 생각하는 바와는 조금 다른 방식으로 질문을 던져야만 한다. 흔히 사람들은 예수님이 '복음'을 선포하셨는지 묻는 대신에 그분이 구원 계획을 선포하셨는지 묻는다. 사실상 그들은 그분이 '구원의 문화'를 세우러 오셨는지, 아니면 '복음의 문화'를 세우러 오셨는지 묻고 있는 셈이다. 다음 두 장에서 우리는 사복음서와 예수님에게 이목을 집중하고 예수님이 정말로 복음을 선포하셨다고 주장할 것이다. 하지만 이 모든 것은 **복음**이라고 말할 때 우리가 무엇을 의미하는가에 달려 있다.

6장

복음서 안의
복음?

우리는 바울로부터 이 여정을 시작했다. 먼저 바울에 대해 논한 다음 예수님과 복음서를 다루는 것은 순서가 뒤바뀐 것처럼 보일 수도 있다. 나는 하나님 나라에 대한 예수님의 관점을 간략히 제시하면서 이 논의를 시작하고 싶었는데, 고린도전서 15장의 복음에서 예수님이 얼마나 핵심적인지를 이해하기 전까지는 내가 강조하고자 하는 바가 억지스럽게 들릴 수도 있음을 알고 있었다. 하지만 바울이 고린도전서 15장에서 복음에 관해 말했던 바를 살펴봄으로써, 우리는 이 용어에 대한 완전히 새로운 시각을 얻었다. 복음과 구원 계획이 같은 것이라는 생각을 머릿속에서 지우기 전까지 우리는 결코 교회사 전체를 관통하는 통일된 원리를 발견할 수 없다. 그러나 고린도전서 15장을 논하면서 간략히 제시했던 복음과 구원 사이의 관계를 깨닫고 나면, 바울이 많은 사람이 생각하는 것과 다른 복음을 선포했을 뿐만 아니라 바울의 복음이 예수님의 복음과 동일했음—사실상 1세기에 살았던 모든 사람의 복음과 동일했음—을 발견할 것이다.

따라서 고린도전서 15장을 새롭게 검토해본다면 완전히 다른 질문을 던질 수밖에 없다. 과거에는 어떤 질문을 했는지 되새겨보면 도움이 될 것이다. 모든 사람이 예수님과 바울의 강조점이 다름을 알아차렸다. 예수님은 하나님 나라에 초점을 맞추지만, 바울은 적어도 로마서와 갈라디아서에서 칭의에 초점을 맞췄다. 따라서 과거에는 이런 질문을 던졌다. 바울은 하나님 나라를 선포했는가? 혹은 예수님은 칭의를 선포했는가? 약간 비틀어서—사실 많이 비틀어야 할 때도 있다—우리는 예수님이 칭의를 선포하거나 바울이 하나님 나라를 선포했다고 주장할 수도 있다. 나는 이런 주장이 틀렸다고 생각한다. 이 경우 '복음'을 각각 하나님 나라나 칭의로 정의하기 때문이다. 복음은 이 두 용어보다 크다.

복음이란 이스라엘 이야기가 예수님 이야기 안에서 마무리되었다는 선언이다. 그것이 바울의 복음이었으며, 사도적 복음 전승이었다. 그리고 종교개혁까지 이 복음이 교회 안의 모든 것을 규정했다. 종교개혁기에 이 복음이 약간 변형되었으며, 결국에는—이런 일이 일어나기까지 2-3세기가 걸렸다—구원이 복음을 잠식해 복음이 구원 계획과 동일시될 지경에 이르렀다. 하지만 이미 살펴본 대로 바울 역시 이 이야기가 예수님 안에서 성취되었다고 선포했다. 따라서 우리는 완전히 새로운 질문을 던져야 한다. 바울이 하나님 나라를 선포했는지, 혹은 예수님이 칭의를 선포하셨는지 묻기보다는 이런 질문을 던져야 한다.

예수 왕의 복음

예수님은 이스라엘의 이야기가 자신 안에서 성취되었다고 선포하셨는가?

혹은 훨씬 더 직접적으로 표현하자면,

예수님은 자신에 관해 선포하셨는가?

그리고 만약 그러셨다면,

예수님도 복음을 선포하신 것이다!

동일한 질문을 다양한 방식으로 표현할 수 있다. 한 가지만 더 예를 들어보자면, **예수님은 하나님 나라에 관한 메시지를 선포하실 때 이스라엘 이야기 속에서 자신이 맡으신 역할을 중심으로 삼으셨는가?** 만약 우리가 이런 질문에 '그렇다'라고 답한다면, 그것은 곧 예수님이 복음을 선포하셨다는 말이 된다.

이런 식으로 묻는 법을 배우고 나면 모든 것이 제자리를 찾는다. 그렇다면 이제 우리는 아직 묻지도 않았고 대답하지도 않았던 물음을 던져야 한다. 이것은 중요한 질문이고, 어쩌면 사람들이 알고 있는 것보다 더 중요한 질문이다. 그 질문은 바로 이것이다. **당신은 신약성경의 첫 네 책이 왜 '복음서'라고 불리는지 생각해본 적이 있는가?**

복음서와 복음

나는 책상에 앉아 강의 준비를 위해 신약성경의 첫 네 책에 관해 곰곰이 생각하던 그날을 결코 잊지 못할 것이다. 그때 나는 순진한 대학 신입생이나 할 법한 순진한 질문을 나 자신에게 던졌다. 나는 그 질문에 답했고, 잠시 동안 영광에 휩싸이는 듯한 기분이 들었다. 그것은 정신과 육체, 영혼이 다 하나가 되는 경험이었기 때문이다. 내 질문은 이랬다.

왜 초대교회 성도들은 이 책들을 '복음서'라고 불렀을까?

나는 복음서가 우리가 구원 계획이라고 부르는 것에 초점을 맞추고 있지 않으며, 우리가 사용하는 설득의 방법을 중심으로 구성되어 있지도 않음을 알고 있었다. 복음서—이 점에 관해서는 사복음서가 똑같다—는 예수님과 그분 안에서, 그분을 통해서 일하시는 하나님의 능력에 관한 이야기의 연속이다. 왜 그들이 마태, 마가, 누가, 요한의 책을 '복음서'라고 불렀을까 하는 질문에 대해 곰곰이 생각하던 중 이런 대답이 서서히 내 머릿속에 떠올랐다.

어쩌면 이 책들은 복음일지도 모른다.

그렇다. 이 책들은 복음이다.

그렇다. 복음서가 복음이다!

문득 나는 이것을 깨달았다. 즉, 바울의 '복음'이 곧 이스라엘 이야기를 성취한 예수님 이야기이며, 초대교회 성도들이 마태, 마가, 누가, 요한의 책을 마태, 마가, 누가, 요한이 전한 복음이라고 불렀던 까닭은 사복음서가 모두 같은 이야기를 하고 있음을 그들이 알고 있었기 때문이다. 바울과 복음서는 예수님 이야기 안에서 성취된 이스라엘 이야기를 들려준다. 사도적 복음, 즉 사도들이 전한 전통은 마태, 마가, 누가, 요한의 복음서에서도 발견된다. 이것은 대단히 분명해 보이지만, 대부분의 사람들에게는 그렇지 않다. 초대교회 그리스도인들은 이 책들이 복음이기 때문에 이 책들을 '복음서'라고 불렀다.

복음을 읽고,

복음을 듣고,

복음을 선포하기 원한다면,

복음서를 읽고, 듣고, 선포하라.

존 목사

이제 네 번째 목사에 대해 이야기해보자. 존 딕슨[John Dickson]은 오스트레일리아의 복음전도자이자 목회자이고 교수다. 나는 그의 책들과 강연 비디오들이 그의 모국에서 큰 영향을 끼치고 있다는 사실에 감사한다. 가장 최근에 출간된 그의 책 『기독교 선교의 비밀』*The Best Kept Secret of Christian Mission*[40]은 내가 읽어본 복음전도와 복음을 다룬 책 중에서 가장 훌륭한 책이다. 이 책을 계속해서 소개하는 대신 그가 **복음**이라는 말을 어떻게 이해하는지를 살펴보고자 한다.

그러므로 복음의 핵심은 이렇게 요약된다.
- 예수님이 왕족의 혈통에서 태어나셨다는 사실은 다윗 왕에게 주어진 영원한 보좌에 대한 그분의 주장을 확증했다.
- 예수님의 기적은 하나님 나라가 메시아 안에 임했음을 보여준다.
- 예수님의 가르침은 하나님 나라로의 초대이며 그 나라의 명령이다.
- 예수님의 희생적 죽음은, 그것이 아니었다면 하나님 나라가 최종적

성취에 이를 때에 저주받을 수밖에 없는 사람들의 죄를 대속한다.

- 예수님의 부활은 그분이 하나님에 의해 세상의 심판자와 장차 올 하나님 나라의 주님으로 지명되신 아들이심을 확증한다.

이런 주장은 톰 라이트와 가까우며, 라이트의 견해처럼 에릭 목사나 그렉 목사와는 크게 다르다. 존 목사는 복음전도를 '메시아이신 예수님의 행위에 대해 이야기하는 것'으로 이해한다. 복음전도란 '언젠가 새로운 피조물 안에서 완전히 드러나게 될 하나님 나라, 즉 온 세상을 다스리는 그분의 정의로운 왕권의 확립'을 선포하는 것이다. 그리고 예수님이 복음을 선포하셨는가 하는 물음에 그는 이렇게 대답한다. "[사]복음서와 복음은 하나다." 이 문장이 바로 이 장에서 우리가 다룰 주제이기도 하다. **사복음서와 복음은 하나다.**

복음서들이 아니라 복음서

어쩌면 우리는 한 가지 기본적인 사실을 상기해보아야 할지도 모른다. 초대교회 성도들은 신약의 첫 네 책을 일종의 문학으로 묘사하지 않고, '복음서'를 마치 고대의 도서관용 듀이 10진분류법에 따라 번호가 매겨진 하나의 문학 **장르**로 생각하지 않았다. 이 점을 크고 분명하게 말해둘 필요가 있다. 그들은 신약성경의 첫 네 책을 '복음서들'이라고 부르지 않았다. 대신 그들은 각 책을 '복음서'라고 불렀다. 그들은 하나의 복음이 있으며, 이 복음이 마태복음, 마가복음, 누가복음, 요한

예수 왕의 복음

복음이라는 네 가지 판본으로 기록되었다고 말했다. 지금 우리가 아무렇지도 않게 이 네 책을 '복음서들'이라고 부르는 것은 사실 하나 이상의 복음이 있었다고 주장하는 셈이다.

20세기 복음주의 신약학자들의 지도자였던 브루스[F. F. Bruce]는 신약 성경의 첫 네 책을 네 '복음서들'이라고 부르는 것은 "신약 시대에는 불가능한 표현"이었다고 말했다.[41] 이 네 책 각각은 '복음'이라고 불리었을 테지만, 이 책들이 기록된 후 백 년 이상 동안 아무도 그것을 복수형으로(예를 들어 '우리는 네 권의 복음서들을 읽는다'처럼) 지칭하지 않았다. 성 아우구스티누스[St. Augustine]는 이 점에 관해 스스로 이렇게 고쳐 말하기도 했다. "사복음서에서, 혹은 더 정확히는 하나의 복음을 다루는 네 권의 책에서."[42] 왜 이 점을 지적하는가? 이 책들의 저자들은 예수님 이야기를 할 때 자신을 저자나 예수님의 전기 작가라기보다는 **하나의 복음에 대한 증인**이라고 생각했기 때문이다.

복음의 핵심을 차지하는 가장 중요한, 사실상 유일한 관념은, 복음서들—지금 내가 우리의 관습대로 복수형을 사용할 수 있다면—**이 예수님에 대한 책이며, 예수님의 이야기를 들려주고, 그 안의 모든 것이 예수님에 관한 것이라는 사실**이다. 이 점은 너무나도 분명해서 우리가 종종 이를 잊어버릴 정도다. 그렇다면 복음서 기자들(우리가 이들을 부르는 명칭에 주목하라!—영어로는 evangelist가 복음전도자라는 뜻도 있다—옮긴이주)은 예수님 이야기가 복음이기 때문에 그것을 복음으로서 들려준 것이다. 바울이 이스라엘 이야기가 예수님 이야기 안에서 성취된 것으로 보았듯이, 사복음서 역시 예수님께 초점을 맞춘다. 그렇기 때문에 이 책들은 정말로 복음 그 자체다. 앞과 뒤, 왼쪽과 오른쪽, 가운데까지 이 책은 모두 예수님에 관한 책이다.

'복음'을 전한다는 것은 곧 예수님 이야기를 들려준다는 것이다. 존 목사는 이 점을 이렇게 잘 설명한다. "모든 성경 말씀이 복음을 가리키지만 오직 복음서만이 복음을 온전히 서술하고 있다. 복음서와 복음은 하나다."[43] 그의 말은 교회의 스펙트럼의 반대쪽 끝에 있는 교황 베네딕토 16세의 말을 통해서도 확인된다. "마태와 마가, 누가, 요한의 네 이야기를 '복음서'라고 부름으로써 우리는 예수님 자신, 그분의 행동과 가르침, 삶, 부활, 우리와 함께 머무시는 것 모두가 '복음'이라는 사실을 정확히 표현한다." 또한 이어지는 교황의 말도 들어보라. "부활절 이후 복음전도의 방법은 우리가 복음서에서 읽은 바를 사람들에게 말해주는 것이었다."[44]

복음서를 읽은 사람이라면 누구나 이 책들이 구원 계획을 이야기하지 않고, 설득의 방법을 제시하지도 않는다는 점을 분명히 알 수 있을 것이다. 오히려 이 책들은 위대한 사도 바울의 말과 완벽히 들어맞는다. 복음서들은 예수님의 이야기를 들려주고 있으며 예수님이 이스라엘 이야기를 성취하셨으므로 이 이야기가 구원의 이야기가 된다는 점을 분명히 하고 있기 때문이다. 뿐만 아니라 복음서는 예수님 생애의 마지막 일주일에 집중한다는 점에서 불균형하게 구성—고대 세계에서 이는 독특한 방식이었다—되어 있다. 다시 말해 복음서는 고대사의 그 어떤 이야기보다도 주인공—예수님—의 죽음과 부활에 더 많이 초점을 맞춘다. 이 또한 바울이 강조한 바와 완벽히 일치한다. 그는 고린도전서 15장에서 예수님의 탄생이나 삶, 가르침을 직접적으로 지칭하는 말을 전혀 하지 않았고, 그분의 죽음과 장례, 부활에 집중했다.

그러나 우리는 복음서에 나타난 예수님 이야기가 지닌 구원의 영향력을 놓쳐서는 안 된다. 30년 동안 독일을 이끄는 신약학자였던 마르틴 헹엘Martin Hengel은 이 점을 이렇게 설명했다. "[마태복음에서] 들려주는 이야기는 듣는 이들을 향해 그 안에 묘사된 분, 즉 메시아이시며 하나님의 아들이신 예수님을 믿고 영생을 얻으라고 촉구한다. 다시 말해서 이 복음서는 온전하고 완전한 구원의 메시지가 되기를 추구한다."[45] 스코틀랜드의 저명한 신약학자인 하워드 마셜I. Howard Marshall은 세 번째 복음서를 동일한 관점에서 논하면서 헹엘의 말을 보충한다. "누가의 목적은 그저 예수님의 행위와 말씀을 서술하는 것이 아니라 어떻게 이것이 실제로 구원의 경험과 구원받은 이들의 공동체 형성으로 이어졌는지를 보여주는 것이다."[46]

그러나 복음서가 사도적 복음인지를 확인해보기 위해서 우리는 몇 가지 사실을 살펴볼 필요가 있다. 사복음서는 동일한 예수님의 이야기를 하고 있는가?

죽음, 장례, 부활

많은 사람이 마가복음은 긴 머리말이 덧붙여진 수난 이야기라고 주장해왔다. 즉, 마가복음의 거의 50%는 예수님의 마지막 일주일(막 10-16장)에 초점을 맞추고 있으며, 마가복음의 첫 아홉 장은 이 마지막 일주

일을 위한 배경이라고 할 수 있다는 것이다. 오늘날 대부분의 학자들은 마가의 복음이 가장 먼저 기록되었으며 마태복음과 누가복음의—심지어는 요한복음에도—틀을 제공한다고 생각한다. 다른 복음서가 틀로 삼았던 복음서가 예수님의 마지막 일주일에 일방적으로 집중하고 있다는 점에 주목하라. 왜? 그것이 복음을 말하는 방식이기 때문이다.

죽음과 장례, 부활에 집중하는 마가복음은 바울과 사도들이 정의했던 복음과 매우 닮아 있다. 그리스어권 독자는 영어권 독자보다 마지막 일주일에 대한 집중을 더 잘 알아차릴 수 있다. 그리스어권 독자는 마가복음에서 흔히 '곧'으로 번역되는 그리스어 유튀스^{euthys}를 접한다. 이 단어는 첫 아홉 장에서 서른네 차례 사용된다. 나는 한 자리에서 마가복음을 그리스어로 처음 읽었던 때, 몇 장이 지나자 마치 질주하는 것 같은 마음이 들었던 기억이 있다. 왜 그런 느낌이 들었는지 궁금해져 읽기를 멈추고 그 이유를 곰곰이 생각해보았다. 이윽고 나는 마가가 한 사건에서 다른 사건으로 서둘러 넘어가려고 하는 것처럼 느꼈으며 그것은 그리스어 유튀스 때문임을 깨달았다. 두 번째 복음서를 주의 깊게 읽어본 사람이라면, 마가가 빨리 **예수님을 십자가로 보내고 싶어서 안달**이 난 느낌을 분명히 받을 것이다! 일단 마가가 예수님의 수난 이야기를 시작하고 나면 유튀스라는 단어는 거의 사라져버린다. 마가복음에서는 이 말 자체가 복음을 가리키며, 복음 때문에 이 말을 이렇게 빈번히 사용하고 있다. 몇 가지 예를 살펴보자. (그리스어 유튀스를 번역한 단어는 굵은 활자로 표시했다.)

예수 왕의 복음

- 막 1:10. **곧** 물에서 올라오실 새 하늘이 갈라짐과 성령이 비둘기 같이 자기에게 내려오심을 보시더니.
- 1:12. 성령이 **곧** 예수를 광야로 몰아내신지라.
- 1:18. **곧** 그물을 버려두고 따르니라.
- 1:20. **곧** 부르시니 그 아버지 세베대를 품꾼들과 함께 배에 버려두고 예수를 따라가니라.
- 1:21. 그들이 가버나움에 들어가니라. 예수께서 **곧** 안식일에 회당에 들어가 가르치시매.
- 1:23. **마침** 그들의 회당에 더러운 귀신 들린 사람이 있어 소리 질러 이르되.
- 1:28. 예수의 소문이 **곧** 온 갈릴리 사방에 퍼지더라.
- 1:29-30. 회당에서 나와 **곧** 야고보와 요한과 함께 시몬과 안드레의 집에 들어가시니 시몬의 장모가 열병으로 누워 있는지라. 사람들이 **곧** 그 여자에 대하여 예수께 여짜온대.
- 1:42-43. **곧** 나병이 그 사람에게서 떠나가고 깨끗하여진지라. **곧** 보내시며 엄히 경고하사.

마치 마가가 예수님의 마지막 일주일로 독자들을 몰아가기 위해 이 단어를 사용하고 있는 듯하다.

이것은 마가가 이 책을 다음과 같은 말로 시작한 이유를 완벽히 설명해준다. "**하나님의 아들 예수 그리스도의 복음의 시작이라**"(1:1). 첫 문장에서 마가는 자신의 책을 '복음'으로 명명한다. 그는 이 책에서

'복음을 전하고' 있기 때문이다. 다시 말해 마가가 구원과 용서의 이야기, 즉 이스라엘 이야기의 완성인 예수님 이야기를 들려주고 있다는 것이다. 바로 이어서 이스라엘 이야기가 요한과 예수님을 통해 결말에 이른다고 말한 까닭도 바로 그 때문이다.

> 선지자 이사야의 글에
> "보라 내가 내 사자[요한]를 네 앞에 보내노니
> 그가 네 길을 준비하리라.
> 광야에 외치는 자의 소리가 있어 이르되
> '너희는 주의 길을 준비하라.
> 그의 오실 길을 곧게 하라'" 기록된 것과 같이(막 1:2-3).

다시 한 번 이 점을 분명히 해두자. 복음은 이스라엘 이야기를 완성한 예수님 이야기다. 신약성경의 첫 네 책인 복음서는 '~에 따른 복음'이라고 불린다. 이 책들은 같은 이야기를 하고 있기 때문이다. 그리고 각각의 책은 동일하게 예수님의 죽음과 장례, 부활을 강조한다(마 19-28장, 눅 18-24장을 보라). 요한복음은 다른 구조를 가지고 있기는 하지만, 첫 세 복음서(공관복음서)와 유사하다. 적어도 11장부터 21장까지는 마지막 주에 집중하고 있기 때문이다. 또한 이 세 복음서에서는 마지막 주에 대해 이야기할 때 예수님의 장례, 그리고 특히 부활과 나타나심을 대단히 강조한다.[47] 복음이라는 말이 구원 계획의 의미로 여겨지는 경우가 너무나도 많기 때문에 특히 이 점을 강조해야만 한다. 복음서가 '~에 따른 복음'이라고 불리는 까닭은, 이것이 사도들의 각본—예수님의 죽음과 장례, 부활—에 따라 예수님 이야기를 선포하며 이 모든 일이 성경대로 일어났음을 강조하기 때문이다.

성경대로

또 다른 사도적 복음의 주제는 "성경대로"다. 바울은 예수님이 "성경대로" 죽으시고 부활하셨다고 말한다. 정말로 복음을 전하기 위해서는 성경의 이야기를 제시해야 한다. 그래야만 복음이 '좋은' 소식이 될 수 있다.

복음서 기자들만큼 이 일을 잘하는 사람이 없다. 마태복음은 예수님과 아브라함, 모세를 잇는 족보로 시작된다. 이 족보는 알쏭달쏭하지만 절묘한 방식으로 '열네' 대씩 구분된다(마 1:1-17). 14라는 숫자는 수에서 의미를 찾으려는 유대교의 방법인 게마트리아*gematria*에서 나왔다. **다윗**이라는 이름은 히브리어 자음 세 개(*d-v-d*)로 이루어져 있다. 히브리어에는 숫자가 따로 없고, 문자를 숫자 대신 사용한다. 그래서 d+v+d, 즉 4+6+4를 하면 합이 14가 된다. 이스라엘의 역사를 각각 14개씩 세 묶음으로 구분함으로써 마태는 이스라엘 이야기 전체가 다윗적인 모양을 가지고 있으며, 다윗의 이야기는 다윗 혈통의 최종적인 왕이시고 마리아와 요셉의 아들이시며 이스라엘의 메시아이신 예수님 안에서 성취됨을 보여준다. '복음서 안에는 구약의 성취'에 관한 내용이 너무나도 많기 때문에 구약, 즉 이스라엘 이야기가 사복음서 각각에 얼마나 결정적인 영향을 미쳤는지에 대해서는 책을 열 권이라도 쓸 수 있을 것이다.[48] 예를 들어 마태복음 1-2장에 기록된 예수님의 생애 속 일련의 사건들은 이스라엘의 예언서를 '완성'하거나 '성취'한다.

이제 누가복음과 "성경대로"라는 주제를 살펴보자. 누가복음 1, 2장의 탁월한 탄생 이야기 사이사이에는 각각 마리아와 사가랴, 시므온의 노래인 마그니피카트*Magnificat*와 베네딕투스*Benedictus*, 눈크 디미티스*Nunc Dimittis*가 삽입되어 있다. 이 세 노래와 1-2장은 구약성경에 대한 암시와 인용으로 가득하다. 사실, 두 장은 마치 누군가가 여러 해 동안 성경에 흠뻑 젖어 있다가 갑자기 시적인 노래들을 쏟아내는 것처럼 읽힌다. 이 노래에서는 하나님이 마리아와 사가랴, 엘리사벳, 시므온, 안나 안에서 행하시는 일을 통해—특히 두 아기 요한과 예수님을 통해—이스라엘 이야기 전체가 완성되었다고 말한다. 관주성경을 가지고 누가복음 1-2장에서 구약성경이 어떻게 인용되고 암시되는지 살펴보라. 이를 통해 복음을 심층적으로 깨닫는 경험을 할 수 있을 것이다.

네 번째 복음서를 쓴 요한 역시 구약성경에 정통한 사람이었다. 그러나 요한복음에서는 예수님이 이스라엘 이야기를 새로운 차원에서 성취하셨음을 강조한다. 요한은 이스라엘의 주된 제도와 축제, 해마다 이스라엘 이야기를 기념하고 모든 유대인의 기억과 정체성을 규정하는 절기가 예수님 안에서 완성되었음을 놀랍게 묘사한다. 이를테면, 요한복음 2장에서는 성전으로서의 예수님에 대해 이야기하며, 5장에서는 안식일, 6장에서는 유월절, 7-10장에서는 장막절, 10:22-39에서는 수전절修殿節이 예수님을 통해 완성되었다고 말한다.[49] 신약학자인 리처드 롱네커R. N. Longenecker는 이 주제를 요약하면서 요한복음에서는 "예수님을 절기에 의해 상징된 모든 것을 성취하신 분"으로 제시한다고 말한다.[50]

간략히 살펴보았을 뿐이지만 이 점은 분명해졌다. 즉, 복음서 자체가 복음이다. 복음서에서는 이스라엘 이야기가 예수님 이야기 안에서 완성되었다고 보기 때문이다. 나는 복음서를 읽는 사람들에게 한 단락이나 장을 읽고 나서 자신이 갖고 있는 이스라엘 이야기—구약성경—에 대한 지식을 동원해 복음서 기자들이 말하는 바와 구약성경이 말하는 바를 연결시켜보라고 권하고 싶다. 모든 곳에서 이런 연결점을 찾을 수 있다. 그리고 이렇게 두 이야기를 연결시키는 방식으로 복음서를 읽지 않으면 복음서 기자들이 말하고자 하는 바를 전혀 이해할 수 없을 것이다. 복음서가 교회 도서관의 서가에서 불리는 이름처럼 복음인 까닭은 이처럼 두 이야기를 연결하고 있기 때문이다.

우리 죄를 위하여

고린도전서 15:3에 있는 사도 바울의 주장에 따르면, 복음서의 핵심 요소 중 하나는 "그리스도께서 **우리 죄를 위하여** 죽으셨다"는 사실이다. 복음서가 복음이 되기 위해서는 "우리 죄를 위하여"라는 구절에 관해서도 이야기해야만 한다. 실제로 복음서도 이를 다룬다. 그러나 너무나도 많은 용어와 범주를 통해 이 문제를 다루기 때문에 이 모두를 하나로 아우르기가 어렵다. 복음서에서 죄라는 말은 마흔한 차례 등장하며, 첫 번째 복음서의 첫 장에 예수님이 어떤 분이신가에 관한 다음과 같은 진술이 포함된 것은 우연이 아니다. 마태복음 1:21에서는 이렇게 말한다. "[마리아가] 아들을 낳으리니 이름을 예수라 하라. 이는 그가 **자기 백성을 그들의 죄에서 구원할 자**이심이라 하나라." '예수'는 '야웨^{YHWH}가 구원이시다'라는 뜻의 히브리어 예슈아^{Yeshua}를 음역한 말이다. 마리아의 아들의 이름을 '예수'라고 지음으로써 요셉은 그에게 '구원자'라고 부른 셈이다. 그는 백성을 무엇으로부터 구원하는 것일까? '그들의 죄로부터.'

이것은 실로 엄청난 주장이다. '야웨가 구원이다'라는 말은 곧 '육신 안에 계신 하나님이 구원이시다', '예수가 구원이시다'라는 말이다. 이스라엘―언약의 부르심에 따라 살지 못하고 불순종으로 인해 멸망당했으며, 지금은 로마에 정복당해 크고 작은 전쟁에 휩싸여 있으며 종교적·정치적 내분으로 갈기갈기 찢겨 있는―이 구원을 받고, 하나님 나라가 임할 것이며, 이 모든 일은 마리아의 아들을 통해 일어날 것이다. 그분은 이스라엘을 죄의 짐으로부터 구원하실 것이다. 죄 사함을 위한 회개를 선포했던(막 1:4-5) 세례 요한은 요한복음에서 마태복음 1장과 비슷한 선언을 했다. "이튿날 요한이 예수께서 자기에게 나아오심을 보고 이르되, '보라 세상 죄를 지고 가는 하나님의 어린 양이로다!'"(요 1:29)

유대교와 복음서 모두 죄와 질병에 대한 책임을 구별하며, 죄가 질병을 초래하기 때문에 용서와 치유도 구별한다. 마태복음 9:2에서 예수님이 중풍병자에게 하신 말씀을 생각해보라. "안심하라. 네 죄 사함을 받았느니라." 이 놀라운 말씀에 찬사를 보내는 사람도 있었고 경악했던 사람도 있었다. 예수님은 이 남자를 치유하시고 자신의 주장이 옳음을 증명하신다. 마태복음 1장의 말씀처럼, 그분은 이스라엘을 죄로 인한 벌로부터 구원하실 분이시며, 질병도 그 벌 중 하나다.

"죄를 위하여"라는 구절과 관련된 복음서의 세 번째 주제는 최후의 만찬 이야기 안에서 발견할 수 있다. 마태복음은 이 본문을 포함한다는 이유만으로도 복음이라고 불릴 만하다. 예수님은 잔을 주시면서 **"이것은 죄 사함을 얻게 하려고 많은 사람을 위하여 흘리는 바, 나의 피 곧 언약의 피니라"**(마 26:28)라고 말씀하신다. 마태는 예수님이 이스라엘을 그들의 죄로부터 구원하실 것이기 때문에 '예수'라고 불릴 것이라고 말했다. 세례 요한은 예수님을 세상 죄를 없애실 하나님의 어린 양으로 보았다. 그리고 마태복음에서는 제자들과 함께하는 마지막 밤에 예수님이 **십자가에서 자신을 제물로 바침으로써 용서하신다**고 말한다. 그분의 제자들은 믿음으로 이 잔에 참여함으로써 (그리고 그 떡을 먹음으로써) 이 용서에 참여한다.

사도적 복음, 즉 바울이 '받아서' 고린도 교인들에게 '전한' 복음, 그때부터 영원히 모든 사도적 교회가 받아서 전한 복음은, 예수님이 "우리 죄를 위하여" 죽으셨고 이 죽음이 죄 사함을 성취했음을 핵심 메시지로 삼는 복음이다. 그러므로 이 이야기는 사람들을 구원하고 그들을 하나님 나라 안으로, 영생으로 이끈다. 요한은 바로 이 목적을 위해 요한복음을 썼다고 말한다. "오직 이것을 기록함은 너희로 예수께서 하나님의 아들 그리스도이심을 믿게 하려 함이요, 또 너희로 믿고 그 이름을 힘입어 생명을 얻게 하려 함이니라"(요 20:31). 여기서 예수님이 말씀하시는 '생명'은 죄로 인해 빚어진 조건을 대체하는 생명이다.

그러나 "우리 죄를 위하여"라는 말에는 요한이 말하는 '생명'을 통해 채워져야만 하는 어떤 불완전성이 존재한다. 사도적 신앙에서는 그리스도가 우리 죄를 위해 죽으셨다고 분명히 믿는다. 그러나 또한 이 죽음은 **예수님 자신이 죽은 자 가운데서 다시 살아나셨기 때문에** 죄를 이기는 힘을 발휘한다고 믿는다. 우리의 죄가 죽음을 초래했으며, 예수님의 죽음이 우리의 죽음 안으로 들어올 때 부활에 의해 이 죽음은 생명으로 뒤바뀐다. 부활을 통해 예수님의 죽음은 새로운 피조물을 해방시키는 효과를 발휘한다. 십자가의 복음은 부활의 복음을 요구한다.

바울의 말처럼 부활이 없었다면 우리는 "여전히 죄 가운데 있을 것"이다(고전 15:17). 바울이 사용한 "우리 죄를 위하여"라는 말은 여기서 그리스도의 죽음과 연결된다. 그러나 부활이 없다면 십자가는 고문과 고통을 가하기 위한 도구에 불과함을 잊지 말자. 그리스도의 십자가를 강조할 때 이 점을 잊어버리기 쉽기 때문이다. 또한 이 점은 복음서에, 특히 마태복음 27:51-53에 강력히 제시되어 있다. 예수님이 십자가에 달리셨을 때, 바로 그분이 죽으신 그 순간, 마태는 이 사건을 다음과 같이 기록한다.

이에 성소 휘장이 위로부터 아래까지 찢어져 둘이 되고 땅이 진동하며 바위가 터지고 무덤들이 열리며 자던 성도의 몸이 많이 일어나되, 예수의 부활 후에 그들이 무덤에서 나와서 거룩한 성에 들어가 많은 사람에게 보이니라.

죽음과 부활은 하나로 엮여 완전히 새로운 세계의 질서, 새로운 피조물을 출현시킨다.

복음으로서의 복음서

고린도전서 15장에 새겨진 사도적 복음에서는 성경의 이스라엘 이야기의 완성으로서의 예수님 이야기를 선포한다. 이것은 예수님이 사람들을 그들의 죄로부터 구원하시는 이야기다. 이것이 사도적 복음이다. 초대교회 성도들은 신약성경의 첫 네 책을 "~에 따른 복음"이라고 불렀다. 네 책이 바로 이 이야기를 선포하고 있기 때문이다.

- 복음서의 핵심 주제는 예수님이다.
- 복음서의 핵심 주제는 이스라엘 이야기의 완성이신 예수님이다.
- 복음서의 핵심 주제는 예수님의 죽음, 장례, 부활, 승천, 재림이다.
- 복음서는 이 예수님, 바로 이 이야기 속의 예수님이 그분의 백성을 그들의 죄로부터 구원하심을 드러낸다.

이것은 진리이며, 따라서 복음서에서 이 이야기를 우리가 생각하는 구원 계획에 따라 배열하지 않았고, 이 이야기를 우리가 가장 좋아하는 설득의 방법에 들어맞도록 구성해놓지도 않았음을 깨닫는 것이 중요하다. 대신 복음서는 예수님의 이야기를 선포하며, 이 이야기는 구원하고 구속하고 해방시키는 이야기다.

이런 결론에 이르기 위해서는 추론이 필요할 수 있지만, 이런 종류의 추론은 전적으로 합리적이다. 복음서가 '복음전도', 즉 사도들의 복음 선포를 구체화하기 위해 기록되었다고 생각할 만한 타당한 이유가 있다.[51] 사복음서는 고린도전서 15장이나 사도적 복음 전승에 대한 방대한 주석이라고 말할 수도 있다. 초기 기독교 전승에 따르면, 마가복음은 베드로가 로마에서 했던 설교를 (질서 있거나 체계적인 방식은 아니었지만) 옮겨 적은 것이라고 한다. 초대교회의 역사가인 유세비우스 Eusebius는[52] 이 전승에 관해 이렇게 기록했다.

그리고 그 장로는 이렇게 말하곤 했다.

마가는 베드로의 통역사가 되었으며, 비록 순서대로 받아 적은 것은 아니었지만 베드로가 기억하는 주님의 말씀과 행동을 모두 정확히 기록했다. 마가 자신은 주님의 말씀을 직접 듣거나 그분을 따라다니지 않았지만, 후에…베드로를 따라다녔다. 그리고 베드로는 주님의 말씀을 정돈된 방식은 아니었지만 일화처럼 가르쳐주었다.…따라서 기억하는 대로 개별적인 항목을 적어둔 마가의 행동은 전혀 잘못된 것이 아니었다.

이 전승이 정확하든 정확하지 않든, 적어도 신학적 차원에서는 진실이다. 사복음서는 사도들이 예수님에 관하여 기억하고 가르쳤던 바를 구체적으로 보여준다. 고린도전서 15장의 사도적 복음 전승과 복음서의 연관성을 두 가지 다른 방향에서 이해해볼 수 있다. 먼저 사도들의 복음 선포는 고린도전서 15:3-5로 환원된다고 말할 수 있으며, 동시에 고린도전서 15:3-5이 사복음서로 확장되고 이를 통해 해설되고 있다고 말할 수도 있다. 왜 이렇게 말할 수 있는가? 복음과 복음서는 하나이며 동일하기 때문이다.

어쩌면 특이한 한 구절이―적어도 많은 사람이 **복음**이라는 용어를 이해하는 방식에 따르면―이 점을 한 번 더 분명하게 해줄 것이다. 마가는 예수님의 마지막 일주일을 기록하면서 값비싼 향유를 아낌없이 감사하는 마음으로 예수님의 머리 위에 부었던 한 여인의 이야기를 들려준다. 냉정한 구두쇠들은 그렇게 사치를 부릴 돈으로 가난한 사람을 돕는 게 더 나았을 거라고 주장했지만, 예수님은 자신이 죽기도 전에 그 여인이 자신의 장례를 위해 예언자적으로 자신의 몸에 기름을 부었다고 그녀를 칭찬하셨다. 그런 다음 그분은 이렇게 말씀하신다. "내가 진실로 너희에게 이르노니 온 천하에 어디서든지 복음이 전파되는 곳에는 이 여자가 행한 일도 말하여 그를 기억하리라"(막 14:9).

왜 그렇게 말씀하셨을까? 예수님은 복음의 선포란 예수님의 삶에 관한 이야기를 들려주는 것이며, 그 이야기에는 **그분께 기름을 부었던 이 여인의 이야기도 포함된다**고 생각하셨기 때문이다. 나는 복음을 잘 알고 있지만 이 이야기는 한 번도 들어보지 못했다고 말하는 그리스도인 학생들을 여럿 만났다. 그들의 성경 읽기 습관이 어떻든지, "한 번도 들어보지 못했다"는 이들의 말은 복음과 사복음서가 충분히 밀접하게 연결되어 있지 않음을 보여준다. 우리는 초대교회에서 지도자들이 복음을 매주 공식적인 모임에서 읽었다는 사실을 알고 있으며(부록 2를 보라), 우리도 교회에서 이를 다시 회복해야 한다. 이렇게 끊임없이 복음(서)에 몰두했을 때 복음의 문화를 만들 수 있는 잠재력이 만들어졌다.

우리는 중대한 시점에 도달했다. 바울이 복음을 어떻게 정의했는지가 충분히 분명해졌으며, 신약성경의 첫 네 책이 왜 '복음서'라고 불리는지도 충분히 분명해졌다. 이제 오늘날 많은 그리스도인이 묻는 물음에 답할 차례다. 이 물음에 대한 대답은 우리에게 대단히 중요하다.

예수님은 그 복음을 선포하셨는가?

7장

예수와
복음

이것은 이해하기가 너무나도 어렵기 때문에 반복해서 강조할 필요가 있다. 복음을 지적 훈련을 통해 파악해야 할 구원 계획과 동일시하는 사람들이 너무나 많다. 우리의 질문은 이것이다. 예수님은 복음을 선포하셨는가? 하지만 이 질문은 (이런 개념들이 아무리 참되고 중요하다고 할지라도) '예수님이 개인적 구원을 선포하셨는가?' 혹은 '이신칭의를 선포하셨는가?'가 아니다. 우리는 다른 차원에서 접근해야 한다. 만약 복음이 이스라엘 이야기를 완성하는 예수님의 구원 이야기라면, 문제는 더 분명해진다. **예수님은 자신이 이스라엘 이야기의 완성이라고 선포하셨는가?**

만약 그러셨다면, 그분이 구원 계획을 선포하셨든 그렇지 않든 그분은 사도적 복음을 선포하신 것이다. 그러므로 복음의 문제는 '예수님이 구원 계획이나 이신칭의, 개인적 구원을 선포하셨는가?'가 아니라 '예수님이 자신을 이스라엘 이야기의 완성이자 구원의 이야기라고 선포하셨는가?'다. 이 장에서는 이 문제를 집중적으로 논할 텐데, 이 장은 마치 언제까지나 계속되는 단음계의 노래 같을 것이다. 우리는 예수님이 자신을 그분의 사역과 선포의 핵심으로 삼으셨음을 반복해서 강조하고자 한다.

이 새로운 질문은 논의의 초점 전체를 우리가 경험하는 구원의 유익에서 그분 자체가 복음이신 분께로 이동시킨다. 얼마 전 존 파이퍼는 우리가 주장하는 바의 핵심을 제목으로 하는 책을 썼다. 이 책의 제목은 『하나님이 복음이다』*God Is the Gospel*(IVP 역간)다. 그는 이렇게 설명한다. "복음이 지닌 최고의, 최선의, 결정적인 선, 그것이 없이는 다른 어떤 선물도 선할 수 없는 선은 우리가 영원히 누릴 수 있도록 계시된 그리스도의 얼굴 안에 있는 하나님의 영광이다."[53] 파이퍼가 말하는 "그리스도의 얼굴 안에 있는 하나님의 영광"이란 내가 말하는 '예수님의 이야기'와 같은 것이다. 복음의 핵심에 더 가까이 다가갈수록 예수님의 얼굴이 더 분명해진다. 그러므로 지금의 논의를 위해 그의 책 제목을 다시 짓는다면, 『예수님이 복음이다』라고 할 수 있을 것이다. 내가 여기서 주장하는 바와 파이퍼의 책 사이의 몇몇 중요한 차이점에도 불구하고, 우리는 이 점에 동의한다. 즉, 복음은 한 분에 대해, 예수 그리스도 안에 계시된 하나님에 대해, 하나님이 예수 그리스도 안에서 우리를 위해 행하신 바에 대해 선포하는 것이다.

고린도전서 15장이 제기하는 질문은 결국 이것이다. 예수님은 바로 이분을 핵심으로 삼는 복음을 선포하셨는가? 이 질문에 답하기 위

해 우리는 먼저 예수님이 가장 즐겨 사용하셨던 용어인 하나님 나라
에 대해 살펴볼 것이다.

하나님 나라

'하나님 나라'에서 시작하는 까닭은 예수님이 자신의 사명과 전망, 선
포를 명시적으로 하나님 나라와 연결시키셨기 때문이다. 그러나 예
수님께 나아가기 전에 그 배경을 먼저 살펴보아야 한다. 세 개의 예비
적 구절을 통해, 예수님과 가장 가까웠던 이들이 이스라엘 이야기가
중대한 시점에 가까워지고 있다고 생각했음을 알 수 있다. 이 세 구절
은 바로 누가복음 1:46-55에 있는 마리아의 마그니피카트*Magnificat*와
1:67-79에 있는 사가랴의 베네딕투스*Benedictus*, 3:1-18에 있는 세례 요
한의 메시아적 회개의 설교다. 각 구절은 이스라엘 이야기의 메시아
와 하나님 나라에 대한 대망 속에서 나타나며, 요한과 예수님의 탄생
을 통해 이 주제들이 성취된다는 것에 초점을 맞추고, 이스라엘이 맞
이할 완전히 새로운 상태를 선언한다. 특히 이 구절은 정의와 거룩, 평
화, 사랑에 의해 특징지어지는 공동체를 선포한다. 그러나 이 공동체
는 분명히 **예수님**의 발 아래에 자리 잡은 공동체다.

　각 구절들의 핵심 주제는 예수님이다. 마리아의 노래인 마그니피
카트에서는 하나님이 이스라엘과 맺으신 언약 전체가 그녀의 아기를
통해 성취된다고 말한다. 그녀는 이 아기의 이름을 예수라고 지을 것
이며, 이 아기가 하나님의 아들, 다윗의 왕좌에 앉을 이스라엘의 왕이

라는 말을 듣는다. 사가랴의 예언은 장차 예언자가 될 자신의 아들에 초점을 맞추고 있지만, 그 안에는 이스라엘을 "원수의 손에서" 건져내고 거룩함과 의로움으로 영원히 우리를 다스리실 "구원의 뿔"이 "다윗의 집"에서 일어날 것이라는 예언이 담겨 있다. 그분이 바로 예수님이시다.

거의 30년이 지난 후 요한 역시 같은 주제를 이야기한다. 그는 "나보다 능력이 많으신" 이를 위해 부르짖는 "목소리"이며, 그분은 "성령과 불로 너희에게 세례를 베푸실" 것이다. 마리아와 사가랴, 요한에게 하나님 나라는 왕, 메시아가 다스리실 공동체였다. 하나님 나라는 정의와 평화, 사랑, 거룩과 같은, 단순히 사건의 상태가 아니다. 하나님 나라는 이스라엘 이야기 전체를 이루는 네 요소, 즉 하나님과 왕, 백성, 땅으로 이루어진 공동체다. 왕은 예수님이시며, 백성은 예수님을 따르는 이들이고, 땅은 그들이 하나님의 나라를 구현할 장소다.

이 구절들은 우리에게 너무나도 익숙하기 때문에 여기에 담긴 놀라운 주장, 즉 이스라엘 이야기가 놀라운 자유를 약속하는 마지막 장면에 도달했다는 주장을 놓치기 쉽다. 유대인들이 이 나라의 모습이 어떨 것이라고 생각했는지 알고 싶다면 시편 72편을 읽어보라. 이 본문은 왕과 그분의 나라에 대한 이스라엘의 기대를 담고 있기 때문에 여기에 전체를 인용한다.

하나님이여 주의 판단력을 왕에게 주시고
주의 공의를 왕의 아들에게 주소서.

그가 주의 백성을 공의로 재판하며

주의 가난한 자를 정의로 재판하리니

의로 말미암아 산들이 백성에게 평강을 주며

작은 산들도 그리하리로다.

그가 가난한 백성의 억울함을 풀어주며

궁핍한 자의 자손을 구원하며

압박하는 자를 꺾으리로다.

그들이 해가 있을 동안에도 주를 두려워하며

달이 있을 동안에도 대대로 그리하리로다.

그는 벤 풀 위에 내리는 비같이,

땅을 적시는 소낙비같이 내리리니

그의 날에 의인이 흥왕하여

평강의 풍성함이 달이 다할 때까지 이르리로다.

그가 바다에서부터 바다까지와

강에서부터 땅끝까지 다스리리니,

광야에 사는 자는 그 앞에 굽히며

그의 원수들은 티끌을 핥을 것이며

다시스와 섬의 왕들이

조공을 바치며

스바와 시바 왕들이

예물을 드리리로다.

모든 왕이 그의 앞에 부복하며

모든 민족이 다 그를 섬기리로다.

그는 궁핍한 자가 부르짖을 때에 건지며

도움이 없는 가난한 자도 건지며

그는 가난한 자와 궁핍한 자를 불쌍히 여기며

궁핍한 자의 생명을 구원하며

그들의 생명을 압박과 강포에서 구원하리니

그들의 피가 그의 눈앞에서 존귀히 여김을 받으리로다.

그들이 생존하여

스바의 금을 그에게 드리며

사람들이 그를 위하여 항상 기도하고

종일 찬송하리로다.

산꼭대기의 땅에도 곡식이 풍성하고

그것의 열매가 레바논같이 흔들리며

성에 있는 자가 땅의 풀같이 왕성하리로다.

그의 이름이 영구함이여

그의 이름이 해와 같이 장구하리로다.

사람들이 그로 말미암아 복을 받으리니

모든 민족이 다 그를 복되다 하리로다.

예수 왕의 복음

홀로 기이한 일들을 행하시는

여호와 하나님 곧 이스라엘의 하나님을 찬송하며

그 영화로운 이름을 영원히 찬송할지어다.

온 땅에 그의 영광이 충만할지어다.

아멘, 아멘.

예수님과 하나님 나라

예수님은 어떠셨는가? 그분의 하나님 나라 메시지는 무엇이었는가? 마리아와 사가랴, 요한의 예언적인 선언에 이어서 우리는 예수님의 선포 안에서 이스라엘 이야기의 이 중대한 (성취에 이르는) 시점에 하나님이 행하시는 바를 계시하는 네 주제를 발견할 수 있다.

첫째로—아마 앞서 이미 들었기 때문에 가장 덜 흥미롭고 가장 놓치기 쉬운 주제일 것이다—**예수님은 하나님의 나라가 역사 안으로 파고들어 오고 있다고 믿으셨다.** 복음서의 두 본문에서는 이 점을 아주 분명하게 밝히고 있다. 마가복음에서는 예수님이 선포하신 메시지를 이렇게 요약한다. "때가 찼고 하나님의 나라가 **가까이 왔으니**…"(막 1:15). 굵은 활자로 표시한 동사(그리스어 ēngiken)는 '이미 도착했다'라기보다는 '가까워졌다'는 의미를 가지고 있다. 그러나 이것은 대단히 가깝다는 뜻이다. 마치 여행을 마치고 돌아올 때 언덕 꼭대기에서 집이 보이는 것이나, 이른 아침에 해가 보이기 전에 햇빛이 먼저 보이는 것과 비슷한 상황을 묘사하는 말이다. 이 용어는 분명히 아주 가까이 있는 것을 묘사하는 말이다.

두 번째 본문에서는 훨씬 더 가까이 있는 무엇인가를, 너무나도 가까워서 '그것이 여기 있다!'라고 말할 수밖에 없는 무엇인가를 환기한다. 마태복음 12:28에서 예수님은 "그러나 내가 하나님의 성령을 힘입어 귀신을 쫓아내는 것이면 하나님의 나라가 **이미 너희에게 임하였느니라**"라고 말씀하신다. 여기서는 '이미 임했다'는 뜻을 지닌 다른 그리스어 에프타센*ephthasen*이라는 말이 사용되었다. 그렇다면 예수님은 축귀의 경험이 오랫동안 기다려온 하나님 나라의 실제적인 현시顯示라고 믿으셨음이 분명하다. 마리아와 사가랴, 요한이 도래할 것이라고 말했던 것이 정말로 왔다.

여기서 놓쳐서는 안 되는 것이 있다. 오고 있는, 혹은 가까워진 하나님 나라에 관하여 말한다는 것은 예수님 시대의 에세네파, 사두개파, 바리새파, 열심당 등이 두루 사용했던 성경의 이미지와 사상, 기대를 환기함을 뜻한다. 예수님은 아브라함에게 주어진 땅과 백성 그리고 왕에 관한 약속으로부터 다윗에게 주어진 영원한 왕과 나라에 관한 약속, 그리고 **샬롬**과 정의, 마음에서 우러난 토라 준수라는 예언자적 전망에 이르기까지 모든 것과 그 이상의 것을 **하나님 나라**라는 표현 안에 집약시키시면서 "준비하라. 그 나라가 거의 다 왔다. 아니, 그 나라가 이미 여기에 있다"라고 말씀하셨다. 예수님에게 '하나님 나라'는 그분의 종말론 전체를 담고 있는 말이고, 그분은 자신의 종말론이 이제 곧 마지막 장에 이를 것이라고 선언하셨다.

둘째, 예수님은 **이 땅에 임할 새로운 사회**를 선포하셨다. 오랫동안 기다려온 하나님 나라의 사회는 급진적인 변화로 특징지어질 것이다. 하나님이 행하실 일에 관한 그분의 전망을 표현하기 위해 예수님은 누가복음 4:18-19에서 이사야 61장 첫머리에 등장하는 고난받는 종의 노래를 인용하시면서 이를 자신에게 적용하신다.

> 주의 성령이 내게 임하셨으니
> 이는 가난한 자에게 복음을 전하게 하시려고
> 내게 기름을 부으시고
> 나를 보내사 포로 된 자에게 자유를
> 눈 먼 자에게 다시 보게 함을 전파하며
> 눌린 자를 자유롭게 하고
> 주의 은혜의 해를 전파하게 하려 하심이라.

새로운 사회의 특징은 가난한 이들을 위한 '좋은 소식'(복음), 갇힌 자들을 위한 자유, 눈 먼 자들을 다시 보게 함, 눌린 자들을 위한 자유다. 그리고 이 모든 것은 주의 은혜의 해^{year}를 선포하기 위함이다. 예수님은 이사야 시대의 유배당한 이들을 위한 메시지이자 '고난받는 종'[54]으로 구체화된 언어를 가져와 자신에게 적용하셨으며, 이것을 그분이 보기에 '유배' 상태에 있는 사람들, 즉 가난한 자들, 갇힌 자들, 눈 먼 자들, 눌린 자들을 위한 메시지로 선포하셨음이 분명하다. 이 모든 것은 성령의 능력으로 가능하다.

셋째로, 예수님은 **새로운 시민권**을 선언하신다. 누가복음의 팔복

병행 본문에서는—일종의 '구원의 문화'의 방식으로—신명기 28장에 가장 순수한 형태로 제시된 성경의 심층적 주제인 복과 화를 끌어와 '밖'에 있는 이들과 '안'에 있는 이들을 구별하신다. 이 유명한 설교에서 예수님이 하신 말씀은 듣는 이들을 깜짝 놀라게 했다. '변변치 못한' 사람들이 '안'에 있고 '멀쩡한' 사람들이 '밖'에 있기 때문이다. 여기서 우리는 하나님 나라 시민권이 담고 있는 급진적인 전도顚倒를 확인할 수 있다. 누가복음 6:20-26의 메시지는 매우 분명하며 주석조차 필요 없다.

예수께서 눈을 들어 제자들을 보시고 이르시되,

"너희 가난한 자는 복이 있나니
하나님의 나라가 너희 것임이요,
지금 주린 자는 복이 있나니
너희가 배부름을 얻을 것임이요,
지금 우는 자는 복이 있나니
너희가 웃을 것임이요,
인자로 말미암아
사람들이 너희를 미워하며
멀리하고 욕하고
너희 이름을 악하다 하여 버릴 때에는
너희에게 복이 있도다.

예수 왕의 복음

그날에 기뻐하고 뛰놀라. 하늘에서 너희 상이 큼이라. 그들의 조상들이
선지자들에게 이와 같이 하였느니라.

그러나 화 있을진저 너희 부요한 자여

너희는 너희의 위로를 이미 받았도다.

화 있을진저 너희 지금 배부른 자여

너희는 주리리로다.

화 있을진저 너희 지금 웃는 자여

너희가 애통하며 울리로다.

모든 사람이 너희를 칭찬하면 화가 있도다.

그들의 조상들이 거짓 선지자들에게 이와 같이 하였느니라."

넷째로, 복음서의 말씀은 예수님이 선포하신 나라가 **하나님의** 나
라임을 분명히 보여준다. 이 나라는 유대의 통치자 헤롯 안티파스[Herod
Antipas]와 로마의 통치자 티베리우스[Tiberius]의 나라와 대조를 이룬다. 여
기서 우리는 예수님의 급진적인 요청을 확인할 수 있다. 그분은 모든
사람을 **하나님, 이스라엘의 하나님, 야웨, 창조주와 언약의 주**께 복종
하라고 부르신다. 예수님의 전망과 사명의 핵심을 표현하는 주기도문
은 첫머리부터 바로 이 주제를 다룬다.

하늘에 계신 우리 아버지여

이름이 거룩히 여김을 받으시오며

나라가 임하시오며

뜻이 하늘에서 이루어진 것같이

땅에서도 이루어지이다(마 6:9-10).

이것은 아버지이신 하나님과의 인격적인 관계를 내포하는 동시에 이제 예수님이 이 땅에 하나님의 메시지를 전달하는 유일한 통로가 되심을 내포한다. 예수님은 그분을 따르는 이들에게 하나님으로 충만한 삶의 전망을 제공하셨다.

다섯째, 이제 우리는 복음전도의 핵심으로 나아간다. 이상한 이유로 학자와 설교자들은 하나같이 곧장 이 문제로 건너뛰곤 했다. 즉, 예수님은 **자신이 하나님 나라의 중심에 있다고** 선언하신다. 요한은 옥에 갇혀 있고, 예수님은 자유로우시다. 요한은 자신이 감금된 상황과 관련해 예수님이 무엇인가 행하시기를 기대하면서 자신의 제자 둘을 그분께 보내 상황을 알린다. 예수님의 반응은 놀랍다. 그분의 반응을 묘사하는 구절은 예수님의 '복음전도'를 묘사한 부분의 결론이기도 하다. 이사야 29:18-19; 35:5-6; 61:1에 담겨 있는 회복과 하나님 나라라는 이사야의 주제를 명백히 인용하고 있는 누가복음 7:22-23은 다음과 같다.

너희가 가서 보고 들은 것을 요한에게 알리되, 맹인이 보며 못 걷는 사람이 걸으며 나병환자가 깨끗함을 받으며 귀먹은 사람이 들으며 죽은 자가 살아나며 가난한 자에게 복음이 전파된다 하라. 누구든지 나로 말미암아 실족하지 아니하는 자는 복이 있도다.

여기서 우리는 몇 가지 줄기를 하나로 묶어낼 필요가 있다. 이를 통해 우리의 물음에 대한 부분적인 답을 확인할 수 있다. '예수님이 복음을 선포하시는가?' 혹은 더 나은 방식으로 묻자면, '예수님은 자신을 이스라엘 이야기의 완성이라고 선포하시는가?' 우선 마리아와 사가랴, 요한은 각각 한 사람에 집중함으로써 이스라엘 이야기가 완성에 이르고 있다는 주제에 초점을 맞췄다. 물론 사가랴는 두 사람, 즉 요한과 그의 뒤에 오시는 분을 염두에 두었다. 하지만 그렇다고 해서 마리아와 사가랴, 요한이 하나님 나라를 이해함에 있어서 근본적으로 **메시아적인** 요소를 깨닫고 있었다는 사실이 약화되지는 않는다. 그들 모두가 우리의 시선을 이스라엘의 열망의 해결책이신 예수님께로 이끈다.

그뿐만 아니라 **예수님도 그렇게 하신다.** 그분의 태도는 **대담함** 혹은 단호한 자기중심성을 드러낸다. 예수님의 첫 설교를 묘사하는 누가복음 4:16-30에 담긴 놀라운 함의는, 그분이 이사야 61장의 예언이 자신을 통해 성취된다고 생각하실 정도로 자기중심적인 태도를 지니고 계셨다는 점이다. 성령이 '나'에게 기름을 부어 가난한 이들에게 복음을 선포하게 하신다는 이사야 61장 말씀을 예수님이 읽으시는 것을 들은 사람들은 그분의 이런 주장에 틀림없이 충격을 받았을 것이다. "이 글이 오늘 너희 귀에 응하였느니라"(눅 4:21). 예수님은 예상되는 비판에 대해 답하심으로써 다시 한 번 자신에게로 주의를 집중시키신다. 그분은 그들에게 "너희가 반드시 '의사야 너 자신을 고치라' 하는 속담을 인용하여 내게 말하기를 '우리가 들은 바 가버나움에서 행한 일을 네 고향 여기서도 행하라' 하리라"라고 말씀하신다(눅 4:23). 그런 다음 예수님은 뭐라고 말씀하시는가? 그분은 부분적으로 불가사의한 언어로 자신에 대해 이렇게 말씀하신다. "내가 진실로 너희에게 이르노니 선지자가 고향에서는 환영을 받는 자가 없느니라"(눅 4:24). 그리고 이처럼 자신을 내세우는 그분의 태도와 자기중심성 때문에 마을 사람들은 "크게 화가 나서" 당장 그분을 제거하려고 했다(눅 4:28-30).

복과 화에 관한 누가복음 말씀에는 예수님의 자기중심성이라는 주제가 암시적으로 나타나지만, 이런 말씀을 하심으로써 어떤 사람들에게는 문을 열어주고 다른 사람들에게는 그 문을 닫으신 분이 바로 **예수님**이었다는 사실은 누구도 놓칠 수 없을 정도로 분명하다. 물론 '안'과 '밖'이라는 요소는 성경적 주제이지만, 지금 앞에 서서 누가 하나님 나라 안에 있으며 누가 그렇지 않다고 이야기하시는 분이 바로 **예수님**이시다. 그러나 이 모든 것이 탁월하게 성취되는 것은 예수님이 요한에게 대답하실 때다. 마리아와 사가랴, 요한이 했던 말은 예수님 자신의 말씀 안에서 완성된다. "누구든지 **나로** 말미암아 실족하지 아니하는 자는 복이 있도다"(눅 7:23). 즉, 예수님은 하나님 나라가 자신 및 자신의 사명이나 가르침과 연결되어 있다고 믿으셨을 뿐만 아니라, **하나님의 나라가 자신을 통해 지금 역사 안으로 파고들어 오고 있다고 믿으셨다.** 이 점을 초대교회 최고의 신학자인 오리게네스[Origen]보다 더 간결하게, 더 기억하기 쉽게 요약한 사람은 없었다. 그는 예수님이 절대적인 지혜와 의, 진리이실 뿐만 아니라 "절대적인 나라"이시라고 말했다. 오리게네스는 예수님이 아우토바실레이아[autobasileia], 즉 "그 나

라 자체"라고 말했다.[55]

예수님이 하나님 나라에 관해 말씀하실 때 그분은 복음을 선포하셨을까? 우리가 던지는 질문은 바로 이것이다. 예수님이 하나님 나라를 말씀하실 때 그분은 **자신이** 이스라엘 이야기를 성취한다고 선포하신 것인가? 누가복음 4:16-30에서 예수님이 하신 말씀을 하는 사람이나, 또는 자신의 기적 안에서 이사야 28, 35, 61장의 예언이 성취된다고 생각하며 **자신**으로 인해 실족하지 말라고 말하는 사람은 누구든지, 의심의 여지없이 자신이 그 나라를 위해 하나님이 보내신 메시아적 대리자라고 주장하는 것이다. 그렇다. 예수님은 자신에 대해 선포하셨기 때문에 복음을 선포하신 것이다.

우리가 다음에 살펴보고자 하는, 흔히 간과되는 복음서 본문들보다 이 점을 더 뚜렷하게 드러내는 것은 없을 것이다. 이 본문들은 예수님이 자신에 대해 선포하셨음을 보여주는 두 번째 방식이다.

나는 누구인가? 당신은 누구인가?

복음서 안에는 얼른 보아도 눈이 부시고 아찔하지만 너무 빨리 지나치면 무시해버릴 수 있는 구절들이 있다. 안타깝게도 이 구절들은 여기저기에 흩어져 있어서 많은 사람이 알아차리지 못한다. 그러나 이 구절을 더 주의 깊게 살펴본다면 우리는 복음의 본질 자체를 깨달을 수 있을 것이다. 사실 한자리에서 이 구절들을 함께 공부하는 것은 대단히 의미 있는 경험이 될 것이다. 나는 그런 경험을 수없이 해왔다.

이 구절들에서 우리는 요한과 예수님이 나눈 수많은 대화의 흔적을 발견할 수 있다. 그러나 가장 중요한 것은, 이 대화가 두 사람이 서로에 대해 가지고 있던 두 가지 본질적인 질문, 즉 '나는 누구인가?'와 '당신은 누구인가?'에 관한 것이라는 사실이다. 더 정확히 말해서, 이 두 질문은 예수님과 요한의, 자신들과 서로에 관한 하나의 단순한 질문이다. "당신은 지금 성경에서 예언한 어떤 인물을 성취하고 있습니까?" 갈릴리 시골 한 구석에서부터 예루살렘의 권좌에 이르기까지 이 질문은 계속되었다. 그러나 수많은 더 작은 방식으로 더 큰 질문이 던져졌고, 이것이 바로 우리가 답하고자 하는 질문이다.

다른 이들은 예수님이 어떤 분이라고 생각했는가?
다른 이들은 요한이 어떤 사람이라고 생각했는가?
요한은 요한이 어떤 사람이라고 생각했는가?
요한은 예수님이 어떤 분이라고 생각했는가?
예수님은 요한이 어떤 사람이라고 생각하셨는가?
예수님은 예수님 자신이 어떤 분이라고 생각하셨는가?

이것은 마치 복권에 당첨되는 것과 같다. 이런 질문에 답할 수 있다면 예수님이 복음을 선포하셨는지에 대해서도 답할 수 있을 것이기 때문이다.

먼저 이 질문부터 시작해보자. **다른 이들은 예수님이 누구라고 생각했을까?** 예수님 자신도 궁금하셔서 제자들에게 물으셨다. 마태복음

예수 왕의 복음

16:14에 그들의 대답이 나타나 있다. "더러는 세례 요한, 더러는 엘리야, 어떤 이는 예레미야나 선지자 중의 하나라 하나이다." 예수님 시대에도 그분이 누구신가에 관한 열띤 토론이 있었다. 그러나 1세기 유대교에 대해 잘 알고 있는 독자를 깜짝 놀라게 한 것은, 모든 사람이 예수님을 (요한을 포함한) 이스라엘의 위대한 예언자 중 하나가 다시 살아 돌아온 것으로 생각했다는 점이다. 분명히 예수님을 이해하는 방식은 그분을 이스라엘의 예언자 중 한 사람과 연결시키는 것이었다.

그렇다면 이런 의문이 생길 수밖에 없다. 만약 예수님의 동시대인들 중 몇몇이 예수님이 정말로 (다시 살아 돌아온) 세례 요한인지 궁금해했다면, **이들은 요한을 어떤 사람이라고 생각했을까?** 이것은 요한복음에서 가장 먼저 다루는 질문 중 하나다. 어떤 이들은 세례 요한이 오랫동안 기다려온 유대교의 메시아라고 생각했으며, 어떤 이들은 엘리야라고 생각했고, 또 어떤 이들은 그가 "그 예언자"라고 생각했다(요 1:19-28). 이것이 놀라울 수밖에 없는 이유는 요한의 동시대인들이 그를 자신들의 성경에 이미 기록된 인물로 이해했기 때문이다.

요한의 동시대인들이 요한을 이해하는 유일한 방식은, 그를 다시 살아 돌아온 이스라엘의 예언자 중 하나로, 혹은 메시아 자체로 보는 것이었다. 그러나 요한은 그들의 질문에 이렇게 답한다. "위의 답 중 어느 것도 아니다." '당신은 누구인가?'라는 질문에 요한은 이사야 40장에서 묘사하는 인물보다 더 나은 답을 생각할 수 없었다.

그렇다면 **요한은 자신이 어떤 사람이라고 생각했는가?** 요한은 분명히 이렇게 말했다. "[나는] 광야에서 외치는 자의 소리로라"(요 1:22-

23). 그는 자신이 광야의 목소리라고 생각했다. 요한은 이사야가 말했던 목소리가 하나님이 자신에게 임명하시고 예언으로 정하신 역할이라고 생각했으며, 이 목소리가 해야 할 일은 주님의 오심을 대비해 길을 준비하는 것이었다.

이제 우리는 사람들과 요한이 요한을 어떤 사람이라고 생각했는지 충분히 살펴보았다. 마치 아름답고 화창한 어느 날 북아일랜드의 앤트림^{Antrim} 해안을 찾아갈 때처럼, 우리가 원하는 목적지에 도착하려면 이 문제를 다루는 복음서를 굽이굽이 돌아봐야 한다. 그렇게 함으로써 성경 전체에서 가장 복음처럼 보이는 지평선 중 하나를 발견하게 될 것이다.

이제 동시대인들이 예수님을 어떻게 생각했는지를 알아볼 차례다. 요한부터 시작해보자. **요한은 예수님이 어떤 분이라고 생각했을까?** 우리 모두 '메시아'라고 배웠기 때문에 더 흥미로운 질문으로 넘어갈 수 있지만 이 질문은 속도를 늦춰 조금 더 주의 깊게 살펴볼 필요가 있다. 복음서에서 요한은 예수님을 어떤 분으로 생각하는지 실제로 두 차례 이야기한다. 마가복음 1:7-8과 누가복음 3:15-18의 병행 본문인 마태복음 3:11-12에서 요한은 예수님을 "나보다 능력이 많으신 분"이라고 말하며, 성령과 불로 세례를 주실 분으로 이해한다. 요한은 예수님이 자신보다 더 우월하신 분이라고 분명히 고백한다. 이런 말들은 '메시아'와 연결될 수도 있지만, 그 연관성은 결코 명백하지 않다.

그뿐 아니라 누가복음 7:18-23에서 요한은 [자신의 제자들을 통해] 예수님께 "당신은 누구십니까?"라고 묻는다. 이 질문은 요한이 여전히 예수님이 누구신지에 대해 분명한 확신이 없었음을 보여준다. 요한은 이렇게 묻는다. "당신이 오실 그분입니까? 아니면 우리는 다른 누군가를 기다려야 합니까?" 흔히 이 물음을 이렇게 해석한다. "당신이 **메시아입니까?**" 그러나 예수님이 메시아이신지 요한이 묻고 있다고 보는 견해에는 문제점이 있는데, "오실 그분"이라는 표현을 성경에서 찾을 수 있지만 그것이 (성경에서) '메시아'를 뜻하지 않는다는 것이다. "오실 그분"이라는 표현은 말라기 3:1-4과 4:1-6에 나타나지만, 거기서 이 말은 '메시아'가 아닌 '엘리야'를 가리킨다.[56]

이 부분은 흥미로운 동시에 혼란스럽지만, 요한은 예수님을 엘리야라고 생각했다고 볼 수 있다. 따라서 누가복음 7:19에서 요한이 예수님께 "오실 그분"이냐고 물었을 때, 예수님은 말라기 3, 4장이 아닌 이사야 29:18-19; 35:5-6; 61:1을 인용해 대답하셨다. 이는 곧 예수님이 "아니다. 요한, 나는 말라기에서 말하는 엘리야가 아니다. 나는 이사야가 선포했던 그 사람이다"라고 말씀하신 셈이다. 어쨌든 요한이 엘리야를 염두에 두고 있었다는 견해가 정확하다면, **예수님은 예수님이 누구이며 요한이 누구인지에 대해 요한과 의견을 달리하셨음이 분명해진다!**

그러나 모두가 이런 식의 해석에 동의하는 것은 아니다. 사해 사본의 연구를 통해 요한이 예수님이 실제로 메시아인지 묻고 있었다는 견해가 점점 더 설득력을 얻고 있다. 4Q521로 명명된 문서를 보면 **메시아**라는 말과, 요한이 예수님께 질문했던 일들을 메시아가 할 것이

라는 기대 사이에 명백한 연관성이 존재함을 알 수 있다. (아래 인용문
에서는 이와 관련된 단어를 강조했다.)

> 하늘과 땅이 그분의 **메시아**에게 귀를 기울일 것이다….
>
> 주님은 경건한 이들의 기도를 들으시고 의로운 이들의 이름을 부
> 르신다. 그분의 영은 겸손한 이들 위에 머무시며, 그분은 권능으로 신
> 실한 이들을 새롭게 하신다. 그분은 그분의 영원한 나라의 보좌 위에
> 경건한 이들을 앉히시고 그들을 영화롭게 하실 것이며, **포로 된 이들**
> **을 자유롭게 하시고, 눈먼 이들이 다시 보게 하시고, 눌린 이들을 일으**
> **켜 세우실 것이다.**
>
> 그리고 주님은 말씀하신 대로 아직 한 번도 일어나지 않은 영광스
> 러운 일들을 행하실 것이다. 그분은 심하게 상처 입은 이들을 치유하
> 실 것이고, **죽은 이들을 다시 살리실 것이고, 고통당하는 이들에게 복**
> **된 소식을 전하실 것이고,** 가난한 이들을 만족하게 하실 것이고, 집을
> 잃어버린 이들을 인도하실 것이고, 주린 이들을 부유하게 하실 것이다.

대단히 흥미진진한 문서다. 이 문서 때문에 요한이 예수님께 '메시
아'인지 묻고 있다는 해석에 힘이 실릴 수 있다.[57] 이 문제를 충분히
논의하려면 지면이 부족할 것이다. 그러나 감사하게도 우리의 관심은
정확한 세부 사항이 아니라 **질문 자체**다. 이 질문은 실로 놀랍다. 여
기서 두 사람, 예수님과 요한 모두가 정체성에 관한 질문을 던지며, 두
사람 모두 성경 안에서 자신의 정체성을 발견한다.

예수 왕의 복음

만약 우리가 이 두 사람이 나눈 대화 때문에 당혹감을 느낀다면, 예수님은 그런 당혹감을 불식시키시며 모든 것을 밝히 보여주신다. 그 다음 질문에서 우리는 명확히 깨닫기 시작한다. **예수님은 요한이 어떤 사람이라고 생각하셨는가?** 예수님은 요한이 엘리야라고 공개적으로 말씀하셨다. 마가복음 9:9-13에서 이 질문에 대한 답을 찾을 수 있다. 그의 제자들이 예수님께 이렇게 묻는다. "어찌하여 서기관들이 엘리야가 먼저 와야 하리라 하나이까?" 예수님은 이렇게 답하신다.

> 엘리야가 과연 먼저 와서 모든 것을 회복하거니와 어찌 인자에 대하여 기록하기를 많은 고난을 받고 멸시를 당하리라 하였느냐? 그러나 내가 너희에게 이르노니, **엘리야**[즉, 세례 요한]**가 왔으되 기록된 바와 같이 사람들이 함부로 대우하였느니라.**

여기서 "기록된 바와 같이"라는 어구는 고린도전서 15장에 나오는 "성경대로"라는 표현을 떠올리게 한다. 예수님과 요한 모두 자신이 해야 할 역할이 있으며 그 역할은 성경에 이미 기록되어 있음을 알았다. 요한은 자신의 역할과 예수님의 역할을 혼동했지만, 예수님은 어느 것에 관해서도 혼동하지 않으셨다. 그분은 요한에게는 성경에 따라 맡아야 할 역할이 있으며 그가 엘리야의 '재림'이라고 공개적으로 주장하신다.

마지막 질문으로 넘어갈 차례다. 이제 해안선에 거의 도달한 셈이다. 언덕 하나만 넘으면 목적지에 이를 것이다. **예수님은 예수님 자**

신을 어떤 분이라고 생각하셨는가? 앞서 인용한 누가복음 7장 본문을 근거로 예수님이 하나님 나라를 임하게 하시는 분, 이사야의 예언을 성취하시는 분이라고 말할 수도 있다. 혹은 베드로의 고백을 인용해 예수님을 메시아라고 말할 수도 있다. 혹은 오늘날 성경을 읽는 사람들이 거의 눈여겨보지 않는 몇몇 본문을 통해 새로운 답변을 시도해볼 수도 있다. 우리는 세 번째 방식을 취할 것이다. 이것은 예수님이 어떤 분이신지에 관한 최종적인 해답에 이르기 위함이라기보다는, **예수님 자신이 이스라엘을 향한 하나님의 계획의 중심임을 선포하는데** 전적으로 몰두하고 계셨음을 보여주기 위함이다. 지금 내가 하고자 하는 주장은 5중적이며, 이것은 예수님 자신이 복음을 선포하셨는가 하는 물음에 대한 대답의 핵심 요소이기도 하다.

예수님은 자신이 어떤 분이시며 자신의 사명이 무엇인지를 정의하기 위해 성경을 인용하셨다.

예수님은 자신이 성경 본문을 성취하고 있다고 믿으셨다.

예수님은 자신의 죽음과 부활을 예상하고 받아들이셨다.

따라서 예수님은 복음을 선포하셨다. **그분은 자신에 대해 선포하셨기 때문이다.**

예수님은 복음을 선포하셨다. 자신이 이스라엘 이야기를 완성한다고 생각하셨기 때문이다.

논의를 진행시키기 전에 한 가지 분명히 해둘 점이 있다. 최근 세계적으로 권위 있는 신약학자와 이야기를 나누는 중에 그가 이렇게 말하는 것을 들었다. "사도행전의 설교들은 사도행전 10장 이후에야 비로소 철저한 복음이 됩니다."

나는 "왜 그렇게 말씀하세요?"라고 물었다.

그는 이렇게 답했다. "왜냐하면 사도행전 10장에서 베드로는 **예수님에 대해** 설교하기 때문입니다. 그 이전에, 예수님이 살아 계실 동안의 메시지는 하나님의 나라였습니다."

이 말을 들으면서 놀랐던 까닭은 이 말이 이제는 죽은 지 오래라고 생각했던 망령, 즉 루돌프 불트만Rudolf Bultmann을 떠오르게 했기 때문이다. 그는 초대교회에서 "선포하는 이[예수]가 선포의 대상이 되었다"는 유명한 말을 했다.[58] 이 유령은 예수님은 하나님 나라를 선포한 반면, 예수님을 선포한 것은 교회였다고 속삭이곤 했다. 다시 말해, 선포하는 이가 선포의 대상이 되었다. 혹은 선포하는 이가 선포된 바로 그분이 되었다. 이런 주장이 왜 강력한 지지를 받게 되었는지 충분히 이해할 수 있으며, 우리도 복음서와 예수님에 대해 주장할 때 주의를 기울여야 하고 성경 본문에 근거해 우리의 주장을 펼쳐야 한다. 그러나 그 자리에 앉아서 나는 이렇게 중얼거렸다. 복음서를 더 주의 깊게 살펴보면 **예수님이 명확하고도 당당하게 스스로를 이스라엘의 대통령으로 지명하셨음**을 알 수 있다.

이렇게 복음서에는 '예수님이 자신에 대해 선포하셨음'이 너무나도 자주 언급되기 때문에 이를 무시하거나 또는 그것을 초대교회 성도들(과 복음서 기자들)이 예수님을 돌아보면서 후대에 첨가한 것으로

취급할 수가 없다. 이 내용이 지금까지 무시되어왔기 때문에, 그리고 자신에 대한 예수님의 선포가 예수님이 정말로 사도적 복음을 선포하셨다는 증거가 되기 때문에, 이를 가장 선명하게 드러내는 세 본문을 간략히 살펴보고자 한다. 이것은 예수님이 복음 이야기의 핵심이라는 이 책의 주제를 다시 한 번 강조하기 위해서다.

"나를 보라!"라고 말하는 세 본문

다시 한 번 말하지만 예수님이 복음을 선포하셨는지를 판단하고자 한다면, 복음서 본문을 통해 그분이 자신에 대해 선포하셨는지―그리고 그분이 스스로 이스라엘 이야기를 성취하신 분이라고 선포하셨는지―를 따져보는 것이 근본적으로 중요하다. 만약 그렇다면 예수님이 정말로 복음을 선포하셨다고 결론 내릴 수밖에 없다. 여기서 문제는 예수님이 칭의를 선포하셨는지가 아니다. 문제의 핵심은 그분이 구원의 이야기로서의 자신의 이야기 안에서 이스라엘 이야기가 완성될 것이라고 선포하셨는지의 여부다. 물론 칭의는 이 성취로부터 유래하며, 그 이야기 속의 예수님이 어떻게 인간을 구원하시는지를 설명하는 한 방식이다.

아래의 세 본문은 도덕적 전망, 이스라엘 지도자들의 모습, 구원을 이루시는 예수님의 죽음의 의미와 관련하여 예수님이 이스라엘 이야기의 중심이심을 보여준다. 이 본문들은 예수님 이야기를 통해 모든 것에 영향을 미치기 때문에, 우리는 여기서 복음의 핵심을 발견할 수 있다.

본문 1: 그분의 도덕적 전망

예상치 못한 곳에서 놀라운 목소리들이, 특히 간디Gandhi와 톨스토이 Tolstoy 같은 이들이 예수님의 도덕적 전망을 칭송한다. 그 도덕적 전망 의 핵심에는 산상수훈이 자리 잡고 있으며, 산상수훈의 핵심에는 예수 님이 선포하신 하나님 나라의 도덕적 전망 전체를 배태胚胎하는 구절 들이 자리 잡고 있다. 여기 예수님의 말씀이 있다. 이 말씀에서는 그분 의 행동과 가르침을 **구약의 율법과 예언서의 궁극적 성취이자 완성, 해결, 최종 목적지로 이해**하고 있다.

> 내가 율법이나 선지자를 폐하러 온 줄로 생각하지 말라. 폐하러 온 것 이 아니요 **완전하게 하려 함이라.** 진실로 너희에게 이르노니 천지가 없어지기 전에는 율법의 일점일획도 결코 없어지지 아니하고 다 이루 리라. 그러므로 누구든지 이 계명 중의 지극히 작은 것 하나라도 버리 고 또 그같이 사람을 가르치는 자는 천국에서 지극히 작다 일컬음을 받을 것이요, 누구든지 이를 행하며 가르치는 자는 천국에서 크다 일 컬음을 받으리라. 내가 너희에게 이르노니 너희 의가 서기관과 바리새 인보다 더 낫지 못하면 결코 천국에 들어가지 못하리라(마 5:17-20).

예수님의 도덕적 전망은 처음부터 끝까지 구약성경 이야기의 도덕 적 전망이었다. 그러나 그분의 가르침은 구약의 가르침을 완성시켰다. 위에 인용된 예수님의 말씀은 그분이 최종적인 랍비나 하나님의 영감 을 입은 계시자, 메시아라는 뜻일 수 있다. 혹은 그분의 가르침이 모세의 율법에서 명확하게 하거나 온전하게 해야 할 부분을 명확하게 하거나 온전하게 한다는 뜻일 수도 있다. 그러나 한 가지 분명한 점은, 그분이 자신의 가르침이 구약성경의 연속선상에 있다고 보신다는 것이다. 또한 이 책의 논의와 관련해 가장 중요한 점은, 그분이 자신의 가르침을 구약성경에서 열망하던 것의 궁극적 계시이자 완성으로 이해하신다는 것이다.

어쩌면 우리 역시 이 점을 놓치고 있었는지도 모른다. 예수님은 자신이 하나님의 생각을 말씀하시는 분이라고 생각하신다. 마태복음 5:21-48("…을 너희가 들었으나 나는 이르노니")의 말씀을 뒤집어보면 그분이 하나님을 대신해 말씀하고 계심을 분명히 알 수 있다. 이것은 엄청난 주장이다! 예수님은, 이제부터 모든 사람의 도덕적 삶이 그가 그분의 도덕적 전망에 따라 살고 있는지의 여부에 따라 평가받을 것이라고 주장하신다.

본문 2: 예수님과 열두 제자

예수님은 열이나 쉰이 아닌 열두 명의 제자를 택하셨다. '열둘'을 택하신 데는 이유가 있다. 그분이 하신 일을 더 많이 묵상할수록, 그분이 이스라엘 이야기에 대해, 또 그분 자신의 이야기가 이스라엘 이야기 안에서 어떤 자리를 차지해야 하는가에 대해 공적인, 더 나아가 우주적인 주장을 하시고자 했다는 확신이 더 강해진다. 예수님 시대의 거의 모든 사람이 유대인들의 소망은 하나님이 자신의 계획을 마무리하시고 메시아를 보내실 때 열두 지파가 다시 하나가 되는 것이라고 믿었다. 유다와 이스라엘은 다시 한 번 열두 지파로 이루어진 하나님의 백성이 될 것이라고 믿었던 것이다. 스가랴 11장과 솔로몬의 시편(정경에 포함되지 않은 열여덟의 시로 이루어진 위경) 17:50을 예로 들 수 있다.

그러나 '열둘'이라는 숫자가 지닌 종말론적 소망의 차원을 지적하는 것으로는 충분치 않다. **열둘**이라는 말에서 더 중요한 것은 하나님이 이스라엘과 맺으신 언약이다. 구약성경에서 **열둘**은 온전하고 흠 없는 하나님의 언약 백성을 뜻하는 말로서 반복적으로 사용된다. **열둘**이 예언자적이며 종말론적인 용어인 것 이상으로 **교회적인** 용어라고 해도 결코 틀린 말이 아니다.

그러므로 예수님이 열둘을 택하시고(막 6:7-13) 그 열둘이 열두 보좌에 앉을 것이라고 약속하실 때(마 19:28), 그분은 이스라엘의 예언자적인 기대와 하나님의 언약 백성의 온전성 모두를 환기하신다. 하지만 놓칠 수도 있는 점은(나는 이 점을 놓치는 것이 어마어마한 실패라고 생각하지만) **예수님은 그 열둘 안에 자신을 포함시키지 않으신다**는 것이다. 그분은 그들 중 하나가 아니시다. 그분은 그들보다 높으신 분이다. 그분은 열둘 중 하나에 불과하신 분이 아니라 그들보다 높으신 주님이시며 왕(바로 메시아!)이시다.

그렇다면 전체적으로 보았을 때 예수님은 열두 지파가 다시 하나가 되리라는 소망을 구현하기 위해 열둘을 선택하신 것이다. 그분은 그 열둘이 하나님의 백성의 온전성을 구현한다고 보시며, 자신은 그 열둘보다 높은 분이라고 생각하신다.[59] 이 주장을 통해 예수님과 복음이라는 우리의 주제로 되돌아가 보자. 열둘을 택하시는 행동을 통해 예수님은 '복음을 선포하셨다.' 그분은 바로 그 행동을 통해 이스라엘 이야기가 열두 사도 안에서 성취된다고 보시며, 자신을 그 열둘을 임명하시는 분으로, 그 열둘을 다스리시는 주님으로 이해하셨기 때문이다.

본문 3: 예수님과 그분의 죽음

예수님이 자신의 죽음에 대해 무엇을 아셨으며 무엇을 알지 못하셨는가에 관한 오랜 연구와 논쟁의 역사가 존재한다. 나 역시 『예수와 그의 죽음』*Jesus and His Death*이라는 두꺼운 책을 통해 이 논쟁에 가담했다.[60] 여기서는 다음과 같이 말하는 것으로 충분하겠다. 비록 나는 역사적 방법의 연료가 목적지에 도달하기도 전에 동날 것이라고 믿지만, 역사적 방법을 동원해 책임감 있게 연구한다면 예수님이 그분의 죽음을 예상하셨을 뿐만 아니라 **그것을 해석하셨음**을 합리적으로 추론할 수 있다. 이 연구에서 가장 중요한 것은, 예수님이 때 이른 죽음을 알고 계셨을 뿐만 아니라—요한의 머리가 쟁반 위에 굴러다니는 것을 보면서 어찌 이를 모르실 수 있었겠는가?—불가피하며 임박한 자신의 죽음을 이스라엘의 성경을 통해 설명할 필요를 느끼셨다는 점이다. 이와 관련하여 두 성경 본문을 짚어보고자 한다.

마가복음 9:31에서 예수님은 이런 말씀을 하신다. 많은 사람은 이 말씀이 예수님의 수난 예언 중 가장 시원적이며 본래적인 말씀이라고 생각한다. "인자가 사람들의 손에 넘겨져 죽임을 당하고 죽은 지 삼 일 만에 살아나리라."

예수님은 자신의 운명─이에 주목하라─을 다니엘 7장에 언급된 유명한 인물인 "인자"와 연결시키심으로써 예언하신다. 이 맥락에서 내가 강조하고 싶은 바는 **예수님이 성경에 기대어 자신의 운명─죽음과 부활─을 설명하셨다**는 점이다. 하지만 그분은 성경을 통해 무언가를 증명하려 하지 않으셨다. **그분은 고통당하고 높임을 받은 인자 안에서 자신을 보셨다.** 오늘날에도 그런 식으로 행동하는 사람을 보면서 그를 어떻게 받아들여야 할까 생각해본 경험이 없는가? 이런 경우 예수님의 시대에 그랬듯이 우리는 이런 질문을 던지지 않을 수 없다. "너는 너를 누구라 하느냐?"

예수님은 나귀를 타고 예루살렘으로 개선하셨다. 이것은 한 도시를 점령한 후 군사력을 과시하는 로마의 모습에 대한 조롱인 동시에 예언자 스가랴가 말한 왕의 입성을 의도적으로 재현하는 행위였다. 그 후 예수님은 성전에서 항의하셨고, 며칠이 지난 어느 밤에 유월절 만찬과 비슷한 식사를 '연출'하시며 자신의 살과 피가 자유를 줄 것이라고 선언하셨다(막 14:12-26). 이스라엘 백성이 하나님의 언약 백성으로서 문에 피를 발라두었기 때문에 하나님이 그들을 보호하셨듯이, 그분을 따르는 이들이 예수님의 피인 잔을 마시고 그분의 살인 떡을 먹을 때 하나님이 그들을 보호하실 것이다. 결국 하나님은 그들의 마음 문에 묻어 있는 피를 보시고 자신을 따르는 이들을 로마와 압제로부터 보호하고 해방시키실 것이다. 다시 한 번 이스라엘 이야기─특히 이스라엘의 유월절 이야기─가 예수님 이야기 안에서 성취된다. **여기서 주목해야 하는 점은, 이 이야기를 우리에게 하시는 분이 바로 예수님**

이라는 것이다. 그분은 이스라엘 이야기의 성취에서 자신이 핵심이심을 스스로 증언하고 계신다.

또 다른 예

예수님이 자신을 이스라엘 이야기의 성취로 보셨는지에 대해, 즉 그분이 '복음을 선포하셨는지'에 대해 아직도 의문이 든다면, 나는 예수님이 얼마나 복음 중심적이셨는지를 보여주는 누가복음 24장의 이야기를 인용하는 것으로 대답을 대신하겠다. 이 이야기에서 예수님은 부활하신 후 제자들에게 이스라엘 이야기 전체의 의미를 설명하시면서 그것이 마침내 자신 안에서 결론에 도달했다고 말씀하신다.

그 배경은 이렇다.

그날에 그들 중 둘이 예루살렘에서 이십오 리 되는 엠마오라 하는 마을로 가면서 이 모든 된 일을 서로 이야기하더라. 그들이 서로 이야기하며 문의할 때에 예수께서 가까이 이르러 그들과 동행하시나 그들의 눈이 가리어져서 그인 줄 알아보지 못하거늘…(눅 24:13-16).

질문, 대답, 질문, 대답.

예수께서 이르시되, "너희가 길 가면서 서로 주고받는 이야기가 무엇이냐?" 하시니,

두 사람이 슬픈 빛을 띠고 머물러 서더라. 그중 한 사람인 글로바라

하는 자가 대답하여 이르되, "당신이 예루살렘에 체류하면서도 요즘 거기서 된 일을 혼자만 알지 못하느냐?"

이르시되, "무슨 일이냐?"

이르되, "나사렛 예수의 일이니, 그는 하나님과 모든 백성 앞에서 말과 일에 능하신 선지자이거늘, 우리 대제사장들과 관리들이 사형 판결에 넘겨주어 십자가에 못 박았느니라. 우리는 이 사람이 이스라엘을 속량할 자라고 바랐노라. 이뿐 아니라 이 일이 일어난 지가 사흘째요, 또한 우리 중에 어떤 여자들이 우리로 놀라게 하였으니, 이는 그들이 새벽에 무덤에 갔다가 그의 시체는 보지 못하고 와서 그가 살아나셨다 하는 천사들의 나타남을 보았다 함이라. 또 우리와 함께 한 자 중에 두어 사람이 무덤에 가 과연 여자들이 말한 바와 같음을 보았으나 예수는 보지 못하였느니라" 하거늘…(눅 24:17-24).

예수님은 그들에게 복음의 관점으로 성경을 읽는 법을 가르치신다.

이르시되, "미련하고 선지자들이 말한 모든 것을 마음에 더디 믿는 자들이여! 그리스도가 이런 고난을 받고 자기의 영광에 들어가야 할 것이 아니냐?" 하시고, 이에 모세와 모든 선지자의 글로 시작하여 모든 성경에 쓴바 자기에 관한 것을 자세히 설명하시니라(눅 24:25-27).

그렇다면 그들은 어떻게 반응했을까? 우리는 알지 못하지만, 이 점은 알고 있다.

그들이 가는 마을에 가까이 가매 예수는 더 가려 하는 것같이 하시니, 그들이 강권하여 이르되, "우리와 함께 유하사이다. 때가 저물어가고 날이 이미 기울었나이다" 하니, 이에 그들과 함께 유하러 들어가시니라(눅 24:28-29).

최후의 만찬 때처럼, 그들은 식탁에서 비로소 깨닫는다.

그들과 함께 음식 잡수실 때에 떡을 가지사 축사하시고 떼어 그들에게 주시니, 그들의 눈이 밝아져 그인 줄 알아보더니, 예수는 그들에게 보이지 아니하시는지라. 그들이 서로 말하되, "길에서 우리에게 말씀하시고 우리에게 성경을 풀어주실 때에 우리 속에서 마음이 뜨겁지 아니하더냐?" 하고…(눅 24:30-31).

그들은 예수님에 관해 증언한다.

곧 그때로 일어나 예루살렘에 돌아가 보니 열한 제자 및 그들과 함께한 자들이 모여 있어 말하기를, "주께서 과연 살아나시고 시몬에게 보이셨다" 하는지라. 두 사람도 길에서 된 일과 예수께서 떡을 떼심으로 자기들에게 알려지신 것을 말하더라(눅 24:33-35).

예수님은 자신을 복음 자체로 받아들이는 이들에게 평화를 주신다.

이 말을 할 때에 예수께서 친히 그들 가운데 서서 이르시되, "너희에게 평강이 있을지어다" 하시니 … (눅 24:36).

지금까지 우리는 이를테면 '나를 보라!'에 해당하는 본문들을 살펴보았다. 예수님이 도덕적 전망에 관해 말씀하실 때, 그분은 자신을 율법과 예언서의 성취라고 생각하신다. 열둘을 사도로 부르실 때, 그분은 이스라엘의 주님으로서 하나님의 언약 공동체인 이스라엘이 지닌 소망을 요약하신다. 그리고 때 이른 자신의 죽음에 관해 말씀하실 때, 그분은 그것을 성경의 성취, 특히 성경의 가장 중요한 사건인 유월절의 성취로 보신다. 여기서 마태복음 9:13; 10:34-35과 같은 '내가 왔다'에 해당하는 본문들은 언급하지 않았다. 또한 다니엘 7장의 인자가 다양한 측면에서 그분 자신의 사역과 운명을 그대로 반영한다는, 예수님의 놀라울 정도로 자기중심적인 주장에 대해서도 거의 논의하지 않았다. 하지만 이상의 논의만으로도 우리는 충분히 이렇게 말할 수 있다. 즉, 요한복음 14:6의 주장은 예수님의 자기 이해를 정확히 반영하는 말이다. "내가 곧 길이요 진리요 생명이니."

우리는 우리가 던진 질문으로 되돌아왔다. 그리고 이제 이 질문은 훨씬 더 분명해졌다.

결론

예수님은 복음을 선포하셨을까? 그렇다. 그분은 복음을 선포하셨다.

복음은 이스라엘 이야기를 성취하는 예수님 이야기이며, 예수님은 분명히 자신이 이스라엘을 위한 하나님의 구원 계획의 중심에 서 있다고 보셨다. 나는 예수님이 "자신이 선포한 복된 소식의 일부일 뿐 아니라 그 당시 일어나고 있던 일의 핵심 요소였다"라고 말한 나의 친구이자 동료인 클라인 스노드그래스^{Klyne Snodgrass}의 말에 동의한다.[61] 복음서에서는 처음부터 끝까지 예수님 이야기가 무대 중앙을 차지한다. 복음서는 복음이며, 예수님은 복음을 선포하셨다. 다시 한 번 교황 베네딕토 16세^{Benedict XVI}는 이 점을 정확히 짚었다. "부활절 이전 예수님의 메시지와 부활절과 오순절 이후 제자들이 선포한 메시지 사이에는 아무런 불연속성도 존재하지 않는다."[62] 왜 그런가? 예수님은 예수님을 선포하셨고, 바울도 예수님을 선포했고, 베드로도 예수님을 선포했기 때문이다. 예수님을 선포하는 것은 곧 복음을 선포하는 것이다.

사실 예수님은 자신과 복음이 하나이며 동일한 것이라는 뜻에 가까운 말씀까지 하셨다. 마가복음 8:35에 기록된 예수님의 말씀을 들어보라. "누구든지 자기 목숨을 구원하고자 하면 잃을 것이요, 누구든지 **나와 복음을 위하여** 자기 목숨을 잃으면 구원하리라." 이 본문에서 "나를 위하여"와 "복음을 위하여"는 아주 밀접하게 연결되어 있다. 복음에 응답하는 것은 곧 예수님께 응답하는 것이다.

하지만 이것은 아마 여기서 가장 도발적으로 들릴 만한 질문으로 귀결된다. 복음전도란 무엇일까? '복음전도' 혹은 '복음 전하기'는 이스라엘 이야기를 완성시키는 구원 이야기인 예수님의 이야기를 하는 것이다. 오늘날 복음을 전하는 최선의 방법은 무엇일까? 설득의 방법이라는 틀에 맞추어 구원 계획을 전달하는 것일까? 이와 관련해 우리는 사도들이 어떻게 복음을 전했는지 묻지 않을 수 없다. 사도행전에는 복음을 전하는 설교 7편이 간략히 소개되어 있다. 우리는 무엇을 배울 수 있을까?

8장

베드로의
복음

예수님은 복음을 선포하셨다. 복음서는 우리에게 복음을 이야기한다. 바울은 사도적 복음 전승을 후대에 전했다. 이 셋은 각각 동일한 복음, 즉 이스라엘 이야기 속의 열망이 예수님의 용서의 이야기 안에서 만족스럽게 해결되었다는 선언을 다룬다. 이 세 안정적인 다리가 우리가 편히 앉아 쉴 수 있는 복음이라는 의자를 떠받치고 있다.

그러나 우리에게는 네 번째 다리가 필요하다. 한쪽 다리가 없거나 약해서 세 다리만 안정적인 의자에 앉아본 경험이 있는지 모르겠지만, 나는 그런 적이 있다. 그런 의자에도 앉아 있을 수는 있지만, 잘못된 다리에 무게가 실리면 뒤로 넘어갈 수 있기 때문에 조심해야 한다. 실제로 한 강의실에서 내가 앉아 있던 의자의 네 번째 다리가 약했다. 흥분을 하거나 칠판에 무언가를 쓰기 위해 갑자기 일어날 때, 균형을 잡지 못해 의자가 뒤집어질 뻔한 적도 여러 번 있었다.

어떤 이상한 이유 때문에 복음이라는 의자의 네 번째 다리는 줄곧 무시되어왔다. 마치 오래전에 누군가가 우리에게 다리가 셋뿐인 의자에 앉는 법을 가르쳐준 것 같다. 우리는 그렇게 앉는 법을 너무나도 잘 배워서 네 번째 다리가 있다는 것조차 모르고 있다. 이 장에서 우리는 네 번째 다리를 제자리에 돌려놓을 것이며, 이제 우리 모두가 온전한 지지를 받고 있는 의자에 앉아 있음을 완전히 확신하며 안심하고 앉자고 말할 것이다. 이 네 번째 다리는 사도행전에 있는 사도들의 복음 설교다. 바울의 설교는 이미 살펴보았으므로 베드로의 복음 설교를 네 번째 다리로 삼을 것이다.

하지만 사도행전에는 바울의 복음 설교도 기록되어 있기 때문에, 우리는 바울이 어떻게 베드로의 복음 설교를 지지하는지도 이따금씩 살펴볼 것이다. 모든 구절을 열거하여 베드로와 바울 사이의 명백한 접촉점을 장황하게 설명하기보다는 내 박사과정 지도교수였던, 바울에 관한 세계적인 권위자 중 한 사람인 던^{James D. G. Dunn}의 말을 인용하고자 한다. 사도행전에서 "바울은 베드로와 동일한 메시지를 선포한다."[63] 물론 그들의 설교에는 차이점도 있지만, 사도행전의 설교들을 다시 읽어보면 이 두 위대한 사도가 하나의 사도적 복음을 지지하고 있음을 분명히 알 수 있다.

방 안의 두 마리 코끼리

우리는 먼저 최초의 복음이 실제로 어떤 모습이었는지 알고 싶다. 우

예수 왕의 복음

리는 1세대 사도들이 어떻게 복음을 전했는지 알고 싶고, 초기의 복음 전도가 오늘날 우리가 복음전도와 복음이라고 부르는 것과 어떻게 다른지 알고 싶다. 거듭해서 말하지만, 복음전도에 관한 논의에서 우리는 사도행전에 있는 복음 설교를 무시하고 있다. 마치 방 안에 큰 코끼리 한두 마리가 있는데 우리는 그 사실을 무시하기 위해 최선을 다하고 있는 것과 같다. 그것은 길을 가로막고 서서 우리로 하여금 사도적 복음을 이해하는 데에 필요한 마지막 다리를 보지 못하게 하고 있다. 복음전도를 위한 자료 중 1세대 사도들의 일고여덟 개의 복음 설교 요약보다 더 나은 것이 있을 수 있겠는가?

나는 두 가지를 지적하고자 한다. 이에 관해서는 상세히 설명하지 않을 것이다. 첫째, **사도행전에는 일곱 혹은 여덟 편의 복음 설교나 복음 설교의 요약이 기록되어 있다.** 목록은 다음과 같다. (부록 3에도 게재되어 있다.)

- 사도행전 2:14-39
- 사도행전 3:12-26
- 사도행전 4:8-12
- 사도행전 10:34-43과 11:4-18
- 사도행전 13:16-41
- 사도행전 14:15-17
- 사도행전 17:22-31
- (사도행전 7:2-53)

만약 사도행전 7장에 기록된 스데반의 설교까지 목록에 넣는다면 여덟 편이고, 이를 빼면 일곱이다. 이 일곱(혹은 여덟) 편의 설교는 1세대가 전한 시원적인 복음 설교다. 만약 우리가 뼛속까지 개신교인이라면, 우리는 복음을 전할 때 그들이 무엇을 말했는지, 그들이 어떻게 복음을 전했는지 알고 싶어할 것이며, 우리의 복음전도가 이 복음전도에 기초할 뿐만 아니라 그것과 일치하기를 바랄 것이다. 이 설교들은 우리의 주목을 끌기 위해 손을 들고 서 있으며, 나는 그 설교들이 마땅히 받아야 할 관심을 그것들에게 주고 싶다.

고린도전서 15장은 복음의 윤곽을 보여주지만 공적인 상황에서 '복음을 전하고' 있지는 않다. 이 본문은 그저 우리에게 복음이 무엇인지를 말하고 있을 뿐이다. 복음서는 복음전도를 위한 설교가 아니라 복음이다. 하지만 사도행전에는 베드로와 바울, 그리고 아마도 스데반과 같은 사도들의 복음전도 설교가 요약되어 있다. 스데반을 언급했으므로 한마디만 덧붙이자면, 나는 스데반의 설교를 다루지 않을 것이다. 이 설교는 이스라엘 이야기가 예수님 안에서 성취되었음을 담대히 선포한다는 점에서는 베드로나 바울의 설교와 전적으로 일치하지만, 설교의 마지막 부분에는 회개하고 믿고 세례를 받기를 촉구하는 대신 잘못을 지적하는 변증과 저주가 담겨 있기 때문이다. 이 설교는 복음 제시를 포함하지만, 변증과 예언자적 경고로 분류하는 편이 더 적합하다. 이를 다루지 않는다고 해서 중요한 무엇인가를 놓치는 것은 아니다.

두 번째로, 사도행전에 있는 일곱 편의 설교 요약은 **복음을 전하는**

예수 왕의 복음

설교들이다. 사실상 이 설교들은 1세기 복음전도의 예시다. 여기서는 설교 각각에 대한 주석은 하지 않을 것이다. 그러나 아래의 예를 보면 예수님과 베드로, 바울 그리고 다른 이들의 설교와 가르침이 복음전도를 위한 행동이었음을 알 수 있다.

- 사도행전 2:40-41. 또 여러 말로 확증하며 권하여 이르되, "너희가 이 패역한 세대에서 구원을 받으라" 하니, 그 말을 받은 사람들은 세례를 받으매 이 날에 신도의 수가 삼천이나 더하더라.

- 5:42. 그들이 날마다 성전에 있든지 집에 있든지 예수는 그리스도라고 가르치기와 **전도하기**를 그치지 아니하니라.

- 10:36. 만유의 주 되신 예수 그리스도로 말미암아 화평의 **복음**을 전하사, 이스라엘 자손들에게 보내신 **말씀**.

- 10:42. 우리에게 명하사 백성에게 **전도하되** 하나님이 살아 있는 자와 죽은 자의 재판장으로 정하신 자가 곧 이 사람인 것을 증언하게 하셨고.

- 13:5. 살라미에 이르러 **하나님의 말씀**을 유대인의 여러 회당에서 **전할새** 요한을 수행원으로 두었더라.

- 13:7. 그가 총독 서기오 바울과 함께 있으니, 서기오 바울은 지혜 있는 사람이라. 바나바와 사울을 불러 **하나님의 말씀**을 듣고자 하더라.

- 13:15. 율법과 선지자의 글을 읽은 후에 회당장들이 사람을 보내어 물어 이르되, "형제들아 만일 백성을 **권할 말**이 있거든 말하

라" 하니….

- 13:26. "형제들아, 아브라함의 후손과 너희 중 하나님을 경외하는 사람들아, **이 구원의 말씀을** 우리에게 보내셨거늘."
- 13:32. 우리도 조상들에게 주신 약속을 너희에게 전파하노니….
- 14:7. …거기서 **복음을 전하니라.**
- 14:21. **복음을** 그 성에서 **전하여** 많은 사람을 제자로 삼고….
- 16:10. 바울이 그 환상을 보았을 때 우리가 곧 마게도냐로 떠나기를 힘쓰니, 이는 하나님이 저 사람들에게 **복음을 전하라고** 우리를 부르신 줄로 인정함이러라.
- 17:18. 어떤 에피쿠로스와 스토아 철학자들도 바울과 쟁론할새 어떤 사람은 이르되, "이 말쟁이가 무슨 말을 하고자 하느냐?" 하고 어떤 사람은 이르되, "이방 신들을 전하는 사람인가보다" 하니, 이는 바울이 **예수와 부활을 전하기** 때문이러라.
- 28:31. 하나님의 나라를 **전파하며** 주 예수 그리스도에 관한 모든 것을 담대하게 거침없이 가르치더라.

이 두 가지 이유 때문에 나는 방 안에 있는 두 마리 코끼리에 대해 이렇게 말하지 않을 수 없다. 만약 이 구절들을 무시한다면 우리는 두 가지 어마어마한 실수를 저지르게 될 것이다. 우리는 복음이 **무엇인지**를 이해할 수 없을 것이며, 사도들이 **어떻게** 복음을 전했는지 이해할 수 없을 것이다. 사도행전은 '전방에 사도적 복음'이라는 도로 표지판으로부터 시작하지는 않지만, 28장 전체를 통해 예루살렘으로부터

예수 왕의 복음

로마에 이르는 사도적 복음 전승의 이야기를 들려주고 있다.

우리가 보는 것은 바로 이것이다.

이스라엘 이야기가 사도들의 복음을 규정했다

사도들은 현대의 구원주의자들과 달랐다. 그들은 복음에서 이야기를 제하거나 복음을 구원 계획으로 축소시키지 않았기 때문이다. 사실 사도들은 본래적이며 굳건한 복음주의자들이었다. 이 모든 것은 복음을 어떻게 규정하는가와 관계가 있다. 베드로와 바울은 이스라엘 이야기가 예수님 이야기 안에서 성취되었다는 점을 기준으로 삼아 그들의 복음을 구성했다. 그들은 속죄 이론의 관점에서—속전론이든 형벌 대속론이든—복음을 규정하지도 않았다. 구원과 속죄는 복음으로부터 흘러나온다. 바울은 자신의 복음을 구원의 메시지라고 불렀지만 (13:26), 사도들은 속죄나 구원을 통해 복음을 규정하지 않았다.

사도행전 2장에 기록된 세상을 바꾼 베드로의 설교로부터 사도행전 17장에 기록된 아레오바고에서 행한 바울의 설교에 이르기까지, 그들의 복음전도 방식을 규정한 것은 이스라엘 이야기였다. 만약 '복음'을 바르게 이해하고자 한다면 고린도전서 15장에 나타난 사도적 복음 전승의 핵심에는 "성경대로"라는 말이 자리 잡고 있음을 기억해야 한다. 이 장에서 살펴볼 것처럼, 사도행전의 설교에서는 사도적 전승 안에 있는 "성경대로"라는 뼈에 근육과 **지방**을 붙인다.

그렇다면 그들이 설교할 때 "성경대로"는 어떤 모습으로 제시되었는가? 사도행전 2:13-21에 소개된 베드로의 첫 번째 복음 설교에서 그는 요엘 2:28-32과 시편 16:8-11; 110:1을 인용한다. (베드로의 설교 역시 부록 3에서 읽을 수 있다.) 베드로는 이스라엘 이야기가 예수 그리스도와 오순절에까지 이어지는 것을 보여주기 위해 시간을 한참 거슬러 올라간다. 사도행전 2장에 나타난 베드로의 깊이 있는 통찰과 탁월한 기억은 사도들 사이의 가장 중요한 신학적 전환이라고 할 만한 것을 보여준다. 즉, 예수님의 부활과 오순절의 심오한 성령 체험을 통해 사도들은 '해석학적 혁명'에 이르게 되었다. 갑자기 그들은 예수님 이야기를 통해 구약성경을 다시 읽고 재해석하는 새로운 눈을 갖게 된 것이다. 사도들 모두가 이렇게 복음을 전했다. 그들에게는 좋아하는 성경 구절을 쉽게 찾을 수 있는 성경 검색 엔진을 갖춘 아이패드나 아이팟, 아이폰이 없었음을 우리는 잊지 말아야 한다. 사도들은 성경을 기억하고 있었으며, 이 기억이 예수님 이야기에 의해 재편되어 철저하게 다른 방식으로 성경을 읽게 되었다.

사도행전 3:22-23에 기록된 두 번째 복음 설교에서 베드로는 모세와 같은 미래의 예언자를 이야기하는 구약성경의 가장 유명한 구절인 신명기 18:15, 18-19을 인용한다. 베드로의 복음에 따르면 예수님이 바로 그 예언자다. 사도행전 3:25에서 베드로는 복음이 아브라함으로부터 시작되었음을 입증하기 위해 창세기 22:18 혹은 26:4—두 구절 모두 이방인이 받을 축복을 언급한다—을 인용한다.[64] 사도행전 10:43에서 베드로는 고넬료의 집에서 열린 복음전도 집회를 마무리하면서 예수 그리스도"에 대하여 **모든 선지자도 증언하되**"라는 실로 엄청난 주장을 한다. 이 주장이 얼마나 엄청난 것인지 이해하지 못하는 사람은 우리처럼 멀리 떨어져 있는 사람들뿐이다.

베드로처럼 사도 바울도 사도행전 13:16-41에 기록된 그의 가장 유명하며 가장 완전한 형태의 복음전도 설교를 이런 말로 시작한다. "이스라엘 사람들과 및 하나님을 경외하는 사람들아 들으라! 이 이스라엘 백성의 하나님이 우리 조상들을 택하시고…"(13:16-17). 그런 다음 그는 이스라엘 역사 전체를 거쳐 예수님께 이른다. "하나님이 약속하신 대로 이 사람[다윗]의 후손에서 이스라엘을 위하여 구주를 세우셨으니 곧 예수라"(13:23). 잠시 후 바울은 자신의 메시지를 이렇게 요약한다. "우리도 조상들에게 주신 약속을 너희에게 전파하노니, 곧 하나님이 예수를 일으키사 우리 자녀들에게 이 약속을 이루게 하셨다 함이라"(13:32-33). 사도들은 이렇게 복음의 이야기를 규정했다. 어디에서나 이 이야기를 발견할 수 있기 때문에, 만약 우리가 이를 통해 우리의 복음 이야기를 규정하지 못한다면 우리는 사도적 복음 전승을 따르지 못하고 있다고 말할 수밖에 없다.

사도들은 설교에서 변증을 뒷받침하는 장치로 활용하기 위해 성경을 인용하지 않았다. 사도들의 복음은 이스라엘 이야기를 해결하는 예수님 이야기였다. 사도들이 인용한 구약성경의 본문은 지지 장치가 아니었다. 그것은 이스라엘이 아브라함으로부터 예수님께 이르는 길을 찾을 수 있도록 도와주는 가로등이었다.

앞서 말했듯이, 이런 식으로 그리스도의 관점에서 성경 전체를 읽는 방식이 신약성경의 다른 부분에서도 너무나도 자주 나타나기 때문에 예수님 이야기가 "그들의 상상력의 회심"을 이끌었다고 말할 수밖에 없다.[65] 베드로전서 1:10-12에 기록된 베드로의 말이 이를 증언한다.

이 구원에 대하여는 너희에게 임할 은혜를 예언하던 선지자들이 연구하고 부지런히 살펴서 자기 속에 계신 그리스도의 영이 그 받으실 고난과 후에 받으실 영광을 미리 증언하여 누구를 또는 어떠한 때를 지시하시는지 상고하니라. 이 섬긴 바가 자기를 위한 것이 아니요, 너희를 위한 것임이 계시로 알게 되었으니 이것은 하늘로부터 보내신 성령을 힘입어 복음을 전하는 자들로 이제 너희에게 알린 것이요, 천사들도 살펴보기를 원하는 것이니라.

히브리서 1:1-4 역시 그런 예로 볼 수 있다.

옛적에 선지자들을 통하여 여러 부분과 여러 모양으로 우리 조상들에게 말씀하신 하나님이 이 모든 날 마지막에는 아들을 통하여 우리에게 말씀하셨으니, 이 아들을 만유의 상속자로 세우시고 또 그로 말미암아 모든 세계를 지으셨느니라. 이는 하나님의 영광의 광채시요 그 본체의 형상이시라. 그의 능력의 말씀으로 만물을 붙드시며 죄를 정결하게 하는 일을 하시고 높은 곳에 계신 지극히 크신 이의 우편에 앉으셨느니라. 그가 천사보다 훨씬 뛰어남은 그들보다 더욱 아름다운 이름을 기업으로 얻으심이니….

예수 왕의 복음

그들 스스로 이해하기 위해 몸부림쳤던 이미지들 속에서 예언자들이 열망했던 바와 그들이 이해할 수 있는 것들을 통해 흘끗 보았던 바가 어느 날 갑자기 이스라엘 땅에 나타났으며, 그의 이름은 '요셉과 마리아의 아들 예수'였다. 그들이 그분을 만난 후 그들의 성경은 새로운 책이 되었다. 그것은 **바로 그들이 성경을 복음으로 읽기 시작했기 때문이다.**

이제 베드로의 복음전도로 되돌아가자.

사도들은 예수님의 이야기 전체를 복음으로 선포했다

또한 베드로의 복음전도는 고린도전서 15장에 나타난 뼈대 위에 살아 있는 몸의 생기를 더한다. 다시 말해서, 그의 복음은 그분의 삶과 죽음, 부활, 승천, 성령이라는 선물, 그분의 재림, 하나님이 만유의 주로서 만유 안에 계실 역사의 종말을 포함하는 예수 그리스도의 완전한 이야기다. 이를 밝혀두어야 하는 까닭은, 우리가

예수님의 삶을 성금요일로 축소하고, 그렇게 함으로써

복음을 십자가 죽음으로 축소하고, 그런 다음 구원주의자들이

예수님을 구원자의 역할로 축소하는 경우가 너무나도 많기 때문이다.

초기의 복음전도는 그렇지 않았다. 초기 사도들의 설교에서는 예수님의 삶 전체를 이야기했기 때문이다. 사실, 그들이 예수님의 삶에서 한 가지 차원을 강조했다면 그것은 부활이었다. 사도적 복음은 십자고상十字苦像으로 상징되거나 묘사되거나 요약될 수 없다. 이 복음은 빈 무덤으로 인해 빈 십자가로 표현되기를 원한다. 부활로 이어지는

십자가의 복음을 강조하면서 예수님의 삶 전체를 이야기했던 베드로의 설교의 가장 분명한 예는 사도행전 10:36-42에서 확인할 수 있다. 이 본문 전체를 천천히 읽어보기를 권한다.

만유의 주 되신 예수 그리스도로 말미암아 화평의 복음을 전하사 이스라엘 자손들에게 보내신 말씀,

곧 요한이 그 세례를 반포한 후에 갈릴리에서 시작하여 온 유대에 두루 전파된 그것을 너희도 알거니와,

하나님이 나사렛 예수에게 성령과 능력을 기름 붓듯 하셨으매, 그가 두루 다니시며 선한 일을 행하시고 마귀에게 눌린 모든 사람을 고치셨으니 이는 하나님이 함께하셨음이라.

　우리는 유대인의 땅과 예루살렘에서 그가 행하신 모든 일에 증인이라. 그를 그들이 나무에 달아 죽였으나 하나님이 사흘 만에 다시 살리사 나타내시되, 모든 백성에게 하신 것이 아니요 오직 미리 택하신 증인 곧 죽은 자 가운데서 부활하신 후 그를 모시고 음식을 먹은 우리에게 하신 것이라. 우리에게 명하사 백성에게 전도하되 하나님이 살아 있는 자와 죽은 자의 재판장으로 정하신 자가 곧 이 사람인 것을 증언하게 하셨고….

이 본문이 완벽한 것은 아니지만, 여기에 사도행전 2:22-35과

3:13-15, 19-21; 10:37-42을 더해보면 베드로가 메시아로서의 예수님 이야기 전체를 선포했음을 알 수 있다.[66] 사도행전의 이 설교들이 사도적인 복음전도 설교라는 점을 다시 한 번 상기하자. 그들이 선포한 복음은 방금 인용한 본문과 비슷한 모습이었으며, 오늘날도 동일한 복음을 선포하는 이들이 있다.

플레밍 목사

플레밍 러틀리지[Fleming Rutledge] 목사는 미국의 뛰어난 설교자 중 하나로 인정받는다. 그녀는 수년간의 설교 사역을 로마서에, 그리고 이 책이 말하는 죄와 죽음의 신비를 복음을 통해 해명하는 일에 집중했던 베스트셀러 작가이며 『복음을 부끄러워하지 아니하노니』[Not Ashamed of the Gospel]라는 제목의 로마서 설교집을 쓰기도 했다.[67] 그녀의 설교는 십자가와 부활이라는 사도적 복음을 강조하고, 그분의 삶과 가르침과 관련해 더 폭넓은 예수님 이야기를 거듭 부각시키며 로마서의 장엄한 메시지를 전달한다. 그녀는 예수님의 사역 전체를 요약하는 예수님의 삶 속의 사건을 통해 구속의 의미를 이렇게 설명한다.

그러나 우리가 마귀의 권세에 대한 그리스도의 승리에 참여하기 위해서는 단 하나의 길밖에 없음을 기억해야 한다. 우리는 그분의 방식대로 함으로써 그렇게 할 수 있다. 우리 방식대로 하려고 한다면 우리는 죄와 죽음의 통치 아래로 되돌아가고 말 것이다. 승리에 이르는 유일한 길은 십자가를 통해서다.

그리고 그녀는 오늘날을 위한 복음의 능력에 초점을 맞춘다.

오늘날 젊은이들은 수많은 다양한 '생활 방식'을 취하라는 엄청난 압력에 직면해 있다. 본질적으로 모든 메시지가 다 똑같다.…그리고 당신의 생활방식은 무한할 것이다.

　　이것은 거짓말이다. 모든 것이 거짓말이다. 이런 것들 중 그 어느 것도 생명을 줄 수 없다. 죄와 죽음의 표지판이 그 모든 것들 사이에 놓여 있다. 그러나 이제 새로운 소식이 있다. 나는 당신처럼 갇힌 사람으로서 여러분에게 임박한 해방의 소식을 전한다. **첫 인간 아담은 강하다. 그러나 둘째 인간 그리스도는 훨씬 더 강하시다.**

바로 이것이다. 예수님은 우리와 더불어, 우리를 대신해, 우리를 위해 죽으셨지만, 바로 그 하나님이 예수님을 죽은 자 가운데서 다시 살리셨으며, 이 부활은 예수님의 이 이야기 안으로 들어오고자 하는 이들에게 더 강하신 이의 능력을 부여한다. 더 강하신 이가 그분의 죽음과 부활을 통해 승리를 이끄신다.

'세계 개조'라는 제목의 설교를 비롯한 플레밍 목사의 설교들은 계속해서 나를 고린도전서 15장으로 되돌아가게 한다. 하지만 플레밍 목사의 복음과 베드로의 복음에는 왕이신 예수님의 승천이 포함된다. 이것은 오순절로, 초대교회와 오늘날의 성령의 능력의 임재로 이어진

예수 왕의 복음

다.[68] 성령을 보내실 수 있는 분은 바로 승천하신 예수님이심을 기억하라(행 2:33). 사도행전 1:8 이후 중요한 모든 것에 결정적인 영향력을 행사하시는 분은 성령님이시다. 여기서 이 점을 더욱 분명히 하기 위해 몇몇 성경 구절을 열거하고자 한다. 즉, 예수님은 성령을 지니고 계셨으며(행 10:38), 그런 다음 성령을 교회에 부으셨다. 이 오순절 성령은 모두에게 임했으며(행 2:1-4), 성령은 예언과 환상, 꿈을 주셨다(행 2:17-18; 11:28; 13:4; 21:11). 그리고 회개한 신자는 죄 사함과 더불어 성령을 받았다(행 2:38; 5:32; 8:15-17; 10:44-47).

사도행전에서 사도적 복음의 영향력을 묘사하는 구절을 찾아보라. "빌기를 다하매 모인 곳이 진동하더니 무리가 다 성령이 충만하여 담대히 하나님의 말씀을 전하니라"(행 4:31; 6:10; 7:55; 13:4, 9; 또한 16:6-7; 19:6을 보라).

사도들은 예수님에 관한 말로 복음을 요약했다

나는 예수님이 실제로 어떤 분이셨는지를 알아보기 위해 복음서를 연구하는 학자들 사이에서 활동하고 있다. 세상에는 온갖 종류의 '예수들'이 있다. 사회 운동가, 예언자, 기적을 행하는 사람, 종교적 천재, 사회적 저항가, 공화당원, 민주당원, 마르크스주의자 예수, 반제국주의자 예수…이 밖에도 수없이 많다. 하지만 만약 우리가 본래적 복음을 새롭게 듣고자 한다면 사도들이 예수님을 어떤 이름으로 불렀는지 물어보아야 한다. 베드로와 사도들이 복음을 전할 때 예수님에 대해 사용한 명칭은 무엇이었는가? 이 질문에 대한 답은 사도적 복음을 이해하는 데 있어서 근본적으로 중요하다.

베드로는 예수님에 대해 엄청난 주장을 했다. 그 주장이 너무나도 엄청나서 그것이 진실이 아니라면 터무니없다고 말할 수밖에 없다. 베드로가 말하는 나사렛 예수, 이 땅에서 살았고 죽었으며 부활했고 승천했으며 하늘 보좌에 앉아 계신 그분은 **이스라엘의 메시아인 동시에 온 세상의 주님**이시다. 이 명칭들은 사도행전에 기록된 초기의 복음전도에서 사용된 용어들이다. 만약 우리가 성경에 충실하고 싶다면 우리 역시 이런 용어를 사용해야 한다. 예수님에 대한 명칭은 예수님의 복음 이야기를 들려준다. 따라서 사도행전 2:36에서는 이렇게 말한다.

그런즉 이스라엘 온 집은 확실히 알지니, **너희가 십자가에 못 박은 이 예수를 하나님이 주와 그리스도가 되게 하셨느니라.**

그리고 사도행전 10:34-38에서 베드로는 고넬료와 같은 **이방인들**에게 복음을 전하는 것의 정당성을 주장하면서 이렇게 말한다.

내가 참으로 하나님은 사람의 외모를 보지 아니하시고 각 나라 중 하나님을 경외하며 의를 행하는 사람은 다 받으시는 줄 깨달았도다. **만유의 주 되신 예수 그리스도**로 말미암아 화평의 복음을 전하사 이스라엘 자손들에게 보내신 말씀 곧 요한이 그 세례를 반포한 후에 갈릴리에서 시작하여 온 유대에 두루 전파된 그것을 너희도 알거니와, 하나님이 나사렛 예수에게 성령과 능력을 **기름 붓듯** 하셨으매 그가 두루 다니시며 선한 일을 행하시고 마귀에게 눌린 모든 사람을 고치셨으니, 이는 하나님이 함께하셨음이라.

베드로는 하나님이 이스라엘 이야기를 예수님 이야기로 이끄셨으며 이 이야기의 예수님이 이스라엘의 참 왕이며 만유의 주님이시라는 관점에서 성경을 읽고 있다(참고. 행 2:39; 3:25-26; 10:44-47; 11:16-18). 하나님이 예수님을 무덤에서 다시 살아나게 하셨기 때문에 베드로는 이를 깨달은 것이다. 베드로가 예수님에 대해 사용한 다른 용어로는 "종"(행 3:13), "거룩하고 의로운 이"(행 3:14), "생명의 주"(행 3:15), "선지자"(행 3:22-23) 등이 있다. 그러나 이런 용어들은 그가 주로 사용하는 명칭인 "메시아"와 "주"를 보충하는 말이었다. 모든 사도들이 예수님을 메시아와 주로 보았다. 신약성경의 모든 서신서에서 이 용어를 쉽게 찾을 수 있다. 사도들에게 가장 중요한 주제는 왕이신 예수님이었다.

나는 예수님에 관해 많은 것을 밝혀낸 역사가들의 작업을 높이 평가한다. 그러나 사도적 복음에 충실한 사람들에게는 예수님이 이전에 어떤 분이셨고 현재 어떤 분이며 미래에 어떤 분이신가, 그분이 무슨 일을 하셨는가, 우리가 그분께 어떻게 접근해야 하는가를 규정하는 일군의 용어가 있다. 즉, 예수님은 메시아이며 주님이시다. 그리고 메시아와 주님으로서 그분은 구원자, 하나님의 아들, 종이시다. 어쩌면 우리는 이 용어들이 이스라엘 이야기로부터 유래한 것임을 기억해야 할지도 모른다. 이것은 그저 재치 있는 명칭에 그치지 않는다. 이 용어들은 이야기 전체를 고쳐 쓰는 방식으로 이를 **재해석한다**. 이런 용어들(도미누스^{dominus}나 카이사르^{Caesar}와 같은 라틴어 대신에)을 사용함으로써 사도들은, 예수님이 이스라엘의 참된 왕이시기 때문에 그들이 하는 예수님 이야기야말로 예수님 안에서 해결점에 도달한, 오래고 오랜 이스라엘 이야기라고 말하고 있는 셈이다.

이 점을 거듭 강조해두자. 사도적 복음은 그 이야기가 **예수님을 중심으로 삼는** 방식으로 구성되었다. 복음을 전한다는 것은, 왕이신 예수님에 관한 진리를 선언하는 것이었다(지금도 그러하다). 예수님이 복음이셨다(지금도 그분이 복음이시다). 이 장에서 우리는 베드로에게 초점을 맞추지만, 베드로의 설교를 살펴보기 전에 사도행전에 나타난 바울의 복음전도에도 주목할 만한 바가 있다.

사도 바울은 복음을 청중에게 적용함으로써 새로운 경지를 개척했다

사도 바울은 "이방인의 사도"였던 반면, 베드로는 "유대인의 사도"였다. 이 두 사도가 복음을 선포하는 방식에 차이점이 있는가? 그들은 이방인에게도 유대인에게 선포한 것과 동일한 복음, 동일한 이야기를 선포했는가? 물론 복음을 제시할 때 변주의 여지는 필요하다. 그런 여지가 있다. 많다. 그리고 바울은 바로 이런 방식으로 복음을 이방인에게 적용한 사람이다. 이 위대한 이방인의 사도는 하나님의 복음 계획에 이방인도 포함됨을 깨달았고, 그 이후 지체 없이 복음을 들고 이방인의 세계로 뛰어들어 갔다. 바울처럼 명민한 지성과 설득하고자 하는 열망을 지닌 사람을 데려다가 지중해의 주요한 도시(이를테면 철학에 관심이 많은 아테네나 자부심이 넘치는 로마)에서 복음을 전하게 하면,

예수 왕의 복음

그의 말은 그가 대하는 청중이 이해할 수 있으면서도 그들에게 도전이 되는 메시지로 변형될 것이다.

바울이 설교했던 더 작은 도시들 중 하나인 소아시아의 루스드라 Lystra부터 살펴보자. 기적적인 치유 이후 루스드라인들은 메시지를 전한 이들을 신으로 섬기려 했다.

> 무리가…루가오니아 방언으로 소리 질러 이르되, "신들이 사람의 형상으로 우리 가운데 내려오셨다!" 하여, 바나바는 제우스라 하고 바울은 그중에 말하는 자이므로 헤르메스라 하더라. 시외 제우스 신당의 제사장이 소와 화환들을 가지고 대문 앞에 와서 무리와 함께 제사하고자 하니…(행 14:11-13).

오늘날의 독자들에게는 이 사건이 희극처럼 보이겠지만 바울이 살던 로마 사회에서는 그렇지 않았다. 경건한 유대인이라면 루스드라인들이 하려던 일이 우상숭배이며 신성모독임을 즉시 깨달았을 것이다. 바울도 이를 알고 그들의 우상숭배 본능을 제어하고자 했다. 바울은 자연 계시와 오랜 상식을 깊이 파고들어 감으로써 이 상황에 맞는 복음의 메시지를 적용한다. 그러나 우리가 여기서 깨달아야 할 바는 다음과 같다. 바울의 복음에서 우상숭배를 공격의 대상으로 삼은 것은 **그것이 하나님의 하나님 되심과 왕이신 예수님의 주 되심과 관계가 있기 때문이다.**

여러분이여 어찌하여 이러한 일을 하느냐? 우리도 여러분과 같은 성정을 가진 사람이라. 여러분에게 복음을 전하는 것은 이런 헛된 일을 버리고 천지와 바다와 그 가운데 만물을 지으시고 살아 계신 하나님께로 돌아오게 함이라. 하나님이 지나간 세대에는 모든 민족으로 자기들의 길들을 가게 방임하셨으나 그러나 자기를 증언하지 아니하신 것이 아니니, 곧 여러분에게 하늘로부터 비를 내리시며 결실기를 주시는 선한 일을 하사 음식과 기쁨으로 여러분의 마음에 만족하게 하셨느니라(행 14:15-17).[69]

복음을 상황에 맞게 적절히 전달하는 능력을 가지고 있었음에도 불구하고, 바울은 예수님 이야기 안에서 성취된, 성경에 나타난 이스라엘 이야기를 통해 역사 전체를 해석하기를 중단하지 않았다. 루스드라에서 전한 메시지는 창조 이야기에 기원을 둔 것이다. 즉, 한 분이신 참 하나님이 창조주이시며 인간은 감히 그 성스러운 영역에 발을 들어놓으려고 해서는 안 된다는 것이다. 아담과 하와가 그런 시도를 했고, 바벨탑을 건설한 사람들이 그런 시도를 했고, 이교도들이 계속해서 그런 시도를 해왔다. 그러나 복음은 그 성스러운 영역을 침범하려는 모든 시도를 차단한다. 하나님만이 하나님이시다.

아레오바고에서, 그리고 그리스 최고의 도시인 아테네에서 이스라엘의 성경에 대해 전혀 알지 못하는 이방인들에게 복음을 제시하면서, 바울은 분명히 자신이 지닌 최고의 지적 능력을 활용하고 싶었을 것이다. 그럼에도 그는 이스라엘의 역사를 간략히 소개함으로써—선택과 언약에 관한 내용을 제외하고—예수님 이야기를 위한 무대를 마련하는 것을 중단하지 않았다. 그는 그들의 우상이 무익함을 보았으며, 그들이 강력한 유일신론을 열망하고 있다고 생각했고, 이방인 청중에게 사실 오직 한 분이시며 유일한 이스라엘의 하나님이 창조주시라고 말했다. 여기서 바울은 의심할 나위 없이 창세기 1-2장에 호소하고 있다. 뿐만 아니라 대부분의 공공장소에서 볼 수 있던 사당과 신전, 우상 앞에서 이 이방인의 사도는 한 분이시며 유일한 이스라엘의 하나님은 물리적인 구조물 안에 계시지 않다고 담대하게 선언했다. 더 나아가 그는 다시 한 번 이스라엘의 아담 이야기와 모든 인간의 연합에 대해 이야기했다. "[하나님이] 인류의 모든 족속을 한 혈통[아담과 하와]으로 만드사 온 땅에 살게 하시고 그들의 연대를 정하시며 거주의 경계를 한정하셨으니…"(행 17:26). 바울은 자신의 유일한 이야기, 즉 이스라엘 이야기라는 우물에서 물을 길어올렸다. 이 이야기는 근본적으로 하나님의 주 되심과 철저한 거룩하심에 의해 규정되었다.

물론 바울은 복음을 여러 가지 방식으로 청중에게 적용시킨다. 두 가지 예만 살펴보자. 첫째, 바울은 **이방인과 유대인이 공유하는 바에** 초점을 맞춘다. 하나님은 모든 피조물의 보이지 않는 창조주이시고, 이는 곧 하나님이 모든 종교에 공통된다는 뜻이다(행 17:24-30). 이 공통 요소는 '내적 변증'이라고 불릴 수 있다. 즉, 각 인간 안에는 하나님을 지향하는 무언가가 존재하며, 이 지향의 본능은 하나님으로부터 온 것이고 우리를 하나님께로 이끈다는 것이다. 바울은 아테네 주위의 우상들 속에서 신에 대한 갈망, 특히 "알지 못하는 신"에 대한 갈망을 발견했다(행 17:23). 따라서 사도행전 17:27-28은 에피메니데스 Epimenides를 인용하면서 시작되며 주전 3세기의 시인인 아라토스Aratus를 인용하는 말로 마무리된다.

이는 사람으로 혹 하나님을 더듬어 찾아 발견하게 하려 하심이로되, 그는 우리 각 사람에게서 멀리 계시지 아니하도다. 우리가 그를 힘입어 살며 기동하며 존재하느니라. 너희 시인 중 어떤 사람들의 말과 같이 "우리가 그의 소생이라" 하니….

나는 바울의 고뇌에 공감한다. 아말피Amalfi 해안의 폼페이Pompei와 1세기 로마의 항구였던 오스티아안티카Ostia Antica에 있는 유적을 방문했을 때 나는 많은 제단과 사당, 신전을 보았으며 이를 통해 그들의 종교성을 직접 확인할 수 있었다. 압도적일 정도로 많은 우상이 존재하는 상황은 유대교와 기독교의 유일신론에 대한 위협이었고, 이런 상황 때문에 유대교 문학에는 우상숭배를 비판하는 글이 끊임없이 등장했다. 그러나 왕이신 예수님이 만유의 참된 주님이심을 복음 자체가 선언하기 때문에, 복음을 선포하고자 할 때 바울이 로마인 청중이 섬기던 거짓 신들과 우상에 초점을 맞춰야만 했음을 기억해야 한다.

두 번째 적용의 예는, **바울이 아레오바고에서 설교할 때 예수 그리스도나 예수 그리스도의 십자가 죽음에 대해 직접적으로 이야기하지 않는다는** 점이다. 여기서 예수님에 대해 바울이 했던 말을 인용할 필요가 있다.

알지 못하던 시대에는 하나님이 간과하셨거니와 이제는 어디든지 사람에게 다 명하사 회개하라 하셨으니, 이는 **정하신 사람으로 하여금 천하를 공의로 심판할 날을 작정하시고 이에 그를 죽은 자 가운데서 다시 살리신 것으로 모든 사람에게 믿을 만한 증거를 주셨음이니라** (행 17:30-31).

물론 바울의 청중은 이 유대인 예수님이 어떤 분이신지 이해할 정도로 이스라엘 이야기를 충분히 알지 못했다. 그래서 바울은 그들의 상황에 맞춰 이야기를 시작했다. 바울은 복음 메시지 전체를 한 분이신 하나님의 행위로서의, 이 한 사람 예수 그리스도의 부활에 집중시켰다. 그러나 부활에 대해 이야기하는 것을 적용의 행위로 보기는 어렵다. 바울의 '부활' 관념이 '영혼 불멸'에 관한 플라톤주의적 신념에 맞게 적용된 것이 아님에 주목할 필요가 있다. 톰 라이트는 『하나님의 아들의 부활』*The Resurrection of the Son of God*(크리스챤다이제스트 역간)에서 이 점을 반복해서 강조한다.[70] "죽음 이후의 삶 이후의 삶"으로서의 부활은 불멸의 영혼이 육체로부터 벗어나 계속해서 살아가는 것과 동일하지 않다. 그러므로 바울이 부활에 대해 한 말은 아테네인들에게 시금석이 될 수 없었다. 오히려 그것은 선명한 차이를 드러내는 말이었다. 복음을 전하는 이 유대인은 그들이 가장 확신하는 바를 예리하게 공격했으며, 바로 이 차이점을 근거로 자신의 복음을 제시했다.

어쩌면 내가 부활의 요소를 조금은 지나치게 강조한 것인지도 모른다. 아레오바고에서 행한 바울의 복음전도는 바울의 **기독론**을 통해서 보면 훨씬 더 이해하기 쉽다. 바울은 하나님이 언젠가 "[하나님이] 정하신 **사람**으로 하여금" 온 세상을 심판하게 하실 것이라고 말한다 (행 17:31). 아레오바고에서 바울의 설교를 다 들었을 때, 대부분까지는 아니더라도 많은 이교도들이 했던 첫 번째 질문은 "이 예수님이라는 분은 누구이신가?" 혹은 "이 사람은 누구인가? 왜 그가 모든 사람의 심판자인가? 왜 그는 죽은 자 가운데서 다시 살아났는가?"였을 것이다. 이것은 예수님이 자신의 삶 속에서 불러일으키셨던 것과 똑같은, 복음에 관한 물음이다. 복음을 전하는 사람이 사람들을 이 방향으로 이끌기 위해 어떤 말을 하는지와 관계없이, 사도적 전승과 일치하는 참된 복음전도는 사람들로 하여금 "예수님이 누구이신가?"라는 물음으로 곧바로 나아가게 한다. 일단 그곳에 이르면 사도행전에 기록된 사도적 복음 제시는 청중에게 응답을 촉구한다.

사도들은 사람들에게 응답을 촉구했다

사도행전의 사도적 복음 설교는 오늘날 복음전도가 어떠해야 하는가에 관한 강력한 도움을 제공한다. 복음전도에 관한 사도행전의 가장 중요한 기여 중 하나는 **어떻게** 복음을 전할 것인가와 관계가 있다. 이런 설교를 통해 우리는 사도들이 어떻게 사람들의 응답을 촉구하는지를 볼 수 있기 때문이다. 사도들은 일관되게 사람들을 향해 예수님의 이야기에 참여하기 위해 **믿고, 회개하고, 세례를 받으라**고 말한다.[71] 나는 믿음과 회개, 세례를 통한 응답의 촉구가 포함되지 않는 복음전도란 있을 수 없다고 생각한다.

예수 왕의 복음

이 과정의 좋은 예는 베드로가 사람들에게 **믿으라**고 촉구하는 사도행전 10-11장의 장면이다. 여기서 믿으라는 말은 '자신의 삶 전체와 구원을 예수 그리스도께 맡기라'는 뜻이다.[72] 이 두 절을 눈여겨보라.

그에 대하여 모든 선지자도 증언하되, 그를 **믿는** 사람들이 다 그의 이름을 힘입어 죄 사함을 받는다 하였느니라(행 10:43).

그런즉 하나님이 우리가 주 예수 그리스도를 **믿을** 때에 주신 것과 같은 선물을 그들에게도 주셨으니 내가 누구이기에 하나님을 능히 막겠느냐?(행 11:17)

그리고 바울 역시 사도행전 13:38-39에서 동일한 응답을 촉구한다.

그러므로 형제들아, 너희가 알 것은 이 사람을 힘입어 죄 사함을 너희에게 전하는 이것이며, 또 모세의 율법으로 너희가 의롭다 하심을 얻지 못하던 모든 일에도 이 사람을 힘입어 **믿는** 자마다 의롭다 하심을 얻는 이것이라.

믿는다는 것은 어떤 진리에 그저 지적으로 동의하는 것 이상을 뜻한다. 설령 그 진리가 예수님이 메시아이시며 만유의 주님이시라는 사실이라고 할지라도 말이다. 이스라엘 이야기와 예수님 이야기는 하나님의 백성이 하나님을 의지하고 신뢰하는 세상으로 우리를 이끌며,

그러한 신뢰의 관계는 순종과 거룩, 사랑의 삶을 만들어낸다. 호세아는 하나님과 우리의 관계를 결혼의 관계로 묘사한다. 남편과 아내의 관계는 단지 부정不貞이 없는 데서 그치지 않고 정절, 사랑과 돌봄, 함께 시간을 보내는 것으로 충만해지는 것처럼, 믿음faith이 있다는 것은 신실함faithfulness을 가진다는 것을 뜻한다. 다시 말해서, 처음부터 믿음과 제자도는 동일한 반응의 두 차원이지, '핀과 바늘로' 함께 꿰매야 할 두 개의 다른 헝겊 조각이 아니다.

누가에 따르면, 베드로가 오순절 성령 사건을 설명하자 사람들은 그의 말을 듣고 "마음에 찔려" "형제들아, 우리가 어찌할꼬?"라고 물었다(행 2:37). 그런 다음 베드로는 **회개**의 필요성에 관한 유명한 말을 남겼다(행 2:38-39).

너희가 **회개하여** 각각 예수 그리스도의 이름으로 **세례를 받고** 죄 사함을 받으라. 그리하면 성령의 선물을 받으리니, 이 약속은 너희와 너희 자녀와 모든 먼 데 사람 곧 주 우리 하나님이 얼마든지 부르시는 자들에게 하신 것이라.

사도행전 3:19-21에서 베드로는 이렇게 말한다.

그러므로 너희가 **회개하고** 돌이켜 너희 죄 없이 함을 받으라. 이같이 하면 새롭게 되는 날이 주 앞으로부터 이를 것이요, 또 주께서 너희를 위하여 예정하신 그리스도 곧 예수를 보내시리니 하나님이 영원 전부

예수 왕의 복음

터 거룩한 선지자들의 입을 통하여 말씀하신 바 만물을 회복하실 때까지는 하늘이 마땅히 그를 받아두리라.

그리고 사도행전 10:46-48에 따르면, 베드로가 설교할 때 성령이 청중들에게 내려오셨다. 말하자면 이는 오순절 사건이 이방인들에게로 확장된 것이었다. 베드로는 **세례**에 대한 질문을 던진다.

이에 베드로가 이르되, "이 사람들이 우리와 같이 성령을 받았으니 누가 능히 물로 **세례 베풂을** 금하리요?" 하고 명하여 "예수 그리스도의 이름으로 **세례를 베풀라**" 하니라. 그들이 베드로에게 며칠 더 머물기를 청하니라.

사도들은 한 사람이 **어떻게** 복음의 이야기 속으로 들어갈 수 있는지를 설명할 때 이 세 용어—믿음, 회개, 세례—를 사용했다. 이 세 용어는 어떻게 연결되는가? 여기서 우리는 성경의 뜻을 거스를 수도 있으니 조심해야 한다. 이들의 관계를 이해한다고 전적으로 확신할 수는 없지만, 한번 시도해보자면 이렇게 말할 수 있다. **믿음**은 하나의 큰 개념으로 **회개**와 세례는 그 믿음의 표현이다. **믿음**으로 그리스도께로 향한 사람은 다른 모든 것과 다른 모든 사람으로부터 **돌아서며**(회개라는 말의 의미)—그리고 바울은 그들에게 우상으로부터 **돌아서라**고 촉구한다(행 14:15)—그리스도를 신뢰하는 사람은 순종하는 마음으로 **세례**를 통해 그 믿음을 구현한다. 긴 논의가 필요하지만 간단히 요약해보자면, 로마서 6장에서 너무나도 명확히 설명하고 있듯이 세례는 그리스도와 더불어 죽고 그리스도와 더불어 다시 사는 삶을 구현한다.[73]

지금까지 살펴본 사도행전에 기록된 누가의 말과, 로마서(10:9-13)에서 바울이 말하는 하나님에 대한 올바른 반응은 본질적으로 전혀 다르지 않다.

> 네가 만일 네 입으로 "예수를 주"로 시인하며 또 하나님께서 그를 죽은 자 가운데서 살리신 것을 네 마음에 믿으면 구원을 받으리라. 사람이 마음으로 믿어 의에 이르고 입으로 시인하여 구원에 이르느니라. 성경에 이르되, "누구든지 그를 믿는 자는 부끄러움을 당하지 아니하리라" 하니, 유대인이나 헬라인이나 차별이 없음이라. 한 분이신 주께서 모든 사람의 주가 되사 그를 부르는 모든 사람에게 부요하시도다. "누구든지 주의 이름을 부르는 자는 구원을 받으리라."

그러나 여기서 1세기 (유대인) 독자는 우리 대부분이 이해하지 못하는 무언가를 이해했을 것이다. 사도행전 10-11장에서 베드로는 이방인들의 올바른 반응과 관련해 **할례를 언급하지 않는다.** 역사가들은 이방인이 유대교로 개종하고자 할 때 유대인들이 무엇을 요구했는가에 관한 논쟁을 수십 년 동안 해왔는데, 남자들에게 요구되는 한 가지 확실한 사항은 할례였다. 베드로의 말을 들었던 사람들 중 몇몇은 베드로가 이방인에게 할례를 요구하지 않은 채 예수 공동체 안으로의 개종을 허용하고 있음을 알아차렸을 것이다. 사도행전 15장에서 이방인

예수 왕의 복음

회심자에게 할례를 요구할 것인가의 문제가 공동체를 분열시킬 수도 있는 주제로 떠올랐다는 것은 전혀 놀랍지 않다. 놀라운 점은 이 문제가 사도행전 10-11장에서는 제기되지 않았다는 것이다. 내 추측은 이렇다. 베드로는 이 사람들에게서 성령이라는 선물에 대한 분명하고 확실한 증거를 본 후 "만약 회개와 세례를 통해 성령께서 하늘로부터 내려오셨다면 우리에게 더 이상 필요한 것은 없다"라고 말했을 것이다.

사도들은 다양한 용어로 구속을 약속했다

복음을 듣고 믿음과 회개, 세례로 응답하는 이들은 **구원을 받는다**. 베드로의 복음전도를 규정한 것은 우리의 구원 계획이나 우리가 가지고 있는 설득의 방법이 아니었지만, 구원 계획의 접근법과 베드로의 복음전도 모두 동일한 유익을 제공한다. 다시 한 번 우리는 고린도전서 15장으로 돌아간다. 베드로는 사도행전 2:38과 3:19; 10:43에서 **죄 사함**을 약속한다. 그에 더해 베드로는 그의 말을 듣고 응답하는 이들에게 **성령 충만**(행 2:38-39; 10:44-47; 11:16-18)과 계속해서 **새롭게 되는 날**을 경험하게 될 것이라고 약속한다(행 3:19). 바울은 그들이 **의롭다 하심**을 얻을 것이라고 말한다(행 13:38-39).

그뿐 아니라 사도행전 10:39에서 베드로는 예수님의 복음 이야기에 응답하는 이들에게 이렇게 약속한다. "만유의 주 되신 예수 그리스도로 말미암아 화평의 복음을 전하사 이스라엘 자손들에게 보내신 말씀[…을 너희도 알거니와]." 구원은 **화평**을 뜻한다. 흔히 현대의 독자들은 여기서 베드로가 말한 내적 평화를 하나님과 화평을 이룬 결과로 우리에게 찾아오는 것이라고 생각하며, 나도 베드로가 그런 일이 일어날 것이라고 믿었음을 의심하지 않는다. 그러나 이것은 본문이 본디 의도하는 바가 아니다. 사도행전 10:36에서 "화평"은, 예를 들면 에베소서 2:11-22에서 볼 수 있는 이방인과 유대인 사이에 이루어진 평화를 뜻한다. 이 유대인과 이방인으로 이루어진 하나님의 백성이라는 관념 때문에 바울은 예루살렘의 일부 신자들과의 관계에서 어려움을 겪기도 했지만, 이 관념은 로마서와 골로새서, 에베소서를 비롯한 그의 서신서의 주된 주제였다. 사실 이것은 아브라함의 축복(창 12:1-3)에서 이미 예견된 것이었지만, 이방인들이 예수 공동체 안으로 들어온 후에야 비로소 실현되었다. 예수님의 구원 이야기 안에서 이 평화가 이루어진 것이다.

이 용어들에 관해서는 더 많은 논의가 필요하지만, 여기서는 이를 철저히 연구하기보다는 간략히 살펴보고자 한다. 복음에 응답하는 이들은 구속을 받고, 해방되고, 구원을 받고, 의롭다 하심을 입지만, 베드로와 바울의 설교에서 중심이 되는 이야기는 구원이라기보다는 예수님 이야기 안에서 성취된 이스라엘 이야기다. 이 이야기가, 그리고 오직 이 이야기만이 구원한다. 혹은 예수님이 구원하신다고 말하는 편이 더 낫겠다. 그리고 그분의 이야기를 들려줌으로써 사람들이 믿음과 회개, 세례로 응답하게 하고 구원—죄 사함, 성령, 새롭게 함, 유대인과 이방인으로 이루어진 하나님의 새로운 공동체—을 받도록 이끌 수 있다.

결론

이것이 우리 의자의 네 번째 다리다. 사도적 복음 전승, 사복음서 안의 복음, 예수님의 복음, 그리고 마지막으로 사도행전 안에 있는 복음 전도 설교. 이 네 증언이 각각 우리에게 복음에 관해 동일한 것을 말한다. 그것은 이스라엘의 메시아이시며 만유의 주님이시고 다윗의 혈통에서 난 구원자이신 예수님의 구원 이야기 안에서 성취된 이스라엘 이야기다. 하나의, 오직 하나의 복음이 있으며, 예수님과 바울, 베드로는 바로 이 복음을 선포했다. 복음을 전하는 것은 곧 예수님에 관한 이 이야기를 하는 것이다. 구원은 이 이야기로부터 나오며, 이 이야기는 구원 계획에 기초해 복음에 접근하는 방법보다 더 크며, 그 방법과는 다르게 구성된다. 사도들은 최초의 복음주의자들이었다.

가장 중요한 점은, 이 사도적 복음을 말함으로써만 우리는 복음의 문화를 재건할 수 있다는 것이다. 이 복음의 문화는 구원의 문화를 대체하는 것이 아니라, 구원을 시작(창조, 이스라엘과 맺으신 언약)과 중간(다윗), 결말(예수님, 최종적 구속)을 갖춘 복음의 이야기 안에 자리하게 한다.

그렇다면 우리는 어떻게 복음의 문화를 재건할 수 있을까? 우리는 어떻게 사도적 복음―예수님 자체인 복음, 예수님이 선포하신 복음, 사도들이 선포했던 복음―에 기초한 메시지와 교회들을 만들어낼 수 있을까?

9장

오늘날의
복음전도

오늘날에도 '복음전도'는 베드로와 바울의 시대만큼이나 힘들고 어렵다. 또한 그때만큼이나 청중에 맞춘 창조적 적용이 필요하다. 어쩌면 성령의 새로운 바람을 통해 사도들에게 주어졌던 담대함이 우리에게는 더 많이 필요할지도 모른다. 어쩌면 우리는 이들 초대교회 성도들처럼 기도해야 할지도 모른다. "빌기를 다하매, 모인 곳이 진동하더니 무리가 다 성령이 충만하여 **담대히** 하나님의 말씀을 전하니라"(행 4:31).

혹은 오늘날의 복음전도에서 많은 경우 부활 신학이 거의 전적으로 부재하기 때문에 우리의 담대함이 부족한 것인지도 모른다. 어쨌든 우리는 초대교회 성도들의 담대한 부활의 복음을 더 많이 회복해야 한다.

만약 이 복음을 한 묶음 안에 넣는다면, 그리고 사도들이 어떻게 이 복음을 선포했는지에 초점을 맞춘다면, 사도행전은 첫째로 복음이 이스라엘 이야기에 의해 규정되고 있음을 보여준다. 즉, 이스라엘 이야기의 완성으로서의 예수님의 구원 이야기—그분의 삶, 그분의 죽음, 그분의 부활, 그분의 승천, 그분의 재림—를 들려준다.

둘째로, 복음은 예수님의 주 되심을 중심으로 한다. 마치 니케아 신조를 예상이라도 하듯이 베드로와 바울의 복음은 예수님이 높이 들리셨다는 믿음에 닻을 내리고 있다. 예수님이 메시아이시며 주님이시고 다윗 혈통의 구원자이시기 때문에 그분이 고통당하시고 구원하시고 다스리시고 심판하신다고 이해하는 것이다. 그분은 지금 높이 들리셔서 하나님 우편에 앉아 계신다.

셋째로, 복음전도에는 사람들의 응답을 촉구함이 포함된다. 사도적 복음전도는 사랑의 마음으로, 그러나 동시에 단호함으로 복음을 듣는 이들에게 회개와 예수 그리스도에 대한 믿음, 세례를 촉구함으로써 비로소 마무리되었다.

넷째로, 복음은 구원하며 구속한다. 사도적 복음은 죄 사함과 하나님의 성령이라는 선물, 의롭다 하심을 약속한다.

내 주장은 이것이다. 신약성경 어느 곳을 봐도 복음은 이 네 가지로 요약된다. 이 복음은 고린도전서 15장에 있는 바울의 말 속에서도 발견되고, 복음서의 복음이기도 하며, 예수님 자신의 복음이기도 하고, 베드로의 복음이자 바울의 복음—바울의 설교에 대한 누가의 보도에 따르면—이기도 하다. 유일한 단 하나의 복음이 있을 뿐이며, 이 복음은 예수님으로부터 사도들에게로, 그리고 그들의 교회에게로 전해졌다. 신약성경에 통일성을 부여하는 것은 이 복음이며, 오직 이 복음

뿐이다.[74] 우리가 신약성경의 그리스도인이 되기 원한다면 이 복음이 다시 한 번 우리의 복음이 되어야만 한다.

이제 우리의 복음전도와 그들의 복음전도를 비교해보자. 나는 여섯 가지 사항을 비교해보고자 한다. 사도들이 했던 모든 것을 우리가 해야 하는 것은 아니며, 우리가 하고 있는 모든 것을 포기해야 하는 것도 아니다. 그러나 성경을 진지하게 받아들이는 사람이라면 누구나 자신이 생각하는 바와 사도들이 가르친 바를 비교해봐야 하고, 복음전도에 관한 한 우리에게는 배울 것이 적지 않다. 사실 우리에게는 사도적 복음과 조화를 이루기 위해 우리의 복음전도를 변화시키겠다는 근원적인 헌신이 필요하다.

비교 1: 복음전도는 무엇을 성취하려 하는가

사도행전의 복음전도와 오늘날 흔히 볼 수 있는 구원 계획에 기반한 접근 사이에는 큰 차이가 있다. 이에 더해 사도행전의 복음과 우리의 설득 방법 사이에는 유사성이 거의 없다. 이 차이를 하나의 논점으로 좁혀볼 수 있다. 사도행전의 복음전도는 메시아이시며 주님이신 예수님이 구원과 관련해 어떤 의미를 지니는지 선언하기 때문에 듣는 **이들에게 예수님을 메시아이자 주님으로 고백하라고 촉구**하는 반면, 우리의 복음전도에서는 **죄인들에게 그들의 죄를 인정하고 구원자이신 예수님을 받아들이라고 설득한다.**

이것은 양자택일의 문제가 아니다. 전자 안에서 후자가 이루어질 수는 있지만, 오늘날 전도에 대한 구원주의적 접근법에서는 대부분 (개인적) 구원자로서의 예수님에만 집중하고, 메시아이시며 주님이신 예수님은 회피하려고 한다. 오늘날 구석구석에 배어든 이단이 있다면, 이것이 바로 그 이단이다. 복음을 선포한다 하면서도 높이 들리신 예수님의 주 되심을 핵심으로 삼지 않는 모든 사람은 사도적 복음을 선포하지 않는 셈이다.

이 일반적인 비교에서 나는 두 가지 용어에 초점을 맞추고자 한다. 사도행전에서 사도들의 복음전도는 응답을 촉구하는 담대한 **선언**인 반면, 오늘날의 전도는 대부분의 경우 교묘한 **설득**이다. 다시 한 번 말하지만, 전자 안에서는 후자가 이루어질 수 있으나, 오늘날에는 전자 없이 후자를 행하는 경우가 너무나도 많다. 사실상 결과는 명백하다. 우리는 예수님에 관해 더 많이 이야기해야 한다. 우리는 예수님 이야기를 선포함으로써 생겨나는 강력한 능력에 대한 확신을 회복해야 한다.

비교 2: 무엇이 복음전도를 규정하는가

아마도 가장 놀라운 사실은 사도행전의 **복음이 구원 이야기나 속죄 이야기를 중심으로 하지 않았다**는 것이다. 복음은 **이스라엘 이야기**를 중심으로 제시되었으며, 실제로 그 이야기 안에서 가장 잘 이해될 수 있다. 구원주의 유형에 속하는 복음주의자들은 성경이 복음을 어떻게 제시하는지를 분명히 깨달아야 한다. 사실 사도행전의 복음 제시에서 예수님의 죽음을 이야기할 때 속죄 신학은 그 실마리 정도만 확인할

예수 왕의 복음

수 있을 뿐이다(참고. 행 20:28).

이러한 부재가 우리를 놀라게 할 수도 있고, 이 책을 읽는 당신을 불쾌하게 만들지도 모르지만, 고린도전서 15:3에 제시된 복음의 요약과 비교하면 이것은 더욱 도드라진다. "성경대로 그리스도께서 우리 죄를 위하여 죽으시고." 바울이 요약한 복음에는 예수님의 죽음, 성경의 이야기가 성취되었다는 점, 예수님의 죽음이 "우리 죄를 위한" 것이었다는 점이 포함된다. 이 정도면 사도적 복음 전승으로 충분한 것 같다.

다시 한 번 고린도전서 15장의 복음 요약을 살펴보라. 여기에는 하나님이나 다른 이들과의 화해에 관한 직접적인 언급이 전혀 없으며, 의롭다고 선언되는 것에 관한 직접적인 언급도, 하나님의 진노를 달래는 것, 죄와 자아, 시스템, 사탄의 속박으로부터의 해방에 관한 언급도 없다. 이러한 부재를 조금 더 분명히 하자면, 사도행전의 설교에는 복음의 요약으로서의 은총 자체는 자주 등장하지만(참고. 행 11:23; 13:43; 14:3, 26; 15:11; 20:24) 우리를 향한 하나님의 사랑이나 하나님의 은총에 관해서도 전혀 언급하지 않는다.

사도행전은 속죄 신학이 베드로나 바울의 복음전도 사건을 규정했다고 말하지 않는다. 어떤 이들은 이런 지적을 불쾌하게 생각할 것이다. 사실 나도 이따금씩 그들의 접근 방식을 불쾌하게 생각할 때가 있다. 그러나 우리 모두가 신약성경을 다시 읽어야 한다. 내 성경에서 이런 사실들을 확인할 수 있듯이 당신의 성경에서도 확인할 수 있을 것이다. 나는 성경에 있는 것을 설명하고 싶고, 거기에 없는 것을 동원해 거기에 있는 것을 설명하고 싶지 않다. 나는 복음을 주제로 하는 책을 세 권 썼다. 『배제의 시대, 포용의 은혜』*Embracing Grace*(아바서원 역간), 『속 죄라는 공동체』*A Community Called Atonement*, 역사적 예수에 관한 두꺼운 연구서인 『예수와 그의 죽음』*Jesus and His Death*이다. 각각의 책에서는 사도행전의 복음전도에 대해 지나치듯이 대충 훑어보기만 했다. 왜냐하면 구원주의적 관점이나 구원자로서의 예수라는 범주가 아닌 다른 방식으로 어떻게 복음을 제시해야 하는지에 관한 생각을 정리하지 못했기 때문이다. 이 책은 이에 대한 내 생각의 진전이고, 이를 통해 우리가 사도들이 했던 것처럼 복음을 제시하는 법을 다시 배워야 한다는 사실을 거듭 보여주고 있다.

비교 3: 복음전도, 진노, 심판

베드로와 바울은 사도행전에서 복음을 전할 때 하나님의 **진노**에 초점을 맞추지 않는다. 또한 그들은 예수님의 구원 이야기를 지옥으로부터의 탈출로 묘사하지 않는다. 나는 특정 부류의 전도자들 사이에서 너무나도 흔하게 나타나는 불과 유황을 통한 설득 방법도 우려스럽다. 초기 기독교의 복음전도에서도 최후의 심판이 배제된 것은 아니었다. 복음을 전할 때 심판의 메시지는 피할 수 없다. 다시 한 번 아레오바고에서 행한 바울의 설교를 읽어보라. 이 점을 더 분명히 하기 위해 사도행전 17:29-31을 한 번 더 인용하겠다.

이와 같이 하나님의 소생이 되었은즉, 하나님을 금이나 은이나 돌에다 사람의 기술과 고안으로 새긴 것들과 같이 여길 것이 아니니라. 알지 못하던 시대에는 하나님이 간과하셨거니와, 이제는 어디든지 사람에게 다 명하사 회개하라 하셨으니, 이는 정하신 사람으로 하여금 천하를 공의로 심판할 날을 작정하시고 이에 그를 죽은 자 가운데서 다시 살리신 것으로 모든 사람에게 믿을 만한 증거를 주셨음이니라.

사도행전의 설교에서는 이 주제를 여러 차례 확인할 수 있다. 즉, 인간은 최후에 하나님 앞에 서야만 한다. 복음전도에는 인간이 궁극적으로 인간의 재판정이 아니라 하나님 앞에 설 것임을 깨닫게 하기 위해 반드시 최후의 심판 이야기가 포함되어야 한다.

이런 방식의 복음 제시에 청교도와 부흥운동가보다 정통한 사람들은 없었다. 사실 이들은 이 방식에 지나치게 정통해 이를 남용하기도 했다. 미국에서 지옥에 관한 설교로 가장 유명한 사람은 조나단 에드워즈^{Jonathan Edwards}이며, 그의 설교 "진노하시는 하나님의 손안에 있는 죄인"^{Sinners in the Hands of an Angry God}(『진노하시는 하나님의 손안에 있는 죄인』, 부흥과개혁사 역간)의 경우 설교를 읽은 사람보다 제목 때문에 화를 내는 사람이 더 많았다.[75] 지금 내 앞에는 그의 설교집이 있으며, 이 책을 읽고 나서 나는 미국에서 가장 유명한 이 설교에 대해 전혀 다른 인상을 갖게 되었다. 그의 설교 "천국은 사랑의 나라입니다"^{Heaven Is a World of Love}(『천국은 사랑의 나라입니다』, 부흥과개혁사 역간)는 그 아름다움과 광대함, 은총의 깊이 때문에 숨이 멎을 정도다. 이 설교에서 나는 하나님과 사랑에 빠졌던 남자, 술에 취한 듯 하나님께 영광을 돌리는 데 열중했던 남자, 하나님의 선한 것에 자신의 종교적 열정을 다 바쳤던 남자를 만났다.

에드워즈의 신학은 내 신학이 아니고, 하나님이 그분의 섭리라는 장중에 인간들을 붙들고 그분의 독단적인 뜻에 따라 그들을 대하신다는 그의 생각은 받아들이기가 쉽지 않았다. 그러나 사도들의 복음전도에 최후의 심판이 존재한다는 점은 결코 부인할 수 없다. 그러므로 지나친 경우를 제외한다면, 최후의 심판이라는 현실을 직면하게 해주는 사람들을 결코 무시할 수 없다. 오늘날 우리에게는 에드워즈 같은 이들이 더 많이 필요하다.

비교 4: 복음이 해소하는 문제

또 다른 논점은 **문제**와 관계가 있다. 사도행전의 복음전도 사건을 연구할 때, 사도들이 복음을 통해 어떤 '문제'가 해결되었다고 생각했는지를 심각하게 재고해보는 것은 가치 있는 일이다. 그들이 제시한 약속—죄 사함과 성령이라는 선물, 새롭게 되는 날—으로부터 죄, 하나님의 능력 부재, 새로운 창조의 필요성이 문제였다고 추론할 수 있다. 우리는 복음전도에서 죄를 축소시키려고 해서는 안 된다. 성령 안에 있는 하나님의 은혜로운 임재의 결핍이라는 문제 역시 축소시켜서는 안 된다. 죽어 있는 우리의 모습과 새로운 창조 안에 있는 새 생명의 필요성도 축소시켜서는 안 된다. 그러나 우리는 이런 주제들을 개인주의에 불과한 것으로 축소시키는 잘못을 범할 수도 있다. 사도행

예수 왕의 복음

전 5:29-32에서 베드로는 복음을 요약하면서 '이스라엘'을 위한 죄 사함을 이야기한다. 하나님은 그분의 백성 안에서, 따라서 개인들 안에서 일하시며, 우리는 하나님의 백성이 참된 하나님의 백성이 되는 것이 문제 중 하나임을 깨달아야 한다. 신약성경에서는 **교회**라는 말로 이 새로운 하나님의 백성을 표현한다.

그러나 지금까지의 우리의 연구에 비추어 복음이 해결한 문제에 관해 훨씬 더 깊이 생각해보기를 권한다. 만약 이스라엘 이야기가 예수님 이야기를 통해 성취되었다면, 그리고 그것이 복음이라면, 우리는 단지 내 이야기와 내 필요 안에서가 아니라 이스라엘 이야기의 구조와 윤곽 안에서 문제를 찾아야 한다. 우리는 예수님이 제시하신 해결책의 이면에서 문제를 찾아야 한다. 그 해법을 묘사하기 위해 예수님이 사용하신 말은 **하나님 나라**였다. 혹은 요한의 방식을 따르자면, **영생**이었다. (이것 역시 죽은 후에 하나님과 개인적으로 영원히 사는 것 그 이상을 뜻한다.) 만약 하나님 나라가 해결책이라면, 이 문제는 이 땅에서 하나님 나라를 찾는 것과 관계가 있으며, 그리고 이 문제는 곧 이 땅 위에 하나님 나라가 없음과 관계가 있다. 만약 영생이 해결책이라면, 문제는 죽음과 하나님의 풍성한 삶의 부재, 이 세상의 세속성이다.

이에 관해서는 살펴봐야 할 것이 훨씬 더 많다. 그중에 일부만 검토하더라도 책 한 권이 필요함을 알기에 여기서는 간략히 논한 후 마지막 장에서 이에 관한 논의를 덧붙일 것이다. 만약 우리가 근본적인 해결책에 비추어 '문제'에 대해 재고하기 시작한다면 무슨 일이 일어날까? 이에 대한 답을 간략히 제시하고자 한다. **복음의 근본적인 해**

결책은 예수님이 메시아이시며 주님이시라는 점임을 기억하라. 이는 곧 통치자, 왕, 주인에 대한 근본적인 필요가 존재한다는 뜻이다. 예수님의 시대에 유대인에게 긴급하게 필요했던 것은 메시아-왕과, 메시아-왕의 땅에 사는 메시아-왕의 백성이었다. 이 말이 지나치게 단순화된 것처럼 보일 수도 있지만, 전기 예언서든 후기 예언서든, 대예언서든 소예언서든 예언서를 읽어보면 이스라엘 이야기의 문제가 이스라엘과 유다의 문제에 대한 해결책이었음을 알 수 있을 것이다.

이에 답하는 유일한 방법은 그 이야기로 돌아가는 것이며, 그 이야기는 창세기 1-2장에서 시작된다. 최근 휘튼 대학의 교수 존 월턴^{John Walton}은 고대 세계를 연구하는 학자들이 오랫동안 알고 있던 바를 읽기 쉽게 풀어서 설명했다. 즉, 창세기 1장의 창조 기사는 세계를 **우주적 성전**으로 묘사한다.[76] 하나님은 인간을 그분의 성전 안에 두셨지만, 그렇게 하실 때 그분은 인간을 그분의 이콘^{Eikon}, 즉 하나님의 형상을 지닌 존재로 만드셨으며, 그들은 **하나님과 함께 다스리는 이들로서, 그리고 하나님의 우주적 성전 안에서 하나님의 임재를 매개하는 이들로서** 하나님과 자신, 다른 이들, 세상과 관계를 맺어야 할 책임이 있었다. 이 각본에서 중요한 구절을 잊어버렸을까 해서 창세기 1:26-30을 인용한다.

첫째, 하나님은 인간을 이콘인 남자와 여자로 지으신다.

하나님이 이르시되, "우리의 형상을 따라 우리의 모양대로 우리가 사람을 만들고, 그들로 바다의 물고기와 하늘의 새와 가축과 온 땅과 땅

에 기는 모든 것을 다스리게 하자" 하시고,

하나님이 자기 형상 곧 하나님의 형상대로 사람을 창조하시되

남자와 여자를 창조하시고….

그런 다음 하나님은 이콘들에게 특별한 임무를 부여하시는데, 이
것은 인간의 근본적인 책무였다.

하나님이 그들에게 복을 주시며 하나님이 그들에게 이르시되 "생육하
고 번성하여 땅에 충만하라. 땅을 정복하라. 바다의 물고기와 하늘의
새와 땅에 움직이는 모든 생물을 다스리라" 하시니라.

하나님이 이르시되 "내가 온 지면의 씨 맺는 모든 채소와 씨 가진
열매 맺는 모든 나무를 너희에게 주노니 너희의 먹을거리가 되리라. 또
땅의 모든 짐승과 하늘의 모든 새와 생명이 있어 땅에 기는 모든 것에
게는 내가 모든 푸른 풀을 먹을거리로 주노라" 하시니 그대로 되니라.

창세기 3장의 타락은 그저 하나님의 명령에 반대하여 범죄한 것을
뜻하는 것이 아니라, 왕과 제사장으로서의 우리의 근본 역할을 저버
렸음을 뜻한다. 아담과 하와는 뱀을 하나님께로 이끄는 대신, 하나님
을 대신해 그분의 선한 동산을 다스려야 할 임무를 수행하는 대신, 스
스로 하나님의 역할을 하려고 했다. 문제는 단지 우리가 죄인이라는
것이 아니다. 우리는 동산에서 **하나님의 자리를 찬탈하려고** 했다.

하지만 하나님은 깨어진 이콘으로, 상처 입은 형상을 지닌 자로 영

원히 살 가능성으로부터 우리를 배제하심으로써 우리를 용서하신다. 그분은 우리를 에덴 동쪽 세상으로 보내시면서 우리에게 **동일한 책무**를 맡기신다. 하지만 몇 번이고 다시 인간은 올바르게 통치하는 데 실패하고, 올바르게 중재하는 데 실패하며, 반복해서 하나님의 자리를 찬탈하려는 이들이 되었다. 그분의 자리를 **빼앗으려** 하는 순간 우리는 하나님이 창조하신 세상을 해체시킨다. 그래서 하나님은 '왕과 제사장'의 나라를 만들기 위해 아브라함을 택하신다―나는 선택에 관한 신비를 하나님께 맡길 뿐이다. 즉, 하나님이 아담에게 주신 책무가 아브라함과 이스라엘에게로 이전되었다.

그런 다음 하나님은, 탈출을 이끌고, 이스라엘에게 토라를 주고, 그들로 하여금 약속의 땅에 이르는 길을 찾게 도와주는 중요한 책무를 모세에게 맡기신다. 그러나 이것은 모두 같은 책무다. 출애굽의 핵심에서 우리는 이 책무를 다시 한 번 발견할 수 있다. 즉, 한 백성으로서 왕들과 제사장들이 되는 것이다.

> 내가 애굽 사람에게 어떻게 행하였음과 내가 어떻게 독수리 날개로 너희를 업어 내게로 인도하였음을 너희가 보았느니라. 세계가 다 내게 속하였나니 너희가 내 말을 잘 듣고 내 언약을 지키면 너희는 모든 민족 중에서 내 소유가 되겠고 너희가 내게 대하여 **제사장 나라**가 되며 거룩한 백성이 되리라. 너는 이 말을 이스라엘 자손에게 전할지니라(출 19:4-6).

그러나 아담과 하와처럼, 창세기 4-11장에서 모든 것을 망쳐놓은 사람들처럼, 이스라엘 역시 제사장의 나라가 되는 데 실패한다. 그래서 하나님은 다른 길을 그리시며, 내키지 않으셨던 것처럼 보이기도 했지만 (왜냐하면 하나님 한 분만이 왕이시기 때문에) 그것을 사무엘-사울로, 하지만 훨씬 더 중요하게는 다윗에게로 좁히신다. 다윗은 그럭저럭 괜찮았지만 솔로몬에 이르러서는 상황이 금세 엉망진창이 되고 만다. 이스라엘의 왕과 제사장 이야기는 아쉬움과 안타까움으로 점철되었지만, 결국 이스라엘의 실패로 인해 하나님은 이스라엘의 참된 대표자이신 예수님을 보내신다.

예수님이 메시아임을 받아들여야만 이 이야기를 이해할 수 있는 것은 바로 이런 방식을 통해서다. 그리고 마침내 복음을 이해할 수 있는 것도 바로 이런 방식을 통해서다. 예수님은 메시아이실 뿐만 아니라, 신약성경에서 거듭 말하고 있듯이 하나님의 참된 이콘이시다. 사도들은 하나님이 아담에게 주신 임무, 아브라함과 이스라엘, 모세, 그리고 다윗에게 넘겨진 이 임무가 이제는 예수님께로 넘겨졌으며 그분에 의해 완벽히 성취되었다고 우리에게 말한다. 아래에서 인용할 세 가지 본문은 모두 복음을 심오하게 표현한 구절, 다시 말해 이콘이자 메시아이시며 만유의 주님이신 예수 그리스도에 관한 복음을 제시하는 구절이다. 첫 번째 본문은 빌립보서 2:6-11이다. 이 구절에서는 이스라엘 이야기 전체가 만유의 주님이시며 하나님의 이콘이신 예수님 이야기로 이어진다고 말한다.

그는 근본 하나님의 본체시나

하나님과 동등됨을 취할 것으로 여기지 아니하시고,

오히려 자기를 비워

종의 형체를 가지사

사람들과 같이 되셨고,

사람의 모양으로 나타나사

자기를 낮추시고

죽기까지 복종하셨으니

곧 십자가에 죽으심이라!

이러므로 하나님이 그를 지극히 높여

모든 이름 위에 뛰어난 이름을 주사

하늘에 있는 자들과 땅에 있는 자들과 땅 아래에 있는 자들로

모든 무릎을 예수의 이름에 꿇게 하시고,

모든 입으로 **예수 그리스도를 주라** 시인하여

하나님 아버지께 영광을 돌리게 하셨느니라.

또한 골로새서 1:15-20에서도 이콘이신 예수님과 만유의 주님이신 예수님에 관해 이야기한다.

그는 보이지 아니하는 하나님의 **형상**이시오 모든 피조물보다 먼저 나신 이시니, 만물이 그에게서 창조되되 하늘과 땅에서 보이는 것들과 보이지 않는 것들과 혹은 왕권들이나 주권들이나 통치자들이나 권세들이나 **만물이 다 그로 말미암고 그를 위하여 창조되었고,** 또한 그가

만물보다 먼저 계시고 **만물이 그 안에 함께 섰느니라.** 그는 몸인 **교회의 머리시라.** 그가 근본이시요 죽은 자들 가운데서 먼저 나신 이시니, 이는 친히 만물의 으뜸이 되려 하심이요. 아버지께서는 **모든 충만으로 예수 안에 거하게 하시고** 그의 십자가의 피로 화평을 이루사 만물 곧 땅에 있는 것들이나 하늘에 있는 것들이 그로 말미암아 자기와 화목하게 되기를 기뻐하심이라.

그리고 고린도후서 3:18-4:6에서도 하나님의 형상이신 예수님이 하나님의 영광을 드러내시며, 성령이 우리 안에서 일하시며 우리를 주님이신 예수 그리스도의 이콘의 형상으로 변화시킨다고 말한다.

우리가 다 수건을 벗은 얼굴로 거울을 보는 것같이 **주의 영광을** 보매, 그와 같은 **형상으로 변화하여 영광에서 영광에 이르니** 곧 주의 영으로 말미암음이니라.

그러므로 우리가 이 직분을 받아 긍휼하심을 입은 대로 낙심하지 아니하고 이에 숨은 부끄러움의 일을 버리고 속임으로 행하지 아니하며 하나님의 말씀을 혼잡하게 하지 아니하고 오직 진리를 나타냄으로 하나님 앞에서 각 사람의 양심에 대하여 스스로 추천하노라. 만일 우리의 복음이 가리었으면 망하는 자들에게 가리어진 것이라. 그중에 이 세상의 신이 믿지 아니하는 자들의 마음을 혼미하게 하여 그리스도의 영광의 복음의 광채가 비치지 못하게 함이니 그리스도는 **하나님의 형상**이니라. 우리는 우리를 전파하는 것이 아니라 오직 **그리스도 예수의 주**

되신 것과 또 예수를 위하여 우리가 너희의 종 된 것을 전파함이라. 어두운 데에 빛이 비치라 말씀하셨던 그 하나님께서 **예수 그리스도의 얼굴에 있는 하나님의 영광**을 아는 빛을 우리 마음에 비추셨느니라.

복음을 제시하는 이 중요한 본문이 얼마나 자주 우리를 메시아이시며 주님이신, 높이 들리신 예수님을 바라보는 영광으로 초대하고 있는지 보라. 이 구절들을 통해 복음 이야기의 핵심 주제는 왕이신 예수님, 자기 아들을 보내셔서 왕이신 예수님이 '되게' 하신 하나님임이 분명해진다.

여기서 한 구절만 더 짚고 넘어가고자 한다. 이 구절에서는 오직 예수님만이 메시아와 왕으로서의 임무를 완벽히 성취하셨다고 말하면서, **놀랍게도 그 임무를 우리—하나님의 백성—에게 다시 부여한다.** 요한계시록 5:9-10과 20:6이다.

> 그들이 새 노래를 불러 이르되
> "두루마리를 가지시고
> 그 인봉을 떼기에 합당하시도다.
> 일찍이 죽임을 당하사
> 각 족속과 방언과 백성과 나라 가운데에서
> 사람들을 피로 사서 하나님께 드리시고,
> **그들로 우리 하나님 앞에서 나라와 제사장들을 삼으셨으니**
> **그들이 땅에서 왕 노릇 하리로다"** 하더라.

예수 왕의 복음

이 첫째 부활에 참여하는 자들은 복이 있고 거룩하도다. 둘째 사망이 그들을 다스리는 권세가 없고, 도리어 그들이 하나님과 그리스도의 제사장이 되어 천 년 동안 그리스도와 더불어 왕 노릇 하리라.

예수님이 메시아이시며 주님이시고 왕이시라는 고백은 성경에서 부차적인 문제가 아니다. 이것은 성경의 핵심이며, 복음은 예수님이 그 메시아, 그 주님, 그 왕이시라는 복된 소식이다. 우리는 그분의 백성이다. 성경에서 거듭 제기하는 물음은 이것이다. '누가 이 우주적 성전의 참된 주님이신가?' 마침내 예수님에 이를 때까지 이스라엘 이야기는 이 물음에 답하고자 했다. 그리고 그 답은 마침표가 아닌 느낌표로 끝난다. 예수님이 메시아이시며 주님이시다!

그렇다. 문제는 우리의 죄다. 그렇다. 우리는 죄인 됨과 우리의 죄를 용서받아야 한다. 그 죄와 용서는 왕으로서의 우리의 임무, 제사장으로서의 우리의 책임, 하나님의 일을 찬탈하여 우리 것으로 삼고자 했던 우리의 사나웠던, 그러나 실패할 수밖에 없었던 시도와 연결되어 있다. 보좌에 앉을 자격이 있는 유일한 분은 왕이신 예수님이시다.

이 비교의 핵심을 요약하자면 이렇다. 복음전도는 예수님이 바로 그 참된 주님이시라고 선언한다. 복음전도는 사람들로 하여금 그들의 우상숭배에서 돌이켜 구원하시는 이 주님의 통치 아래에서 살아갈 것을 촉구한다. 그리고 복음전도는 우리에게 우리의 주님이신 예수님 아래에서 그분과 함께 중재하고 함께 다스리는 임무를 맡을 것을 권한다. 구원주의자들이 그러하듯 복음을 개인적 구원에 불과한 것으로 축소시킬 때, 우리는 복음의 구조를 성경 이야기로부터 분리시키고 결국 성경이 더 이상 필요 없다고 생각하게 된다. 나는 이렇게 말할 수밖에 없다.

비교 5: 복음과 제국

이 논점은 앞의 논점과 직접적으로 연결된다. 오늘날 사도적 복음과 초기 기독교의 반제국적 경향에 관한 논의가 많이 이루어지고 있다. 톰 라이트와 리처드 호슬리Richard Horsley 같은 권위 있는 학자들 중 몇몇이 이 주제를 연구할 뿐만 아니라 랍 벨Rob Bell 같은 유명한 설교가도 그의 「누마」Nooma 시리즈 중 '당신'You이라는 제목의 비디오에서 이 주제를 다루었다. 이러한 접근 방식의 공통점은, 사도들의 메시지에 담긴 실마리와 단서를 통해 그 행간을 읽어내고 역사적 맥락을 고려할 때, 만약 예수님이 주님이시라면 카이사르는 그렇지 않다는 것이 사도들의 주장이라는 것이다! 오늘날 일부 학자들은 예수님에 관한 이러한 주장 중 일부는 카이사르가 신적이며 숭배의 대상이라는 로마인들의 주장을 의식적으로 그리고 명백히 겨냥했다고 말한다. 다시 말해서, 초대교회 성도들은 대안적인 정치를 통해 제국을 전복하기 원했다는 것이다.

이런 주장을 어떻게 이해해야 할까? 예수님이 주님이시라는 복음의 선언 안에 카이사르는 그렇지 않다는 함의가 포함된다는 점은 누구도 부인하지 않을 것임을 명심하자. 여기서 문제는 이러한 반제국적 주제가 초대교회 성도들의 복음전도에서 얼마나 **의식적이고 노골**

예수 왕의 복음

적이며 의도적으로 나타났는가다.

　이 접근법은 예수님을 주님으로 선언하는 것이 무엇을 의미하는 가와 관련해 우리에게 중요한 무언가를 말해준다. 그러나 이 반제국 적 주제가 얼마나 공공연히 드러났는가에 대한 결론을 내리기에 앞서 경고의 깃발을 흔들 필요가 있다. 첫째, 만약 바울이 그가 편지를 보낸 모든 교회들 중에서 특별히 로마인들에게 편지를 보내면서 그들이 황 제에게 복종해야 하며, 황제에게 반역하는 사람은 하나님께 반역하는 것이라고 말했다면(롬 13:1-7), 나로서는 그가 자신의 복음에 뚜렷한 반제국적 성향을 부여했다고 생각하기가 어렵다. 더 나아가 사도행전 에 기록된 베드로나 바울의 설교에는 황제 숭배에 대한 공개적인 비 판이 담겨 있지 않다.

　그럼에도 베드로와 바울이 예수님의 죽음과 관련하여 성전 체제 를 비판한 것은 반제국주의라고 주장할 수 있다. 그에 더해 사도행전 14:15-17에 나타난 바울의 우상숭배 비판은 황제 숭배를 겨냥했을 수 도 있으며, 우상의 문제를 제기한 아레오바고 연설은 우상을 숭배하 던 로마인들에게 복음을 반제국적 관점에서 적용했다는 주장을 뒷받 침해준다. 카이사르와 메시아, 이 중 한 사람은 로마의 왕좌에 앉아 있 고, 다른 한 사람은 예루살렘에서 십자가에 달렸다. 그렇다. 이 둘은 서로 대립한다. 그렇다. 예수님이 주님이시라는 주장은 로마의 황제 숭배의 핵심을 공격한다.

　그레이엄 스탠턴 G. N. Stanton 은 이 책의 핵심어인 **복음**이라는 말의 반 제국주의적인 사회적 맥락의 가능성을 추적해왔다. 그리스도인들이 복음이라는 말을 공개적으로 사용하기 시작했을 때, 거의 동시에 유대 사회와 로마 세계에서 대단히 중요한 무언가가 일어나고 있었다고 그는 결론 내린다. 나는 여기서 스탠턴의 세련된 글을 직접 인용하고자 한다.[77]

예루살렘과 안디옥에서, 혹은 예루살렘이나 안디옥에서 그리스어를 사용하는 그리스도인인 유대인들이 예수 그리스도에 관한 하나님의 기쁜 소식을 선포하는 행위와 그 선포의 내용을 가리키기 위해 '복음'이라는 명사를 단수형으로 아마도 처음으로 사용하기 시작했을 때, 칼리굴라는 예루살렘 성전에 자신의 조각상을 세우라고 명령했다. 많은 신민이 그를 '구원자이며 보호자*benefactor*'로 여겼다. 그의 즉위는 '좋은 소식'으로, 새로운 시대의 여명을 여는 소식으로 환영받았지만, 그의 기괴한 행동은 이런 찬사를 무색하게 했다. 따라서 매우 이른 시기부터 그리스도인들이 복음이라는 말을 사용한 것이 황제 숭배와 연관된 이야기에 대항하는 이야기를 만들어냈을지도 모른다.

그렇다. 스탠턴의 설명은 그럴듯하다. 예수님의 주 되심은 로마 황제 숭배를 비롯해 하나님이 되고자 하는 모든 우상과 모든 것을 파괴한다. 그렇다. 사도행전 10장에서 베드로가 복음을 전할 때 "화평"과 "만유의 주", "선한 일을 행하심"으로 번역되는 보호자*benefactor*와 같은 용어를 사용해 예수님을 지칭하기 때문에, 이런 용어를 사용함으로써 황제 숭배를 교묘히 공격하려는 의도는 없었는지 생각해보아야 한다. 이 모든 것이 카이사르가 아닌 예수님을 통해 우리에게 찾아왔다고 베드로가 (간접적으로 그리고 조용히) 주장하고 있다고 말할 수도 있다. 나는 이 문제에 있어 마이클 버드^{Michael Bird}의 말에 동의한다. "네로가 그리스도인들을 사자 우리에 던진 것은 그들이 '예수님은 내 마음의 주님이시다'라고 고백했기 때문이 아니다. 그것은 그들이 '예수님은 만유의 주님이시다'라고 고백했으며, 이는 카이사르가 자신의 절대 권력의 영역이라고 주장하는 곳에서도 예수님이 주님이시라는 뜻이기 때문이다."[78]

그러나 일부 학자는 예수님과 사도들이 선포한 기독교 복음 안에는 훨씬 더 의식적이고 전복적인 무언가가 있다고 생각한다. 나는 개인적으로 이런 생각들이 진실이기를 바라지만, 일부에서 주장하는 것처럼 사도들이 의식적으로 반제국주의적인 메시지를 선포했다고 생각하지는 않는다. 그저 사도들이 그렇게 말했으면 하고 바란다. 베드로와 바울이 누군가를, 특히 카이사르와 같은 이교 통치자를 두려워했다는 말이 아니다. 사도행전을 기록한 누가는, 사도 바울이 '예수님이 주님이시며 그분이 하나님 나라의 주님이심'을 계속해서 선포했다고 말한다.[79] 복음을 선포한다는 것은 카이사르─이런 군주가 자신을 어떤 식으로 포장하든지─가 주가 아니라고 말하는 것을 포함한다. 그러나 복음 자체에 전복적인 의도가 포함되어 있다고 주장하는 것은 증거를 넘어서는 확대 해석이다.

비교 6: 예수님에 관한 이야기

우리의 마지막 여섯 번째 비교는 이것이다. 사도들은 예수님 이야기를 함으로써 복음을 전했다. 복음을 선포하거나 전도하고자 할 때 우리는 개인이 구원받는 방법을 이야기하는 경향이 있다. 예수님 이야기와 구원 계획 사이에는 중대한 차이가 존재하며, 이 차이점은 이 책에 허락된 공간 안에서 충분히 논의할 수 없다.

첫째, 우리는 복음전도의 표적을 오직 하나로만 축소하는 경향이 있다. 즉, 복음전도에서 죄인의 마음만 겨냥하려 한다. 복음주의의 초점은 개인에게, 그리고 그 사람이 자신이 죄인임을 인정하고 예수 그리스도를 구원자이자 죄의 문제에 대한 해결책으로 받아들이게 하는 데 있다. 달라스 윌라드의 말처럼 우리의 복음은 죄를 어떻게 관리할 것인가의 문제가 되고 만다.[80] 그러나 사도적 복음은 죄 관리의 복음으로 축소될 수 없는데, 그것은 (죄와 죽음에 대한 승리를 포함하는) 예수님을 선포하는 복음이었기 때문이다.

오해하지 마라. 사도적 복음은 죄 사함의 약속을 포함한다. 그러나 이 복음은 예수님에 관한 (구원의) 이야기를 통해서 이런 약속을 한 것이다. 나는 사도행전 2:37에서 누가가 베드로의 첫 번째 복음 설교에 대한 예루살렘 사람들의 반응을 묘사하는 부분을 읽을 때마다 깜짝 놀란다. "그들이 이 말[이스라엘 이야기가 예수님 이야기 안에서 성취되었다는 복음]을 듣고 **마음에 찔려** 베드로와 다른 사도들에게 물어 이르되, '형제들아 우리가 어찌할꼬?' 하거늘." 그 함의는 명백하다. 예

예수 왕의 복음

수님 이야기를 할 때 하나님이 기름을 부으셔서 예수님 이야기를 듣는 사람으로 하여금 자신의 죄를 깨닫게 하신다는 것이다. 베드로는 그들이 예수님을 십자가에 못 박았다고, 혹은 그들이 이 끔찍한 일에 연루되었다고 지적한다. 그러나 베드로는 그들의 죄가 아닌 예수님께 집중한다. 예수님 이야기는 그들의 죄를 자각하게 하고 예수님이 그들의 메시아와 주님, 구원자가 되셔야 함을 일깨워준다.

둘째로, 오늘날 많은 이들이 묻는 질문은 우리의 복음 안에 예수님이 충분히 담겨 있지 않음을 드러낸다. 그 질문은 이렇다. 예수님은 복음을 선포하셨는가? 만약 복음서가 복음을 선포했는지 잠시라도 의문을 품는다면, 우리는 사도적 복음으로부터 멀어지는 셈이다. 왜 그러한가? 마가의 책을 (아마도 마태의 책 역시) '복음'이라고 처음 부른 것은 바로 사도들이었다. 왜 그러한가? 복음은 이스라엘 이야기가 예수님 이야기 안에서 성취되었다는 소식이며, 복음서는 바로 이를 증언하고 있기 때문이다. 그러나 만약 우리가 이렇게 묻는다면 그것은 우리가 구원주의적 형식으로 축소된 구원 계획의 복음을 유일한 복음으로 받아들이고 있기 때문일 것이다.

우리는 예수님에 대해 더 많이 이야기해야 하며, 전도의 두려움에 대해서라면 다른 이들에게 예수님에 대해 이야기하는 것만으로도 절반의 승리를 거두는 것임을 알아야 한다. 사도적 방식으로 복음에 접근하는 방법을 배우는 것만으로도 우리의 복음전도를 개선할 수 있다. 이것은 쉬운 부분이다. 어려운 부분은 우리의 축소된 구원 문화를 확장하는 (그리고 대체하는) 복음의 문화를 만들어내는 것이다. 마지막 장에서는 이와 관련해 몇 가지 제안을 하고자 한다.

10장

복음의 문화
만들기

비가 내리고 있었다.

그곳은 아일랜드였다.

예상한 일이었으며 문제 될 것은 없었다. 월요일 아침, 아내 크리스와 나는 우리의 친구인 패트릭의 차 안에 있었다. 우리는 더블린에서 출발해 북쪽에 있는 뉴그레인지Newgrange라는 곳으로 향하고 있었다. 나는 아일랜드에서 해야 할 강연과 대담, 설교 준비로 바빠서 우리가 무엇을 보러 그곳에 가는지도 몰랐다. 크리스는 가족을 위해 그런 것들을 챙기기 때문에 알고 있었다. 그날 아침 크리스는 우리가 '어떤 묘지'를 볼 것이라고 말했다. 이날 내렸던 비가 시의적절했다는 말을 내가 했던가?

약 5천 년 전 한 무리의 사람들이 유명한 보인 강River Boyne에서 가깝고 아일랜드의 동부 해안으로부터 그리 멀지 않은 곳에, 무덤처럼 보이는 인공 둔덕에 이르는 통로를 건설했다. 우리는 그것을 보러 가는 길이었다. 그곳에 있는 안내소에서 앤디와 루이즈 부부 그리고 린다를 만났다. 우리는 버스를 타고 무덤으로 이동해 그곳을 둘러보았다. 고고학자인 앤디가 전문가로서 그 유적지를 안내해주었다. 야구장 절반 정도 크기의 이 무덤은 원래 원뿔 모양의 매장지였다.

뉴그레인지 무덤은 두 가지가 인상적이었다. 첫째는 이 무덤을 건설한 사람들의 창의력이다. 우리는 좁고 긴 통로를 따라 그곳에 들어갔는데, 우리 위에 또 하나의 '통로'가 있었다. 나중에 상층의 통로는 햇빛만을 위한 것이라는 말을 들었다. 놀랍게도 1년에 하루 (비가 내리지 않는다면!) 동짓날 햇빛이 상층 통로를 통해 무덤 한가운데까지 비치고, 그래서 아침 햇살이 무덤의 가장 안쪽까지 전해진다. (이 무덤이 5천 년 전에 지어졌다는 사실을 기억하라. 당시 이런 통로를 갖춘 무덤을 건설할 수 있는 지식과 기술, 인력이 있었다는 점은 여전히 놀랍기만 하다.)

그러나 가장 놀라웠던 점은 이 통로 무덤이 무엇을 의미하는지를 아무도 모른다는 것이다. 당시 이 지역의 주민에 대한 기록이 전혀 없고, 이 무덤을 지은 목적에 관한 문서도 전혀 없다. 내실로 통하는 두 개의 통로가 있으며, 거대한 돌에는 나선 세 개가 얽혀 있는 트리스킬 triskele 비슷한 무늬가 새겨져 있다. 우리에게 주어진 정보는 이것이 전부다. 어떤 이들은 이 나선이 추상적인 예술 작품이라고 하고, 또 어떤 이들은 더 중요한 무언가를 상징한다고 생각한다. 그러나 고고학자인 앤디와 함께 유적지를 둘러보면서 우리는 여러 번 그의 반응에 놀랐다. 나는 그에게 우리가 본 것에 관해 몇 차례 물어보았지만, 그의 대

예수 왕의 복음

답은 동일했다. "우리는 모른다. 가설들은 있지만 확실한 것은 아무도 모른다."

내가 말하고자 하는 바는 이것이다. 우리에게는 약 5천 년 전 인류가 이룬 경이로운 성취를 보여주는 유적이 있다. 그러나 **이 놀라운 건축물을 해석할 문서 기록이 없기 때문에 그것이 무엇을 의미하는지 아무도 알지 못한다.**

뉴그레인지를 다 둘러본 후 우리는 점심 식사를 했다. 아직 비가 내리고 있었다. 아일랜드였으니 예상했던 바였다. 다음 행선지는 몇 킬로미터 떨어져 있는 모나스터보이스Monasterboice라는 5세기 말의 수도원이었다. 그곳에는 아일랜드의 '십자가 입상'high cross 두 개가 있으며, 그중 하나는 아일랜드에서 가장 정교한 십자가, 주후 900년경에 만들어진 약 5.4미터 높이의 뮈르닥 십자가Muiredach's Cross다. 이 십자가는 석조 십자가의 수평 구조물을 떠받치는 켈트식 고리로 유명할 뿐만 아니라 십자가 표면 전체에 작은 조각상이 조각되어 있다. 십자가 꼭대기에는 교회 건물 모형이 새겨져 있으며, 십자가의 나머지 부분에도 성경 이야기 속의 중요한 사건을 표현한 작품들이 조각되어 있다. 십자가 한 가운데에는 그리스도의 최후 심판 장면―오른쪽에 있는 사람들은 천국으로, 왼쪽에 있는 사람들은 지옥으로 보내진다―이 있다. 아담과 하와의 범죄, 바위를 치는 모세를 비롯해 수많은 장면이 여기에 새겨져 있다.

우리가 말하고자 하는 바는 이것이다. 우리에게는 십자가가 있다. 십자가 자체는 뉴그레인지가 무엇을 의미하는지 아무도 모르는 것처럼 단순히 처형의 상징물에 불과하며 구체적으로 무엇을 뜻하는지도 알기 어렵다. 그러나 십자가 전체에 성경의 장면들이 새겨져 있기 때문에, 십자가 위에서 성경 이야기가 예수님 이야기를 통해 완성되기 때문에, **우리는 이 고고학적 유물이 무엇을 뜻하는지 알 수 있다.** 때로는 우리의 해석이 텍스트를 묻어버린다는 니체^{Nietzsche}의 말이 맞을지도 모른다. 그러나 **해석이 없다면 이 '십자가라는 텍스트'는 아무런 의미가 없다.** 이 십자가(텍스트)는 뉴그레인지의 통로 무덤(또 다른 텍스트)과 달리 해석이 되어 있고, 그러므로 우리는 그것이 무엇을 뜻하는지 알 수 있다.

이 두 가지 사실을 통해 우리는 이런 결론을 내릴 수 있다. **복음은 생명의 이야기에 대한 예수님과 사도들의 해석이다.** 복음은 생명에 이르는 비밀이고 진리와 생명에 이르는 길이다. 복음의 문화를 건설하고자 한다면 우리는 이 복음을 알아야 한다. 따라서 이 책을 마무리하면서 나는 이 두 가지 사상―복음과 복음의 문화―에 대해 살펴보고자 한다.

복음의 골자

이제 앞 장에서 시도했던 것보다 더 종합적으로 복음 전체를 요약해보고자 한다. 복음을 네 가지 요점으로 축소시키는 것은 불가능하며, 1, 2분 만에 간추려 설명하는 것도 불가능하다. 복음을 파악하기 위해서는 하나님이 이 세상에서 무슨 일을 하고 계신지를 파악해야 하며 그렇게 하기 위해서는 이야기를 해야만 한다.

휘튼 대학에서 영향력 있는 (그리고 도발적인) 교수 중 하나였던 로버트 웨버Robert Webber에 관한 이야기를 들은 적이 있다. 어느 날 그가 자신의 집 지하실에 있는데 누군가 찾아와 복음을 설명해달라고 부탁했다. 그는 그 사람에게 이렇게 물었다. "한 시간을 낼 수 있나요?" 그래서 그는 한 시간 동안 창조에서 최종적 성취에 이르는 위대한 복음을 설명했다.[81] 여기서는 한 시간까지 걸리지는 않을 것이다. 하지만 여기서 이 이야기를 하는 까닭은, 복음을 카드 한 장—혹은 냅킨 한 장—에 축소할 수 있다고 생각하는 사람들은 이미 잘못된 길로 접어들었음을 강조하기 위해서다. 그 이야기는 이렇다.

태초에 하나님이 계셨다. 태초에 하나님은 우리가 보는 모든 것과 우리가 아직 보지 못하는 것들을 창조하셨다. 태초에 하나님은 존재하던 것을 우주적인 성전으로 변화시키셨다. 태초에 하나님은 두 이콘, 아담과 하와를 만드셨다. 태초에 하나님은 아담과 하와에게 하나의 단순한 임무, 즉 하나님을 대신해 이 세상을 다스리는 임무를 주셨다.

하지만 아담과 하와는 마음을 바꿔 하나님의 특권을 찬탈했다. 그들은 이 세상에서 하나님의 지배권을 찬탈했으며, 하나님의 말씀을 듣는 대신 뱀과 자신의 말을 들었고 에덴에서 하나님과 더불어 다스릴 기회를 망쳐버렸다. 어두웠던 한 순간 이콘들은 하나님처럼 행동했다. 그래서 하나님은 그들을 에덴에서 추방하셨고, 우리가 지금 알고 있는 이 세상으로 내쫓으셨다. 하나님은 그분의 이콘들이 그분과 함께 이 세상을 다스릴 수 있는 다른 방법을 찾으실 것이다.

슬프게도 아담과 하와의 후손 역시 다 그들과 같았다. 우리 모두가 하나님의 특권을 찬탈하려는 사람들이다. 우리 모두가 하나님 아래에서 하나님보다 아래에 있는 지배자로서가 아니라, 신들과 여신들로서 다스리고 싶어 한다. 하나님은 아담과 하와의 자손에게 모든 것을 바로잡을 수 있는 기회를 주셨지만, 그들은 하나님을 대신해 다스릴 수 있는 기회를 망쳐버린 찬탈의 악몽 속으로 뛰어들고 말았다. 그러나 하나님은 은혜로우시다. 에덴에서 아담과 하와가 찬탈을 시도한 뒤에도 그들에게 새로운 기회를 주셨듯이, 하나님은 모든 후손에게 더 많은 기회를 주셨다. 후손들은 계속해서 하나님의 특권을 찬탈하려고 했다. 아담과 하와의 찬탈을 새로운 차원으로 끌어올린 바벨탑 사건 이후 하나님은 이 땅 위에 그분의 통치를 세우기 위해 다른 길을 택하셨다. 어떻게 하셨는가?

하나님은 아브라함을 택하셨다. 그런 다음 이스라엘을 택하셨다. 하나님은 이스라엘에게 다스리는 책무를 부여하려고 하셨다. 그래서 하나님은 자신과 아브라함, 이스라엘 사이에 언약, 곧 영원한 구속의 언약을 맺으셨다. 하나님은 이스라엘의 편에 서서 그들과 함께 있겠다고 약속하셨고 아담과 하와에게 주신 다스림의 임무를 아브라함과 이스라엘에게 넘겨주셨다. 최초의 이콘들이 하나님을 대신해 이 세상을 다스려야 했던 것처럼, 아브라함과 이스라엘은 열방을 축복해야 했다. 그들은 이 일을 잘할 때도 있었고, 다른 찬탈자들처럼 자기 마음대로 행할 때도 있었다.

하나님은 하나님의 택하신 백성이 이집트에서 노예로 살 때도 그들과 함께 계셨다. 하나님은 그들의 편이 되셨으며, 모세의 손을 통해 그들을 이집트로부터 해방시키셨다. 하나님은 그들이 제사장 나라로서 올바르게 살기를 원하셨다. 그래서 그들에게 토라를 주셨고 시내 산에서 이스라엘과의 언약을 갱신하셨다. 이 토라가 이스라엘 땅에서 그들을 다스려야 했다. 만약 그들이 토라의 다스림을 받는다면 그들은 번영하고 열방을 축복할 수 있을 터였다. 그러나 그들은 하나님의 선한 토라의 지배를 받으려 하지 않았기 때문에 실패하고 말았다. 두 번째 계획도 성공적이지 못했다.

이스라엘이 다른 나라들처럼 왕을 요구했을 때 하나님은 처음에는 주저하셨지만, 결국 찬탈자들이 원하는 바, 즉 인간 왕을 허락하셨다. 그러나 하나님은 그분의 신비로운 은혜로, 왕에 대한 그들의 열망을 사용하시기로 하셨고, 이스라엘 열왕 중 하나로 다윗을 세우셨는데, 그는 하나님이 그들에게 보내기를 원하시는 부류의 왕이었다. 이것은 하나님을 대신하는 통치의 세 번째 형태였다. 그러나 다윗은 아담과 하와의 후손이었으며, 그 역시 찬탈자가 되어 왕으로서의 지배를 망치고 말았다. 그는 훨씬 더 심하게 망쳐버린 사람, 즉 솔로몬에게 왕좌를 물려주었다. 때로는 좋은 왕이, 때로는 나쁜 왕이 계속해서 하나님의 백성 이스라엘과 유다를 다스렸다. 그러나 그들도 다 찬탈자일 뿐이었다. 그래서 하나님은 예언자들을 보내 그들에게 유일한 통치자, 유일한 참된 왕, 유일한 한 분 하나님—그리고 그분의 이름은 야웨였다—이 있다고 경고하게 하셨다.

어떤 경우에는 하나님이 백성의 주의를 집중시키기 위해 이스라엘을 징계하셔야 했고, 바벨론 유수처럼 때로는 그분의 징계가 효과가 있었다. 그 사건으로 인해 고향으로 돌아온 이들 사이에서 영적 부흥이 일어나기도 했던 것이다. 그러나 이 부흥 역시 시들해지고 만다. 그들 모두가 찬탈자였기 때문이다. 그들은 자신들이 약속의 땅뿐만 아니라 세상을 다스려야 함을 알고 있었을지도 모른다. 그러나 그들은 그 땅을 다스리는 것만으로도 너무나 힘에 겨워서 하나님을 대신해 세상을 다스리는 것은—이사야 같은 예언자들이 시적 상상력을 발휘했던 짧은 순간을 제외하면—꿈조차 꾸지 못했다. 불과 몇 세기 만에 이스라엘은 하나님이 아담과 하와에게 주셨던 임무, 곧 세상을 축복하는 제사장 나라가 되어야 할 임무를 망각한 것처럼 보였다.

긴 침묵의 시간이 흐른 후 하나님은 마지막 계획을 실행에 옮기셨고 갑자기 하나님은 후손이면서 후손이 아닌 누군가, 찬탈자로서가 아니라 올바르게 다스리실 누군가와 더불어 역사 안으로 파고들어 오셨다. 하나님은 마리아와 요셉을 통해 이스라엘에게 예수님을 보내셨고, 천사를 통해 마리아에게 그의 아들 예수가 언젠가 메시아로서 하나님을 대신해 다스릴 것이라고 말씀하셨다.

예수님은 하나님이 자신에게 하라고 하신 바로 그 일을 하셨지만, 그럼에도 이스라엘과 이스라엘 주위의 이방인들은 그분을 메시아로 영접하지 않았다. (이 이야기는 우리 모두가 찬탈자이며 누군가가 우리에게 무엇이 최선인지 말해주기를 우리 스스로가 원치 않음을 일관되게 보여준다.) 예수님은 어디를 가든지 선을 행한다고 알려진 분이셨지만, 그분은 사람들을 고치시고 모든 종류의 문제로부터 그들을 구해주셨지만,

그분은 찬탈하려는 사람에서 사랑하는 사람이 된, 용서받고 구원받고 치유받고 다시 새롭게 된 사람들을 식탁으로 초대하셨지만, 후손들─로마인과 유대인 모두─은 그분을 처형시키는 것이 낫겠다는 결정을 내렸다. 그들은 자신들이 찬탈한 권력을 그분이 해체하실까 두려웠다. 그래서 그들은 예루살렘 밖 골고다에서 그분을 벌거벗겨 십자가에 못 박음으로써 가장 치욕적인 방식으로 그분을 죽였다. 찬탈자들은 권력을 지켰고, 후손들은 자신의 가장 밑바닥까지 내려갔다.

찬탈자와 후손들이 몰랐던 바는 예수님이 실제로 그들의 찬탈 안으로 들어오셔서 그들이 자신의 죄 때문에 마땅히 죽어야 할 죽음을 대신 당하셨다는 것이다. 그분은 그들의 죽음을 죽으셨으며, 그들의 죄와 그 죄로 인한 처벌을 짊어지셨고, 모든 죄에 대한 하나님의 의로 우신 진노를 흡수하셨다. 그들이 몰랐던 바는 하나님이 그들의 찬탈과 죽음을 역전시켜 모든 것을 다시 시작하실 수 있다는 것이다. 그들이 몰랐던 바는 종으로서 이렇게 죽는 것이 살 수 있는 유일한 길, 이 세상에서 평화를 이루는 유일한 길이었다는 것이다. 그들이 몰랐던 바는, 십자가가 면류관이며 권력은 내려놓을 때만 생겨난다는 것이다. 그들은 이것을 몰랐다. 아무도 몰랐다. 가장 가까이에서 예수님을 따랐던 이들조차도 몰랐다. 찬탈자들이 몰랐던 바는, 그들이 대안적인 왕국을 이끌고 오실 왕이신 예수님을 만났다는 것이다.

세상을 완전히 새롭게 시작하기 위해 아담과 하와에게 은혜롭게 또 다른 기회를 주셨던 하나님, 이집트의 압제로부터 이스라엘을 구해주셨던 하나님, 이스라엘이 바벨론으로부터 귀환할 수 있게 하셨던 하나님, 바로 그 하나님—야웨, 예수 그리스도의 아버지—은 다시 한 번 역사의 정상적 범주를 갑자기 무너뜨리셨다. 그분은 죽음의 지배를 끝내기 위해, 찬탈자들이 최종적 결정권을 가지고 있지 않음을 증명하기 위해, 후손들이 완전히 새로운 (피조물) 혈통을 지닐 수 있음을 보여주기 위해 예수님을 다시 살리셨다. 이를 분명히 하기 위해 예수님은 수많은 후손에게 나타나셨고, 그 후에 하나님의 임재 속으로 들어올려지셨다.

이 이야기를 통해 찬탈자들이 가장 두려워하는 것은 하나님의 하나님 되심이지만 역설적이게도 찬탈자들이 가장 원하는 것 역시 하나님의 하나님 되심이고, 예수님이 바로 그 하나님이며, 그렇기 때문에 메시아이자 주님이신 예수님이 복음임을 알 수 있다. 이 땅에 필요했던 그 왕이 마침내 우리에게 오셨다. 그분은 높이 들리셔서 세상을 다스리신다. 메시아로서 유대인들을 다스리실 뿐만 아니라 주님으로서 이방인들을 다스리신다. 그리고 그분은 모든 사람에게 용서와 자비, 평화, 은혜, 변화의 통치를 받아들이라고 촉구하셨다. 만약 사람들이 그분께 돌이키기만 하면, 그들은 용서받고 그들의 찬탈 행위는 영원히 기억되지 않을 것이다. 이 새로운 공동체, 하나님 나라 공동체, 교회 공동체를 만들기 위해 예수님은 자신의 백성에게 성령을 보내셔서 그들에게 능력을 주시고, 찬탈자였던 그들을 하나님의 사랑과 평화, 정의, 거룩을 전하는 종으로 변화시키셨다. 이것은 대안적인 정치, 즉 우리가 가진 모든 것으로 다른 이들을 사랑함으로써 하나님을 대신해 세상을 다스리는 바른 방법이다.

예수 왕의 복음

그리고 바로 이 하나님은 새로운 피조물인 그분의 백성과 함께 모든 것을 다시 새롭게 시작하기로 작정하셨다. 그들에게 두 번째 기회를 주시기로 작정하신 것이다. 이것은 하나님의 은총이라는 위대한 주제를 설명하는 한 방법이다. 그분은 그들을 교회라 불리는 하나님 나라 백성으로 만들기로 작정하셨으며, 예수님을 믿고 하나님의 특권을 찬탈하려는 마음을 버리며 예수님과 같은 마음을 품고 그분의 죽음과 부활에 동참함으로써 새로운 생명을 찾게 하기 위해 그들을 부르셨다. 가장 중요한 점은, 예수님이 참 왕, 참 메시아, 참 이콘, 참 주님이심에도 불구하고 하나님은 아담과 하와에게 주셨던 임무를 예수님의 백성에게 주셨다는 것이다. 그들은 아담과 하와와 같은 이콘이었지만 중요한 차이가 있다. 그들에게는 성령이 있었다. 이 성령은 그들을 예수님의 가시적인 형상으로 변화시키실 수 있다. 그리스도를 닮은 이콘으로서 그들은 이 세상에서 하나님을 대신해 다스리라는 임무를 부여받았다. 그들은 이 이야기를 들음으로써, 이 이야기를 자신의 이야기로 삼고 살아감으로써, 이 이야기를 복된 소식으로 전함으로써 이 임무를 수행한다.

이제 그들은 불완전한 이콘으로서 불완전한 방식으로 불완전한 세상을 다스린다. 그러나 언젠가 완벽한 이콘이 다시 오실 것이며, 그분의 이콘들을 구원하시고 다시 한 번 그들로 하여금 이 세상을 다스리게 하실 것이다. 하지만 이번에는 예수님이 성전이 되실 것이기 때문에 모든 것이 온전할 것이다. 동산은 영원한 도성이 될 것이며, 평화와 사랑, 기쁨, 거룩으로 가득할 것이다. 모든 찬탈자들은 사라지고,

모든 사람이 성령의 능력으로 예수님을 섬기며 하나님 아버지께 영광을 돌릴 것이다. 인간은 예수님의 방식으로 하나님을 대신해 다스릴 것이다.

영원히.

복음의 문화

이것이 복음이다.

다음과 같은 방식으로 이 문화로부터 복음의 문화가 나타난다.

그 이야기의 사람들

첫째, 우리는 그 이야기의 사람들이 되어야 한다. 복음에 관한 강연을 할 때 내가 가장 흔히 접하는 반응은 이것이다. 강연이 끝나면 누군가 나에게 다가와 이렇게 말한다. "스캇, 강연 잘 들었습니다. 강연을 들으면서 나는 처음으로 성경을 처음부터 끝까지 읽어야겠다고 다짐했습니다." 복음의 문화를 이루기 위해 우리는 그 책의 사람들이 되는 것으로부터 시작해야 하고, 성경을 하나의 책이 아니라 우리의 정체성을 규정하는 이야기로 읽어야 한다. 션 글래딩Sean Gladding의 책 『더 스토리』The Story of God, The Story of Us(죠이선교회 역간)는 유익한 출발점이 될 것이다. 그는 성경의 이야기를 간략히 소개한 다음 이 이야기를 어떻게 이해해야 하는지를 설명한다.[82] 바로 이것이 우리가 주장하는 바다. 복음의 핵심은 이스라엘 이야기가 예수님 이야기 안에서 성취되었으며,

예수 왕의 복음

이 이야기를 우리의 이야기로 삼아야 한다는 것이다. 이처럼 이야기에 의해 규정된 복음을 이해하기 위해 우리는 그 이야기의 사람들이 되어야 한다.

예수님 이야기의 사람들

둘째로, 우리는 예수님 이야기에 훨씬 더 많이 몰입해야 한다. 복음은 이스라엘 이야기가 예수님 이야기 안에서 결정적으로 완성되었다는 소식이며, 이는 우리가 예수님 안에서 성취된 그 이야기의 사람들이 되어야 한다는 뜻이다. 예수님 이야기의 사람들이 되는 방법은 하나뿐이다. 우리는 사복음서를 읽고 묵상하고 소화하고 머리와 마음으로 곰곰이 생각함으로써 예수님 이야기에 흠뻑 젖어들어야 한다. 정말로 이 이야기에 젖어들면 언제나 이스라엘 이야기로 돌아가게 된다. 왜냐하면 이스라엘 이야기 안에서만 예수님 이야기를 이해할 수 있기 때문이다.

간단한 예를 들어보자. 마태복음 4:1-11과 누가복음 4:1-13에는 예수님의 시험 이야기가 기록되어 있으며, 마가복음 1:12-13에도 간략히 언급되어 있다. 나는 많은 사람이 예수님이 이런 시험을 당하신 것은 우리에게 시험을 이기는 법을 가르쳐주기 위해서라고 주장하는 것을 들어왔다. 어쩌면 그 말이 맞을지도 모르지만, 그것은―내가 이해하는 한―본문 자체와는 아무런 관계가 없다. 우리는 예수님 이야기의 사람들이 되기 전에 먼저 그 이야기의 사람들이 되어야 한다. 그 이야기의 사람들은 예수님의 시험에 관해 들을 때 (혹은 읽을 때) 두 가지를 연결시킨다. 그들은 먼저 이 이야기를 아담과 하와의 에덴동산에서의 경험과 연결시킨다. 이 두 본문에 뱀과 사탄이 등장하는 것은 두 사건 사이의 연결고리가 된다.

그러나 훨씬 더 강력한 연관성이 존재하며, 바로 이 두 번째 연관성 때문에 이 이야기는 그 이야기의 사람들에게 생생한 이야기가 된다. 이 시험 이야기에서 예수님은 광야에서의 이스라엘의 경험을 인용하신다. 예수님은 신명기 8:3과 6:16, 13을 차례로 인용하신다. 이것은 예수님이 경험하시는 바를 이해하기 위한 '실마리'다. 즉, 그분은 두 번째 광야 경험을 하고 계시는 것이다. 예수님의 시험 이야기는 이스라엘이 40년 동안 시험을 겪었듯이 예수님이 두 번째 이스라엘로서 40일 동안 시험을 겪으셨음을 말해준다. 하지만 여기에는 한 가지 두드러진 복음의 차이점이 존재한다. 이스라엘은 거듭 하나님의 특권을 찬탈하려 했지만 예수님은 순종하셨다. 이에 관해 훨씬 더 많은 말을 할 수 있지만 여기서 그럴 필요는 없다. 내가 주장하고자 하는 바는, 그 이야기의 사람들은 예수님 이야기를 이스라엘 이야기를 성취하는 이야기로 이해한다는 것이다.

우리가 예수님 이야기의 사람들이 되기 위한 또 다른 방법이 있다. 몇몇 독자들은 이에 대해 불편함을 느낄 테지만, 당신의 본능적인 반응에 대해 재고해보기를 권한다. 우리는 교회력을 따르기로 했던 교회의 지혜로운 결정을 이해할 필요가 있다. 나의 고향 교회에서는 두 가지 '교회력' 행사를 지켰다. 가을에 열린 예언 집회와 봄에 열린 선교·부흥 집회였다. 물론 농담이다. 아니, 부분적으로만 농담이다. 우리는 두 절기, 즉 성탄절과 부활절만 '지켰다'. 나는 자라면서 교회에서 성금요일 예배를 드렸던 기억이 없으며, 영국 대학에서 공부하던 시절에 세족 목요일Maundy Thursday이라는 말을 처음 들어보았다. 내가 세족 침례교회Maundy Baptist Church에서 설교하려 했을 때, 예닐곱 명 정도의 교인이 있었지만, 그들은 그 큰 교회에서 나의 훌륭하지 않은 설교를 들어야 하는 위험을 감수하고 싶어 하지 않았다. 어쨌든 교회력을 간략히 살펴보기만 해도 그것이 전적으로 예수님 이야기를 중심으로 만들어졌음을 알 수 있다. 다시 말해서, **교회력 역시 복음을 선포하는 하나의 방식이다.**[83]

교회력의 핵심 주제는 예수님 이야기이며, 나는 교회력보다 우리 삶을 더 많이 '복음화'하는 것은 없다고—꾸준히 성경에 흠뻑 젖는 것 말고는—생각한다. 교회력은 대강절에서 시작해 성탄절, 주현절, 주현절 이후 기간, 사순절, 성삼일(세족 목요일, 성금요일, 토요일 저녁의 부활절 전야), 부활절, 오순절로 이어지며 다음 대강절까지는 비절기 기간이라고 부른다. 비절기 기간에는 예수님의 삶과 가르침에 초점을 맞춘다. 신학적·성서적 맥락 속에서 이 절기들에 집중하기 위해 의식적으로 노력하는 교회에 출석하면서 교회력을 절반 정도만 알고 있다면 누구든지 해마다 온전한 복음, 즉 예수님 이야기 안에서 성취된 이스라엘 이야기 전체를 접하게 될 것이다.

나는 예수님 이야기에 더 집중할 수 있도록 돕기 위해 『한 삶』One.Life이라는 책을 썼다.[84] 만약 우리가 복음의 문화를 이룬다면, 우리는 예수님 이야기에, 그리고 그리스도인이 된다는 것의 의미를 그분이 어떻게 '정의하시는가'에 더 초점을 맞추게 될 것이다. 나는 그리스도인을 이렇게 정의한다. 그리스도인은 다음을 위해 자신의 한 삶One.Life을 바침으로써 예수님을 따르는 사람이다.

- 예수님의 상상력을 통해 활활 타오른 하나님 나라를 위해
- 하나님을 사랑하고 다른 이들을 사랑하는 삶을 위해
- 정의, 특히 소외된 사람들을 위한 정의에 의해 규정된 사회를 위해
- 평화를 위해
- 지역 교회의 삶 속에서 지혜를 얻기 위해 노력을 다하는 삶을 위해

이러한 삶은 하나님의 성령이 주시는 능력을 통해서만 가능하다.

아래의 세 가지 제안은 우리가 어떻게 예수님 이야기의 사람들이 됨으로써 복음의 문화를 발전시킬 수 있는가와 관계가 있다.

교회 이야기의 사람들

셋째로, 우리는 사도들의 글이 어떻게 다음 세대와 다른 문화에 이스라엘 이야기와 예수님 이야기를 전해주었는지, 그리고 어떻게 그 세대가 우리 세대에 이르기까지 그것을 전해주었는지를 깨달아야 한다. 오늘날 많은 사람을 동요시키는 강력한 흐름은 성경에 대한 '오직 예수' 식의 접근법이다. 복음은 이스라엘 이야기가 예수님 이야기 안에서 성취되었다는 소식이다. 하지만 복음은 예수님 이야기에 국한되지 않는다. 복음은 그 이상이다. 예를 들면, 요한복음 14-17장과 마태복

음 28:16-20, 사도행전 1:8에서 예수님은 제자들에게 **그분의 이야기**
가 교회의 이야기 안에서 계속될 것이라고 분명히 말씀하셨다.

우리는 교회 안에서 계속되는 예수님 이야기가 우리의 이야기를
규정하도록 해야 할 책임이 있다. 물론 예수님의 복음 이야기에 비추
어 교회의 이야기를 새롭게 점검해보아야 하지만, 우리는 하나님이
예수님의 공동체에 능력을 부으시고 귀하게 만드시고 인도하시기 위
해 성령을 보내신 그날 이후 그분이 이 공동체 안에서 계속해서 행하
시는 일을 무시할 권리가 없다. 먼저 우리는 신약성경 안에 있는 사도
들의 글, 즉 사도행전부터 요한계시록까지를 읽는 일에 새롭게 헌신
해야 한다.

이 책들을 바르게 읽는다는 것은, 우리가 이 책들을 **예수님 이야**
기가 새로운 상황 속에서 이어지고 새롭게 적용되는 것으로 이해한
다는 뜻이다. 게이브 라이언즈Gabe Lyons는 『다음 세대의 그리스도인』The
Next Christians이라는 책을 썼다.[85] "다음 세대의 그리스도인"이라는 게이
브의 표현은 하나님이 행하신 일을 해석하는 방법을 배우고자 할 때
특히 유익하다. 즉 좋은 소식은, 자신의 세대를 위해 예수님의 복음 이
야기의 신실한 증인이 될 **다음 세대의 그리스도인들을 하나님이 언**
제나 일으키셨다는 것이다. 우리는 이러한 교회의 역사를, 또한 그들
의 이야기가 우리의 이야기로 이어지는 이 사람들을 어떻게 이해할
수 있을까? 나는 후스토 곤잘레스Justo Gonzalez의 『기독교 이야기』The Story
of Christianity[국내에서는 『초대교회사』, 『중세교회사』, 『종교개혁사』, 『현대교회
사』(이상 은성출판사 역간)로 나누어 번역됨—옮긴이주][86]나 '수호 성인들'

에 관한 크리스 암스트롱^{Chris Armstrong}의 책[87]처럼 널리 사용되는 교회
사 교과서를 한 권 구입하기를 권한다. 지금 나는 그저 일회성의 다짐
이 아니라 평생의 헌신을 촉구하는 것이다. 아담으로부터 당신의 교
회에서 가장 최근에 세례를 받은 그리스도인에게로 이어지는 우리의
이야기를 알아가겠다고 결단하라. 더 많은 사람이 우리 선조에 관해
궁금하게 여겨야 한다. 이런 관심은 우리가 복음의 문화를 세우는 데
도움이 될 것이다.

또한 우리는 신조에 대해서도 알아야 한다. 앞서 말했듯이 우리 중
에는 신조를 불편하게 생각하는 사람들이 많다. 그러나 교회의 지혜
는 신조와 신앙고백을 귀하게 여기라고 가르친다. 그러므로 온라인으
로 사도신경이나 니케아 신조를 검색하고 읽어보기를 권한다. 할 수
있다면 그중 하나를 암송하라. 그런 다음 위대한 종교개혁기의 신앙
고백이나 로잔 언약^{Lausanne Covenant}, 마닐라 선언문^{Manilla Manifesto} 같은 더
최근의 신조도 읽어보라. 신조에 담긴 사상이 마음에 들지 않거나 신
조를 공적으로 암송하는 것을 좋아하지 않을지도 모른다. 교회에서
다함께 자리에서 일어나 신조를 암송할 때, 몇몇은 암송하는 내용의
절반도 믿지 않는다는 것을 당신이 너무나도 잘 알 수도 있다. 그럼에
도 당신은―만약 복음의 문화를 만드는 데 동참하기를 원한다면―오
랜 세월에 걸쳐 복음이 교회에 미친 영향을 알아야 할 책임이 있다.

대항하는 이야기를 만들라

넷째로, 우리는 우리의 이야기를 무시하고 재구성하려는 이야기들에

맞설 수 있어야 한다. 우리 문화는 피상적인 세계관에 근거한 수많은 거짓 이야기를 제시한다. 많은 경우 이런 이야기들은 복음 이야기 속으로 들어가기를 거부하거나, 복음 이야기를 재구성하고, 노골적으로 그 이야기를 파괴하려고 한다. 하지만 복음의 문화는 복음 이야기가 참된 이야기라고 선언함으로써 이런 이야기에 저항할 수 있다. 혹은 사도 바울의 말처럼,

> 우리의 싸우는 무기는 육신에 속한 것이 아니요, 오직 어떤 견고한 진도 무너뜨리는 하나님의 능력이라. 모든 이론을 무너뜨리며 하나님 아는 것을 대적하여 높아진 것을 다 무너뜨리고 **모든 생각을 사로잡아 그리스도에게 복종하게 하니**…(고후 10:4-5).

이런 이야기들이란 무엇인가?

- 개인주의—'내'가 우주의 중심이라는 이야기
- 소비주의—내가 가진 것이 내 정체성을 규정한다는 이야기
- 국가주의—내 나라가 하나님의 나라라는 이야기
- 도덕적 상대주의—무엇이 보편적인 선인지 알 수 없다는 이야기
- 과학적 자연주의—물질만이 중요하다는 이야기
- 뉴에이지—우리가 신이라는 이야기
- 후기근대적 부족部族주의—내가 속한 작은 집단이 어떻게 생각하는가만이 중요하다는 이야기

• 정신요법에 의한 구원—내적 탐험을 통해 인간으로서의 나의 잠재력을 온전히 실현할 수 있다는 이야기

이 목록은 스티븐 윌킨스Steve Wilkens와 마크 샌포드Mark Sanford의 책 『은밀한 세계관』Hidden Worldviews(IVP 역간)에서 가져온 것이다.[88] 그러나 나는 거짓 세계관들의 목록을 꼼꼼히 작성하는 것보다는 복음 이야기를 통해 이런 세계관에 맞서야 함을 깨닫는 데 더 관심이 있다. 우리는 어떻게 그 일을 할 수 있을까? 앞의 세 가지 제안에 더해, 복음의 문화를 만들기 위해 우리가 할 수 있는 일이 몇 가지 더 있다.

첫째는 **세례**를 강조하는 것이다. 여기서 나는 마태복음 28:16-20에 대한 설명으로서 로마서 6장에 초점을 맞추고자 한다. 예수님은 제자들에게 사람들을 제자로 삼고 세례를 베풀라고 말씀하셨다. 하지만 **왜 세례가 복음을 전하는 행동인지**를 설명한 사람은 바울이었다. 그는 어떻게 설명했는가? 바울은 세례가 예수님의 죽음 안으로 잠기고 물 밖으로 다시 나옴으로써 예수 그리스도의 부활에 동참하는 것이라고 보았다. 이 세례의 행위는 단순히 개인적 고백과 개인적 신앙의 문제가 아니다. 세례라는 공적 행위는 **그 자체로 예수님의 구원 이야기에 대한 공적 선언**이다. 올바르게 행했을 때 세례는 공적인 방식으로 복음을 선포한다.

나는 세례와 더불어 **성만찬**을 강조하고자 한다. 물론 성만찬에 관해서는 세례보다 훨씬 더 많은 논쟁이 이루어지고 있다. 하지만 잠시 성만찬의 토대에 대해 생각해보자. 예수님은 성만찬, 즉 그분의 최후

의 만찬이 우리가 그분의 피와 살을 먹음으로써 이스라엘 (유월절) 이야기를 성취하는 자신의 이야기를 통해 주어지는 구원과 해방에 동참하는 것이라고 말씀하신다. 그런 다음 사도 바울은 우리가 위험스럽게도 무시하고 있는 바를 말한다. "너희가 이 떡을 먹으며 이 잔을 마실 때마다 주의 죽으심을 그가 오실 때까지 전하는 것이니라"(고전 11:26).

놀랍게도 바울은 몇 장이 지나서 복음에 관해 듣게 될 고린도 교인들에게 **떡과 포도주를 먹고 마시는 것 자체가 복음을 선포하는 행위**라고 말한다. 성만찬에 참여할 때마다 우리는 주 예수 그리스도의 죽음을 선포한다.

만약 세례와 성만찬이 날마다 인터넷과 언론을 통해 홍수처럼 쏟아지는 문화적 이야기들에 대한 대항적 이야기임을 강조한다면 우리는 복음의 문화를 건설할 수 있을 것이다. 그런 행위를 통해 우리는 예수님의 구원 이야기 안에서 성취된 이스라엘 이야기를 구현한다.

그 이야기를 끌어안으라

마지막으로 우리는 복음 이야기에 의해 우리가 구원받고 변화될 수 있다는 이 이야기를 받아들여야 한다. 이 책은 누가 옳고 누가 그른지를 결정하는 신학적 성찰을 목적으로 하는 책이 아니다. 오히려 이 책은 사도적 복음을 분별하고 그 복음을 깊이 수용함으로써 그리스도의 형상으로 온전히 변화되기를 촉구하는 책이다. 우리 스스로가 철저히 회심할 때에야 비로소 복음의 문화를 이룰 수 있다.

예수님과 베드로, 바울. 우리는 그들에게 관심을 집중했다. 만약 우리가 복음에 대한 그들의 전망을 받아들인다면, 우리는 믿고, 회개하고, 성부와 성자와 성령의 이름으로 세례를 받으라는 부르심에 귀를 기울이게 될 것이다. 구원받기 위해 우리는 믿음으로 응답해야 한다. 이런 말을 하는 것은 곧, 우리가 무슨 일을 행하도록 부름을 받았는가의 관점에서 복음과 그에 대한 우리의 응답을 바라보라는 뜻이다. 그러나 여기에는 또 다른 측면이 있다. 즉, 우리의 응답은 하나님의 성령이라는 은혜로운 선물에 의해 촉발된다.

이것은 요한복음 3:1-8과 "너희가 거듭나야 한다" 혹은 "하나님께로 나야 한다"는 요한일서 2:29의 유명한 말씀, 그리고 "중생의 씻음과 성령의 새롭게 하심"에 관한 디도서 3:5을 염두에 두고 하는 말이다. 여기에 복음의 신비가 있다. 예수님에 관한 복된 소식을 선언할 때, 하나님의 성령이 일하셔서 사람들에게 믿음을 일깨우시며 그들을 새롭고 변화된 삶으로 이끄신다. 이 변화의 과정은 갑자기 일어나지 않는다.[89] 그러나 하나님은 예전의 우리를 취하셔서 미래의 우리로 변화시키기 위해 우리 안에서, 우리를 통해 일하신다. 몇십 년 전 달라스 윌라드가 주장했듯이, 하나님은 하나의 전망, 우리의 의지, 하나님이 제공하시는 수단—영적 훈련—을 통해 우리를 변화시키신다.[90] 복음의 문화를 만들기 위해서는 우리가 회심해야 한다.

하지만 우리는 혼자가 아니다. 사실 바로 앞의 문장은 개인주의적 전제를 지나치게 많이 담고 있다. 이렇게 달리 표현해볼 수 있다. 복음은 예수님의 구원 이야기 안에서 성취된 이스라엘 이야기이며, 이 이

예수 왕의 복음

야기의 핵심은 이 세상과 하나님의 백성 안에서 하나님이 행하시는 일이다. 만약 복음의 문화를 만들기 위해 복음을 끌어안고자 한다면, 우리는 성경 이야기를 하나님의 백성에 관한 이야기로 받아들여야 한다. 우리는 그 모든 결점에도 불구하고 교회를 하나님의 백성으로 받아들여야 한다. 복음의 문화는 교회의 문화이며, 그것은 곧 앞서 내놓은 제안에 주의를 기울임으로써 복음의 문화로—더불어—변화되는 교회의 문화다.

복음의 이야기를 끌어안을 때 우리는 하나님께 귀를 기울이는 동시에 그분과 더불어 대화함으로써 하나님과 교통하는 삶을 살라는 부르심을 받는다. 우리는 이것을 기도라고 부른다. 이 책은 기도에 관한 책이 아니지만, 기도는 두 가지 형식을 띤다. 우리는 우리 마음과 소원, 갈망, 소망, 필요에서 깊이 우러나는 자연스러운 기도를 드린다. 또한 우리는 성경의 기도, 시편, 기도서에 있는 교회의 기도를 드리기도 한다.[91] 기도에 관해 생각할 때 예수님이 우리에게 주신 위대한 기도인 주기도문을 빠뜨릴 수 없다. 이 기도는 탁월한 복음의 기도다. 예수님 이야기 안에서 성취된 이스라엘 이야기에 의해 규정되어 있기 때문이다. 이 기도는 복음의 진리와 관련하여 하나님과 교통하는 한 방법이 될 수 있다.

또한 우리는 복음을 수용하고 **사랑과 긍휼로 다른 이들을 섬김**으로써 복음의 문화를 만들 수 있다. 하나님을 사랑하고 다른 이들을 사랑하라는 예수 신조에 나타난 예수님의 말씀에 주목하든지, 우리를 향해 자신을 따르라고 말씀하시는 예수님의 말씀에 주목하든지, 하나님의 성령이 우리 삶 속에서 일하시게 함으로써 성령의 열매를 맺고 성령의 은사를 드러내라는 사도 바울의 말에 주목하든지, 복음의 이야기는 우리를 홀로 내버려두지 않을 것이다. 우리 하나님이 보내시는 하나님이신 것처럼, 우리는 보냄을 받은 사람들이다. 우리 하나님이 타자를 향해 계신 하나님이신 것처럼, 우리도 타자를 향해 있는 사람들이 되어야 한다. 복음은 우리를 선교로, 하나님을 사랑하고 자신을 사랑하고 다른 이들을 사랑하고 세상을 사랑하는 통전적인 선교로 나아가게 한다.

결론

복음과 복음의 문화를 단순한 문장으로 요약해달라는 부탁을 받는다면, 나는 북아일랜드 벨파스트Belfast 출신의 C. S. 루이스C. S. Lewis의 책에서 빌린 이미지를 가져와 답할 것이다. 『나니아 연대기』 중 아슬란Aslan의 이야기를 처음 만나는 『사자와 마녀와 옷장』에서 우리는 아슬란에 관한 몇몇 핵심 주제를 발견할 수 있다. 루이스는 아슬란의 이야기를 통해 예수님 이야기를 들려준다.

사자가 거니는 것을 보라.
사자가 돌판 위에 죽는 것을 보라.
새로운 창조의 힘으로 돌판이 깨지는 것을 보라.
사자의 포효에 귀를 기울이라.

예수 왕의 복음

사자를 믿으라.

사자를 사랑하라.

사자를 위해 살라.

이것이 우리의 복음이다. 이 복음은 사셨고, 죽으셨고, 묻히셨고, 부활하셨고, 하나님 우편으로 들리셨고, 언젠가 하나님 나라가 포효하 듯이 영광스럽게 임할 것이라는 메시지를 선포하시는 예수님에 의해 성취된 이스라엘의 구원 이야기다.

복음을 요약하는 신약성경의 구절들

아래의 구절들은 바울이 고린도전서 15장에서 말한 바를 보충해준다.

로마서 1:1-4

예수 그리스도의 종 바울은 사도로 부르심을 받아 하나님의 복음을 위하여 택정함을 입었으니, 이 복음은 하나님이 선지자들을 통하여 그의 아들에 관하여 성경에 미리 약속하신 것이라. 그의 아들에 관하여 말하면 육신으로는 다윗의 혈통에서 나셨고 성결의 영으로는 죽은 자들 가운데서 부활하사 능력으로 하나님의 아들로 선포되셨으니, 곧 우리 주 예수 그리스도시니라.

로마서 3:21-26

이제는 율법 외에 하나님의 한 의가 나타났으니 율법과 선지자들에게 증거를 받은 것이라. 곧 예수 그리스도를 믿음으로 말미암아 모든 믿는 자에게 미치는 하나님의 의니 차별이 없느니라. 모든 사람이 죄를 범하였으매 하나님의 영광에 이르지 못하더니, 그리스도 예수 안에 있는 속량으로 말미암아 하나님의 은혜로 값없이 의롭다 하심을 얻은 자 되었느니라. 이 예수를 하나님이 그의 피로써 믿음으로 말미암는 화목제물로 세우셨으니, 이는 하나님께서 길이 참으시는 중에 전에 지은 죄를 간과하심으로 자기의 의로우심을 나타내려 하심이니 곧 이 때에 자기의 의로우심을 나타내사 자기도 의로우시며 또한 예수 믿는 자를 의롭다 하려 하심이라.

빌립보서 2:5-11

너희 안에 이 마음을 품으라 곧 그리스도 예수의 마음이니,

그는 근본 하나님의 본체시나

하나님과 동등됨을 취할 것으로 여기지 아니하시고

오히려 자기를 비워

종의 형체를 가지사

사람들과 같이 되셨고

사람의 모양으로 나타나사

자기를 낮추시고

죽기까지 복종하셨으니

곧 십자가에 죽으심이라!

이러므로 하나님이 그를 지극히 높여

모든 이름 위에 뛰어난 이름을 주사

하늘에 있는 자들과 땅에 있는 자들과 땅 아래에 있는 자들로

모든 무릎을 예수의 이름에 꿇게 하시고

모든 입으로 **예수 그리스도를 주라** 시인하여

하나님 아버지께 영광을 돌리게 하셨느니라.

골로새서 1:15-20

그는 보이지 아니하는 하나님의 형상이시요 모든 피조물보다 먼저 나신 이시니, 만물이 그에게서 창조되되 하늘과 땅에서 보이는 것들과 보이지 않는 것들과 혹은 왕권들이나 주권들이나 통치자들이나 권세들이나 만물이 다 그로 말미암고 그를 위하여 창조되었고, 또한 그가 만물보다 먼저 계시고 만물이 그 안에 함께 섰느니라. 그는 몸인 교회의 머리시라 그가 근본이시요 죽은 자들 가운데서 먼저 나신 이시니 이는 친히 만물의 으뜸이 되려 하심이요. 아버지께서는 모든 충만으로 예수 안에 거하게 하시고 그의 십자가의 피로 화평을 이루사 만물 곧 땅에 있는 것들이나 하늘에 있는 것들이 그로 말미암아 자기와 화목하게 되기를 기뻐하심이라.

디모데전서 3:16

크도다 경건의 비밀이여, 그렇지 않다 하는 이 없도다.

그는 육신으로 나타난 바 되시고

영으로 의롭다 하심을 받으시고

천사들에게 보이시고

만국에서 전파되시고

세상에서 믿은 바 되시고

영광 가운데서 올려지셨느니라.

디모데후서 2:8

내가 전한 복음대로 다윗의 씨로 죽은 자 가운데서 다시 살아나신 예
수 그리스도를 기억하라.

베드로전서 3:18-22

그리스도께서도 단번에 죄를 위하여 죽으사 의인으로서 불의한 자를
대신하셨으니 이는 우리를 하나님 앞으로 인도하려 하심이라. 육체로
는 죽임을 당하시고 영으로는 살리심을 받으셨으니, 그가 또한 영으로
가서 옥에 있는 영들에게 선포하시니라. 그들은 전에 노아의 날 방주
를 준비할 동안 하나님이 오래 참고 기다리실 때에 복종하지 아니하던
자들이라. 방주에서 물로 말미암아 구원을 얻은 자가 몇 명뿐이니 겨
우 여덟 명이라. 물은 예수 그리스도께서 부활하심으로 말미암아 이제
너희를 구원하는 표니 곧 세례라. 이는 육체의 더러운 것을 제하여 버
림이 아니요 하나님을 향한 선한 양심의 간구니라. 그는 하늘에 오르

사 하나님 우편에 계시니 천사들과 권세들과 능력들이 그에게 복종하
느니라.

순교자 유스티누스, 「제1변증」 66-67장

66장—성만찬에 관하여

그리고 이 음식은 우리 사이에서 유카리스티아*Eukaristia*라고 불리며, 우리가 가르친 바가 참되다고 믿고, 죄 사함과 거듭남을 위한 씻음을 받고, 그리스도께서 명하신 대로 사는 사람 말고는 그 누구도 여기에 참여할 수 없다. 왜냐하면 우리는 이 음식을 평범한 빵과 평범한 음료로 받지 않기 때문이다. 하나님의 말씀으로 육신이 되신 우리의 구원자 예수 그리스도께서 우리의 구원을 위해 살과 피를 가지셨듯이, 그분의 말씀에 따라 기도함으로써 축사할 때 변화되어 우리의 피와 살이 되는 이 음식이 육신이 되신 예수님의 살과 피라고 배웠다. 사도들은 복음서라 불리는 그들의 회고록을 통해 자신들이 받은 명령을 우리에게 전했다. 그들에 따르면 예수님은 떡을 들어 축사하시고 "너희는 나를 기억하며 이를 행하라. 이것은 내 몸이다"라고 말씀하셨다. 또 마찬가지로 잔을 들어 축사하시고 "이것은 내 피다"라고 말씀하신 후 그들에게 주셨다. 악한 마귀들은 미트라*Mithras* 밀교를 따르는 이들에게 이를 흉내 내어 같은 행동을 하라고 명령했다. 밀교 제의에서 입문자들에게 특정한 주문과 함께 빵과 물을 사용하는 것을 당신도 알 것이다.

67장—매주 드리는 그리스도인들의 예배

이후에 우리는 계속해서 서로에게 이를 상기시킨다. 그리고 우리 중에서 부유한 이들은 가난한 이들을 돕고, 우리는 항상 서로를 돌보며, 무엇을 공급받든지 하나님의 아들이신 예수 그리스도를 통해, 그리고 성령을 통해 만물의 창조주께 감사드린다. 그리고 일요일이라고 부르는 날에 도시와 시골에 사는 모든 이들이 한자리에 모여 시간이 허락되는 만큼 길게 사도들의 회고록이나 예언자들의 글을 읽는다. 낭독자가 멈추면 모임을 이끄는 사람이 말로 강론하고 이 선한 것들을 본떠 살라고 권면한다. 그런 다음 우리는 함께 일어나 기도한다. 기도가 끝나면, 앞서 말했듯이 빵과 포도주, 물을 가져와 다시 인도자가 자신의 능력에 따라 기도와 축사의 말을 올린다. 그러면 사람들은 아멘이라고 말하며 동의를 표한다. 그리고 각 사람에게 음식을 나눠주면, 참여하는 이들은 감사함으로 이를 받고 집사들은 참석하지 못한 이들에게 그들의 몫을 전해준다. 부유하며 기꺼이 바치고자 하는 마음이 있는 사람들은 자신이 적당하다고 생각하는 만큼 헌금을 한다. 모은 헌금을 인도자에게 전달하면, 그는 이것을 고아와 과부, 병이나 다른 이유로 어려움에 처한 이들, 갇혀 있는 자나 우리 가운데 있는 나그네들을 구제하는 데 사용한다. 한마디로 도움이 필요한 모든 사람을 돌보는 데 사용한다. 일요일은 우리 모두가 한자리에 모이는 날이다. 왜냐하면 이

날은 하나님이 어둠과 물질 가운데서 변화를 일으키시고 세상을 창조하신 첫날이기 때문이며, 같은 날 우리 구원자이신 예수 그리스도께서 죽은 자 가운데서 다시 살아나셨기 때문이다. 그분은 토성의 날 (토요일) 전날에 십자가에 달려 죽으셨고, 태양의 날인 토성의 날 이튿날에 그분의 사도와 제자들에게 나타나셔서 이런 것들을 가르치셨다. 우리가 이런 것들을 당신에게 말하는 것은 당신도 이에 관해 생각해보기를 원하기 때문이다.[92]

베드로의 오순절 복음 설교 (행 2:14-39)

베드로가 열한 사도와 함께 서서 소리를 높여 이르되 "유대인들과 예
루살렘에 사는 모든 사람들아, 이 일을 너희로 알게 할 것이니 내 말에
귀를 기울이라. 때가 제 삼 시니 너희 생각과 같이 이 사람들이 취한
것이 아니라!"(2:14-15)

**예수님과 그분을 따르는 이들에게 일어난 일을 설명하기 위해 베드
로가 구약성경의 이야기로 바로 이동하고 있음에 주목하라.**

이는 곧 선지자 요엘을 통하여 말씀하신 것이니 일렀으되,
"하나님이 말씀하시기를, 말세에
내가 내 영을 모든 육체에 부어주리니
너희의 자녀들은 예언할 것이요
너희의 젊은이들은 환상을 보고
너희의 늙은이들은 꿈을 꾸리라.
그때에 내가 내 영을

내 남종과 여종들에게 부어주리니

그들이 예언할 것이요

또 내가 위로 하늘에서는 기사를

아래로 땅에서는 징조를 베풀리니

곧 피와 불과 연기로다.

주의 크고 영화로운 날이 이르기 전에

해가 변하여 어두워지고

달이 변하여 피가 되리라.

누구든지 주의 이름을 부르는 자는

구원을 받으리라 하였느니라"(2:16-21).

그는 예수님에 관한 이야기, 곧 그분의 삶과 죽음, 부활, 승천에 대해 이야기한다.

이스라엘 사람들아, 이 말을 들으라. 너희도 아는 바와 같이 하나님께서 나사렛 예수로 큰 권능과 기사와 표적을 너희 가운데서 베푸사 너희 앞에서 그를 증언하셨느니라. 그가 하나님께서 정하신 뜻과 미리 아신 대로 내준 바 되었거늘 너희가 법 없는 자들의 손을 빌려 못 박아 죽였으나 하나님께서 그를 사망의 고통에서 풀어 살리셨으니 이는 그가 사망에 매여 있을 수 없었음이라(2:22-24).

예수 왕의 복음

다윗의 혈통에서 나신 예수님은 이스라엘 이야기에 예언된 메시아적 왕이시다.

다윗이 그를 가리켜 이르되,

"내가 항상 내 앞에 계신 주를 뵈었음이여

나로 요동하지 않게 하기 위하여

그가 내 우편에 계시도다.

그러므로 내 마음이 기뻐하였고 내 혀도 즐거워하였으며

육체도 희망에 거하리니

이는 내 영혼을 음부에 버리지 아니하시며

주의 거룩한 자로 썩음을 당하지 않게 하실 것임이로다.

주께서 생명의 길을 내게 보이셨으니

주 앞에서 내게 기쁨이 충만하게 하시리로다 하였으므로."

형제들아, 내가 조상 다윗에 대하여 담대히 말할 수 있노니, 다윗이 죽어 장사되어 그 묘가 오늘까지 우리 중에 있도다. 그는 선지자라, 하나님이 이미 맹세하사 그 자손 중에서 한 사람을 그 위에 앉게 하리라 하심을 알고 미리 본 고로 그리스도의 부활을 말하되 그가 음부에 버림이 되지 않고 그의 육신이 썩음을 당하지 아니하시리라 하더니…(2:25-31).

죽으시고, 부활하시고, 왕으로서 높임 받으심

이 예수를 하나님이 살리신지라. 우리가 다 이 일에 증인이로다. 하나님 이 오른손으로 예수를 높이시매 그가 약속하신 성령을 아버지께 받아서 너희가 보고 듣는 이것을 부어주셨느니라(2:32-33).

다시 한 번 이스라엘의 이야기

다윗은 하늘에 올라가지 못하였으나 친히 말하여 이르되,

"주께서 내 주에게 말씀하시기를,

내가 네 원수로

네 발등상이 되게 하기까지

너는 내 우편에 앉아 있으라 하셨도다" 하였으니…(2:34-35).

복음의 핵심!

"그런즉 이스라엘 온 집은 확실히 알지니, 너희가 십자가에 못 박은 이 예수를 하나님이 주와 그리스도가 되게 하셨느니라" 하니라(2:36).

베드로의 사도적 복음에 대한 반응

그들이 이 말을 듣고 마음에 찔려 베드로와 다른 사도들에게 물어 이르되 "형제들아 우리가 어찌할꼬?" 하거늘, 베드로가 이르되 "너희가 회개하여 각각 예수 그리스도의 이름으로 세례를 받고…"(2:37-38a).

응답하는 이들이 누릴 구원의 혜택

…죄 사함을 받으라. 그리하면 성령의 선물을 받으리니, 이 약속은 너희와 너희 자녀와 모든 먼 데 사람 곧 주 우리 하나님이 얼마든지 부르시는 자들에게 하신 것이라(2:38b-39).

사도행전에 기록된 베드로의 두 번째 복음 설교 (행 3:12-26)

> 베드로가 이것을 보고 백성에게 말하되 "이스라엘 사람들아, 이 일을 왜 놀랍게 여기느냐? 우리 개인의 권능과 경건으로 이 사람을 걷게 한 것처럼 왜 우리를 주목하느냐?"(3:12)

베드로는 이 치유를 설명하기 위해 이스라엘 이야기를 꺼낸다. 그는 예수님을 죽은 자 가운데서 다시 살아나게 하신 하나님의 능력에 관한 복음 이야기를 한다.

> 아브라함과 이삭과 야곱의 하나님 곧 우리 조상의 하나님이 그의 종 예수를 영화롭게 하셨느니라. 너희가 그를 넘겨주고 빌라도가 놓아주기로 결의한 것을 너희가 그 앞에서 거부하였으니, 너희가 거룩하고 의로운 이를 거부하고 도리어 살인한 사람을 놓아주기를 구하여 생명의 주를 죽였도다. 그러나 하나님이 죽은 자 가운데서 그를 살리셨으니 우리가 이 일에 증인이라(3:13-15).

치유의 능력은 죽은 자 가운데서 다시 살아나신 예수님에 대한 믿음에서 나온다.

> 그 이름을 믿으므로 그 이름이 너희가 보고 아는 이 사람을 성하게 하였나니, 예수로 말미암아 난 믿음이 너희 모든 사람 앞에서 이같이 완전히 낫게 하였느니라(3:16).

예수님의 수난을 설명하기 위해 다시 이스라엘 이야기로

형제들아, 너희가 알지 못하여서 그리하였으며 너희 관리들도 그리한 줄 아노라. 그러나 하나님이 모든 선지자의 입을 통하여 자기의 그리스도께서 고난받으실 일을 미리 알게 하신 것을 이와 같이 이루셨느니라(3:17-18).

복음에 어떻게 응답해야 하는가?

그러므로 너희가 회개하고 돌이켜…(3:19a).

응답하는 이들이 누릴 구원의 유익

…너희 죄 없이 함을 받으라. 이같이 하면 새롭게 되는 날이 주 앞으로부터 이를 것이요, 또 주께서 너희를 위하여 예정하신 그리스도 곧 예수를 보내시리니…(3:19b-20).

다시 이스라엘 이야기로: 재림, 이방인도 포함됨

하나님이 영원 전부터 거룩한 선지자들의 입을 통하여 말씀하신 바, 만물을 회복하실 때까지는 하늘이 마땅히 그를 받아두리라. 모세가 말하되, "주 하나님이 너희를 위하여 너희 형제 가운데서 나 같은 선지자 하나를 세울 것이니 너희가 무엇이든지 그의 모든 말을 들을 것이라. 누구든지 그 선지자의 말을 듣지 아니하는 자는 백성 중에서 멸망 받으리라" 하였고.

또한 사무엘 때부터 이어 말한 모든 선지자도 이 때를 가리켜 말하였느니라. 너희는 선지자들의 자손이요, 또 하나님이 너희 조상과 더불어 세우신 언약의 자손이라. 아브라함에게 이르시기를 "땅 위의 모든 족속이 너의 씨로 말미암아 복을 받으리라" 하셨으니, 하나님이 그 종을 세워 복 주시려고 너희에게 먼저 보내사 너희로 하여금 돌이켜 각각 그 악함을 버리게 하셨느니라(3:21-26).

베드로가 선포한 복음의 요약 (행 4:8-12)

핵심 주제: 예수님의 복음 이야기, 뼈대를 이루는 이야기로서의 이스라엘 이야기

이에 베드로가 성령이 충만하여 이르되 "백성의 관리들과 장로들아, 만일 병자에게 행한 착한 일에 대하여 이 사람이 어떻게 구원을 받았느냐고 오늘 우리에게 질문한다면, 너희와 모든 이스라엘 백성들은 알라. 너희가 십자가에 못 박고 하나님이 죽은 자 가운데서 살리신 나사렛 예수 그리스도의 이름으로 이 사람이 건강하게 되어 너희 앞에 섰느니라. 이 예수는

'너희 건축자들의 버린 돌로서
집 모퉁이의 머릿돌이 되었느니라.'

다른 이로써는 구원을 받을 수 없나니, 천하 사람 중에 구원을 받을 만한 다른 이름을 우리에게 주신 일이 없음이라" 하였더라.

베드로의 유명한 고넬료 설교: 이방인을 위한 복음 (행 10:34-43)

주제: 간추린 예수님 이야기—복음서의 뼈대

베드로가 입을 열어 말하되 "내가 참으로 하나님은 사람의 외모를 보지 아니하시고 각 나라 중 하나님을 경외하며 의를 행하는 사람은 다 받으시는 줄 깨달았도다. 만유의 주 되신 예수 그리스도로 말미암아 화평의 복음을 전하사, 이스라엘 자손들에게 보내신 말씀 곧 요한이 그 세례를 반포한 후에 갈릴리에서 시작하여 온 유대에 두루 전파된 그것을 너희도 알거니와, 하나님이 나사렛 예수에게 성령과 능력을 기름 붓듯 하셨으매 그가 두루 다니시며 선한 일을 행하시고 마귀에게 눌린 모든 사람을 고치셨으니 이는 하나님이 함께 하셨음이라.

우리는 유대인의 땅과 예루살렘에서 그가 행하신 모든 일에 증인이라. 그를 그들이 나무에 달아 죽였으나 하나님이 사흘 만에 다시 살리사 나타내시되 모든 백성에게 하신 것이 아니요, 오직 미리 택하신 증인 곧 죽은 자 가운데서 부활하신 후 그를 모시고 음식을 먹은 우리에게 하신 것이라"(10:34-41).

심판자로서 들리신 그리스도

우리에게 명하사, 백성에게 전도하되 하나님이 살아 있는 자와 죽은 자의 재판장으로 정하신 자가 곧 이 사람인 것을 증언하게 하셨고…(10:42).

예수 왕의 복음

이스라엘 이야기와 구원의 유익

그에 대하여 모든 선지자도 증언하되, 그를 믿는 사람들이 다 그의 이름을 힘입어 죄 사함을 받는다 하였느니라(10:43).

자신의 복음전도를 통해 하나님이 이방인 가운데 행하신 일에 대한 베드로의 증언 (행 11:4-18)

베드로가 그들에게 이 일을 차례로 설명하여 이르되, "내가 욥바 시에서 기도할 때에 황홀한 중에 환상을 보니, 큰 보자기 같은 그릇이 네 귀에 매어 하늘로부터 내리어 내 앞에까지 드리워지거늘 이것을 주목하여 보니 땅에 네 발 가진 것과 들짐승과 기는 것과 공중에 나는 것들이 보이더라. 또 들으니 소리 있어 내게 이르되 '베드로야 일어나 잡아 먹으라' 하거늘.

내가 이르되 '주님, 그럴 수 없나이다. 속되거나 깨끗하지 아니한 것은 결코 내 입에 들어간 일이 없나이다' 하니.

또 하늘로부터 두 번째 소리 있어 내게 이르되 '하나님이 깨끗하게 하신 것을 네가 속되다고 하지 말라' 하더라. 이런 일이 세 번 있은 후에 모든 것이 다시 하늘로 끌려 올라가더라.

마침 세 사람이 내가 유숙한 집 앞에 서 있으니 가이사랴에서 내게로 보낸 사람이라. 성령이 내게 명하사 아무 의심 말고 함께 가라 하시매, 이 여섯 형제도 나와 함께 가서 그 사람의 집에 들어가니 그가 우리에게 말하기를, 천사가 내 집에 서서 말하되 '네가 사람을 욥바에 보내어 베드로라 하는 시몬을 청하라. 그가 너와 네 온 집이 구원받을 말씀을 네게 이르리라 함을 보았다' 하거늘.

내가 말을 시작할 때에 성령이 그들에게 임하시기를 처음 우리에게 하신 것과 같이 하는지라. 내가 주의 말씀에 '요한은 물로 세례를 베풀었으나 너희는 성령으로 세례를 받으리라' 하신 것이 생각났노라. 그런즉 하나님이 우리가 주 예수 그리스도를 믿을 때에 주신 것과 같은 선물을 그들에게도 주셨으니 내가 누구이기에 하나님을 능히 막겠느냐?" 하더라.

그들이 이 말을 듣고 잠잠하여 하나님께 영광을 돌려 이르되 "그러면 하나님께서 이방인에게도 생명 얻는 회개를 주셨도다" 하니라.

안디옥에서 행한 바울의 복음전도 (행 13:16-41)

바울이 일어나 손짓하며 말하되 "이스라엘 사람들과 및 하나님을 경외하는 사람들아, 들으라!"(13:16)

무엇으로부터 시작하는가? 이스라엘 이야기로부터

이 이스라엘 백성의 하나님이 우리 조상들을 택하시고, 애굽 땅에서 나그네 된 그 백성을 높여 큰 권능으로 인도하여 내사 광야에서 약 사십 년간 그들의 소행을 참으시고, 가나안 땅 일곱 족속을 멸하사 그 땅을 기업으로 주시기까지 약 사백오십 년간이라.

그 후에 선지자 사무엘 때까지 사사를 주셨더니, 그 후에 그들이 왕을 구하거늘 하나님이 베냐민 지파 사람 기스의 아들 사울을 사십 년 간 주셨다가 폐하시고 다윗을 왕으로 세우시고 증언하여 이르시되 "내 가 이새의 아들 다윗을 만나니 내 마음에 맞는 사람이라 내 뜻을 다 이 루리라" 하시더니 (13:17-22).

예수님을 가리키는 사람인 요한에 이르러 이 이야기는 예수님 이야 기로 이어진다.

하나님이 약속하신 대로 이 사람의 후손에서 이스라엘을 위하여 구주 를 세우셨으니 곧 예수라. 그가 오시기에 앞서 요한이 먼저 회개의 세 례를 이스라엘 모든 백성에게 전파하니라. 요한이 그 달려갈 길을 마 칠 때에 말하되 "너희가 나를 누구로 생각하느냐? 나는 그리스도가 아 니라. 내 뒤에 오시는 이가 있으니 나는 그 발의 신발끈을 풀기도 감당 하지 못하리라" 하였으니(13:23-25).

예수님의 구원 이야기: 삶, 죽음, 부활

형제들아, 아브라함의 후손과 너희 중 하나님을 경외하는 사람들아, 이 구원의 말씀을 우리에게 보내셨거늘 예루살렘에 사는 자들과 그들 관 리들이 예수와 및 안식일마다 외우는 바 선지자들의 말을 알지 못하므 로 예수를 정죄하여 선지자들의 말을 응하게 하였도다. 죽일 죄를 하 나도 찾지 못하였으나 빌라도에게 죽여달라 하였으니, 성경에 그를 가 리켜 기록한 말씀을 다 응하게 한 것이라. 후에 나무에서 내려다가 무 덤에 두었으나 하나님이 죽은 자 가운데서 그를 살리신지라. 갈릴리로부터 예루살렘에 함께 올라간 사람들에게 여러 날 보이셨으니 그들이 이제 백성 앞에서 그의 증인이라(13:26-31).

다시 왕이신 예수님의 복음을 약속하는 이스라엘 이야기로

우리도 조상들에게 주신 약속을 너희에게 전파하노니, 곧 하나님이 예수를 일으키사 우리 자녀들에게 이 약속을 이루게 하셨다 함이라. 시편 둘째 편에 기록한 바와 같이,

"너는 내 아들이라. 오늘 너를 낳았다" 하셨고.

또 하나님께서 죽은 자 가운데서 그를 일으키사 다시 썩음을 당하지 않게 하실 것을 가르쳐 이르시되

"내가 다윗의 거룩하고 미쁜 은사를 너희에게 주리라" 하셨으며.

또 다른 시편에 일렀으되,

"주의 거룩한 자로 썩음을 당하지 않게 하시리라" 하셨느니라.
다윗은 당시에 하나님의 뜻을 따라 섬기다가 잠들어 그 조상들과 함께 묻혀 썩음을 당하였으되, 하나님께서 살리신 이는 썩음을 당하지 아니하였나니(13:32-37).

어떻게 응답할 것인가? 구원의 유익

그러므로 형제들아, 너희가 알 것은 이 사람을 힘입어 죄 사함을 너희에게 전하는 이것이며 또 모세의 율법으로 너희가 의롭다 하심을 얻지 못하던 모든 일에도 이 사람을 힘입어 믿는 자마다 의롭다 하심을 얻는 이것이라(13:38-39).

다시 한 번 이스라엘 이야기로

그런즉 너희는 선지자들을 통하여 말씀하신 것이 너희에게 미칠까 삼가라. 일렀으되,

"보라 멸시하는 사람들아,
너희는 놀라고 멸망하라.
내가 너희 때를 당하여 한 일을 행할 것이니
사람이 너희에게 일러줄지라도
도무지 믿지 못할 일이라 하였느니라" 하니라(13:40-41).

루스드라에서 바울이 행한 복음 설교의 요약 (행 14:15-17)

주제: 회개하라, 하나님은 창조주이시다, 자연 계시

여러분이여, 어찌하여 이러한 일을 하느냐? 우리도 여러분과 같은 성정을 가진 사람이라. 여러분에게 복음을 전하는 것은 이런 헛된 일을 버리고 천지와 바다와 그 가운데 만물을 지으시고 살아 계신 하나님

께로 돌아오게 함이라. 하나님이 지나간 세대에는 모든 민족으로 자기들의 길들을 가게 방임하셨으나, 그러나 자기를 증언하지 아니하신 것이 아니니, 곧 여러분에게 하늘로부터 비를 내리시며 결실기를 주시는 선한 일을 하사 음식과 기쁨으로 여러분의 마음에 만족하게 하셨느니라.

바울의 유명한 아레오바고 설교 (행 17:22-31)

출발점: 하나님에 대한 예배, 하나님에 대한 갈망

바울이 아레오바고 가운데 서서 말하되 "아텐 사람들아, 너희를 보니 범사에 종교심이 많도다. 내가 두루 다니며 너희가 위하는 것들을 보다가 '알지 못하는 신에게'라고 새긴 단도 보았으니, 그런즉 너희가 알지 못하고 위하는 그것을 내가 너희에게 알게 하리라"(17:22-23).

보편적인 인간의 이야기로서의 이스라엘 이야기

우주와 그 가운데 있는 만물을 지으신 하나님께서는 천지의 주재시니 손으로 지은 전에 계시지 아니하시고 또 무엇이 부족한 것처럼 사람의 손으로 섬김을 받으시는 것이 아니니, 이는 만민에게 생명과 호흡과 만물을 친히 주시는 이심이라(17:24-25).

아담 안에 연합된 인류

인류의 모든 족속을 한 혈통으로 만드사 온 땅에 살게 하시고 그들의 연대를 정하시며 거주의 경계를 한정하셨으니, 이는 사람으로 혹 하나님을 더듬어 찾아 발견하게 하려 하심이로되 그는 우리 각 사람에게서 멀리 계시지 아니하도다. 우리가 그를 힘입어 살며 기동하며 존재하느니라. 너희 시인 중 어떤 사람들의 말과 같이 우리가 그의 소생이라 하니,

이와 같이 하나님의 소생이 되었은즉 하나님을 금이나 은이나 돌에다 사람의 기술과 고안으로 새긴 것들과 같이 여길 것이 아니니라 (17:26-29).

어떻게 응답해야 하는가? 예수님에 의한 심판을 기억하고 회개하라.

알지 못하던 시대에는 하나님이 간과하셨거니와 이제는 어디든지 사람에게 다 명하사 회개하라 하셨으니, 이는 정하신 사람으로 하여금 천하를 공의로 심판할 날을 작정하시고(17:30-31a).

들어야 할 변증적 이유로서의 예수님의 부활

이에 그를 죽은 자 가운데서 다시 살리신 것으로 모든 사람에게 믿을 만한 증거를 주셨음이니라(17:31b).

후기

이 책은 수년간에 걸친 성경 읽기와 기도, 강의와 설교, 대학과 신학교, 집회에서 행한 강연의 결과물이다. 이 책 첫머리에서 나에게 강연을 부탁한 이들에게 감사의 말을 전했으며, 각각의 행사에 관해 글을 쓰는 것도 흥미롭겠지만 그런 말은 개인적으로 해야 할 것이다. 그래도 이 기획의 일부였던 많은 친구와 동료들에게 다시 한 번 감사의 말을 하고 싶다. 애티 넬Attie Nel, 마리우스 넬Marius Nel, 코니 버거Coenie Burger, 시오 가이저Theo Geyser, 데이비드 드실바David deSilva, 존 바이런John Byron, 앨런 비비어Allan Bevere, 웨스 올름스테드Wes Olmstead, (아일랜드 성서 연구소Irish Bible Institute의 훌륭한 지도자들 다수를 대표해) 패트릭 미첼Patrick Mitchel, 제리 러시포드Jerry Rushford, 척 코니리Chuck Conriry, 테리 도슨Terry Dawson, i세대iGens를 위한 복음전도에 관한 글을 쓰도록 나에게 자극을 준 「리더십」Leadership의 마셜 셸리Marshall Shelley와 스카이 제서니Skye Jethani, 교부학자들에게 복음에 관해 강연하도록 초청해준 조지 캘런치스George Kalantzis, 복음주의의 복음 신학에 관한 글을 쓰라고 제안했던 제럴드 맥더못Gerald McDermott, 사도행전의 복음과 속죄에 관한 글을 쓰라고 제안해준 케빈 코코런Kevin Corcoran, 이 책의 몇 가지 주제를 소개한 글을 발표해준 마크 갤리Mark Galli와 「크리스채너티 투데이」Christianity Today 직원들에게 감사의 말을 전한다.

2010년 가을 내가 가르친 4학년 세미나에 참여한 학생들에게 이 책에 관해 들어주고 토론해준 것에 대한 고마움을 전한다. 교황 베네딕토부터 앙리 뤼박Henri Lubac, 아타나시우스Athanasius, 랍 벨Rob Bell, 앤 카Anne Carr, 존 파이퍼John Piper에 이르기까지 다양한 신학자들을 다룬 그들의 발표는 내 사고를 자극했고 여러 면에서 이 책에 영향을 미쳤다. 대학원 조교였던 크리스 리지웨이Chris Ridgeway와 그의 보고서 "냅킨 전도법: 도식적인 복음에서 회심에 대한 복음주의적 수사"Napkin Evangelism: The Evangelical Rhetoric of Conversion in Gospel Diagrams Old and New는 이 책에서 내가 '구원의 문화'라고 부르는 것을 어떻게 규정할 것인지와 관련해 큰 도움이 되었다.

노스파크 대학교North Park University에 재직하는 나의 동료들, 그렉 클라크Greg Clark, 브래드 나시프Brad Nassif, 조엘 윌리츠Joel Willitts, 메리 비너먼Mary Veeneman, 보아스 존슨Boaz Johnson은 우정의 원천일 뿐만 아니라 복음에 관한 내 질문에 즉석에서 대답해주었다. 그리고 가르치면서 글을 쓸 수 있는 훌륭한 환경을 마련해준 데이비드 파킨David Parkyn과 노스파크 대학교에 다시 한 번 감사의 마음을 전한다. 내 친구인 로지앤 센션Roseanne Sension은 원고를 읽고 질문을 해줌으로써 이 책이 더 나은 책이 될 수 있게 해주었다. 마이크 버드Mike Bird, 다니엘 커크J. Daniel Kirk, 데이

예수 왕의 복음

비드 피치 David Fitch에게도 같은 이유로 감사드린다.

나의 저작권 대리인인 그렉 다니엘 Greg Daniel은 기대하지 못했던 방식으로 책을 쓰는 일에 도움과 가르침을 주었다. 그의 제안 덕분에 이 책 후반부가 훨씬 더 명확해졌다. 이 책을 위해 도움을 주었을 뿐 아니라 이 책의 가독성을 높일 수 있는 탁월한 제안을 해준, 나의 친구이자 존더반 Zondervan의 편집자인 존 레이먼드 John Raymond에게도 감사드린다. 존더반의 편집자인 벌린 버브루그 Verlyn Verbrugge 역시 많은 도움을 주었다.

크리스에 대한 내 사랑과 고마움은 말로 다 표현할 수 없다. 사도행전 속의 복음에 관한 내 강연을 포함해 남아프리카공화국에서 이틀 동안 사도행전에 관한 다양한 강연을 들은 크리스는 "당신의 발표가 최고였어요"라고 말했다. 내가 아일랜드 더블린에서 이틀 동안 복음에 관해 강연한 후 숙소로 돌아오는 길에 크리스는 "이번에는 조금 길어졌어요"라고 말했다. 나의 사랑, 이렇게 이 책을 마무리합니다.

2010년 성탄 전야에
스캇 맥나이트

주

1. C. H. Dodd, *The Apostolic Preaching and Its Developments* (New York: Harper and Row, 1964), 76. 『사도적 설교와 그 전개』, 한국장로교출판사 역간.
2. N. T. Wright, *What Saint Paul Really Said: Was Paul of Tarsus the Real Founder of Christianity?* (Grand Rapids: Eerdmans, 1997), 41.
3. 글상자 안에 있는 말은 내가 가르친 학생들이 했던 말이다. 다른 이름을 사용하기는 했지만, 학생들은 자신의 말을 사용하도록 허락해주었다.
4. 보고서는 http://ns.umich.edu/htdocs/releases/story.php?id=8155에서 보라. 이 보고서는 미국 그리스도인들이 교회 출석에 관해 사실대로 말하는가, 그렇지 않은가 하는 관점에서 교회 출석률 문제에 접근한다.
5. 데이비드 키네먼(David Kinnaman)에게서 개인적으로 받은 자료다. 그가 나에게 보내준 통계 자료에는 날짜가 2010년 12월 17일로 표시되어 있다.
6. 이에 관해서는 Kenda Creasy Dean, *Almost Christian: What the Faith of American Teenagers Is Telling the American Church* (New York: Oxford, 2010)을 보라.
7. '복음주의적'이라는 용어의 정의에 관해 오랫동안 논쟁이 있었다. 나는 마크 놀(Mark Noll)과 데이비드 베빙턴(David Bebbington)의 견해를 지지한다. Timothy Larsen, "Defining and Locating Evangelicalism," *The Cambridge Companion to Evangelical Theology*, ed. T. Larsen, D. J. Treier (Cambridge: Cambridge Univ. Press, 2007), 1에서 이에 관한 탁월한 논의를 발견할 수 있다. 이 글에서 라슨은 다섯 가지 요소를 지적한다. 간단히 말해서, 복음주의자는 18세기 부흥 운동으로부터 시작된 전 지구적 네트워크의 일원인 정통적 개신교인으로서, 신앙·실천과 관련하여 성경에 우위를 부여하고, 십자가에서 이루어진 속죄의 사역을 통한 하나님과의 화해를 강조하며, 회심하게 하고 회복시키고 능력을 주고 선교로 나아가게 하는 성령의 사역을 강조한다. 또한 M. Noll, "What Is an Evangelical?," *The Oxford Handbook of Evangelical Theology*, ed. G. R.

McDermott (New York: Oxford Univ. Press, 2010), 19-32를 보라.

8. Frank O'Connor, *An Only Child* (New York: Knopf, 1961), 37.

9. *The Apostolic Fathers*, ed. M. W. Holmes (Grand Rapids: Baker, 2007), 694-719를 보라. 『속사도 교부들』, 기독교문서선교회 역간.

10. J. H. Leith, *Creeds of the Churches*, rev. ed. (Atlanta: John Knox, 1977), 239-51를 보라.

11. *John Wesley's Sermons: An Anthology*, ed. A. C. Outler, R. P. Heitzenrater (Nashville: Abingdon, 1987), 335-45, 371-80, 381-91 등을 보라.

12. 이 최초의 사도적 복음 전승 외에도 초대교회에서는 자신들이 믿는 바를 간추려 짧은 신앙고백 문서를 만들기도 했다. 권말의 부록 1에서 이런 문서 중 몇 가지를 소개했다.

13. 이 점을 전면적으로 다룬 책으로는 Richard Hays, *Echoes of Scripture in the Letters of Paul* (New Haven, CT: Yale Univ. Press, 1989); *The Conversion of Imagination: Paul as Interpreter of Israel's Scriptures* (Grand Rapids: Eerdmans, 2005)가 있다.

14. Darrell Bock, *Recovering the Real Lost Gospel* (Nashville: Broadman and Holman, 2010), 7-21.

15. Brenda Colijn, *Images of Salvation in the New Testament* (Downers Grove, IL: InterVarsity Press, 2010).

16. 내가 쓴 *A Community Called Atonement* (Nashville: Abingdon, 2007)를 보라.

17. Colijn, *Images of Salvation*, 314.

18. 다른 어떤 전통들보다 동방교회가 이 점을 많이 탐구해왔다. 나는 이 주제와 관련 문서를 탁월하게 소개하는 대주교 힐라리온 알페예프(Hilarion Alfeyev)의 책 *Christ the Conqueror of Hell: The Descent into Hades from an Orthodox Perspective* (Crestwood, NY: St. Vladimir's Seminary Press, 2009)를 추천한다.

19. 여기서 여러 쪽에 걸쳐 복음의 상당 부분을 규정하는 종말론적 현실, 즉 '이미 그러나 아직'에 대해 논하고 싶은 생각도 들지만 몇 권의 책만 소개하고자 한다. G. E. Ladd, *A Theology of the New Testament*, rev. ed., ed. D. A. Hagner (Grand Rapids: Eerdmans, 1993); J. Moltmann, *A Theology of Hope* (New York: Harper and Row, 1965); *The Coming of God* (Minneapolis: Fortress, 2004). 『신약신학』, 『희망의 신학』, 『오시는 하나님』, 이상 대한기독교서회 역간.

20. 모든 인용문의 출처는 N. T. Wright, *What Saint Paul Really Said*, 39-62이다.

21. 많은 이들에게 구원의 서정(ordo salutis)이란 구원의 과정을 이루는 사건들이 일어나는 순서를 뜻한다. 이에 관한 개혁주의적인 견해를 담고 있는 책으로는 J. Murray, *Redemption: Accomplished and Applied* (Grand Rapids: Eerdmans, 1955)가 있다. 이 책에서는 그 순서를 유효한 부르심, 거듭남, 믿음/회개, 칭의, 양자됨, 성화, 견인, 그리스도와의 연합, 영화로 설명한다. 『존 머레이의 구속』, 복있는사람 역간.

22. Greg Gilbert, *What Is the Gospel?* (Wheaton, IL: Crossway, 2010). 여기서 나는 27-36에 초점을 맞추고 있다. 다음 단락에 제기된 비판은 이 책 전체에 관한 것이다. 『복음

이란 무엇인가』, 부흥과개혁사 역간.

23. 이 책에 인용된 성경 본문에는 원래 굵은 활자가 없다. 따라서 성경 인용문의 굵은 활자는 특정 요소를 부각시키기 위해 추가된 것이다.

24. 바울의 약어 사용에 관한 탁월한 연구로는 Margaret M. Mitchell, "Rhetorical Shorthand in Pauline Argumentation: The Functions of 'The Gospel' in the Corinthian Correspondence," *Gospel in Paul: Studies on Corinthians, Galatians and Romans for Richard N. Longenecker*, ed. L. Ann Jervis, Peter Richardson (Sheffield: Sheffield Academic Press, 1994), 63-88가 있다.

25. Ted Campbell, *The Gospel in Christian Traditions* (New York: Oxford, 2009).

26. Jaroslav Pelikan, *Credo: Historical and Theological Guide to Creeds and Confessions of Faith in the Christian Tradition* (New Haven, CT: Yale Univ. Press, 2003).

27. 주후 110년경.

28. 이그나티우스에 관해서는 C. T. Brown, *The Gospel and Ignatius of Antioch* (New York: Peter Lang, 2000)를 보라.

29. Irenaeus, *Against Heresies* 1.10.1.

30. Tertullian, *Against Praxeas* 2. 또한 그의 책 *On the Veiling of Virgins* 1을 보라.

31. 『사도전승』(*The Apostolic Tradition*, 분도출판사 역간)의 기원과 저자에 관해서는 심각한 논쟁이 있다. 이 논의에 관해서는 P. F. Bradshaw, M. E. Johnson, L. E. Phillips, *The Apostolic Tradition* (Hermeneia; Minneapolis: Fortress, 2002)를 보라.

32. Hippolytus, *The Apostolic Tradition* 21.

33. Justin Martyr, *First Apology* 61과 *The Epistula Apostolorum*을 보라. 또한 Irenaeus, *The Demonstration of the Apostolic Teaching* 3에서는 고린도전서 15장에 제시된 사실에 비추어 이야기의 형식으로 복음을 설명한다. 또한 그의 책 *Against Heresies* 1.49를 보라.

34. Lewis Ayres, *Nicaea and Its Legacy: An Approach to Fourth-Century Trinitarian Theology* (Oxford: Oxford Univ. Press, 2006)를 보라.

35. NT ms Codex E의 결말부, 암브로시우스, 아우구스티누스의 설교 213, 215, 라벤나의 주교 베드로 크리솔로고(Peter Chrysologus, 400-450년)의 설교 57-62, 이에 관한 아퀼레이아의 루피누스의 주석(약 404년)을 참고하라. L. T. Johnson, *The Creed: What Christians Believe and Why it Matters* (New York: Doubleday, 2003), 31에서 인용.

36. 회심 체험에 관한 탁월한 연구서로는 P. Caldwell, *The Puritan Conversion Narrative: The Beginnings of American Expression* (Cambridge: Cambridge Univ. Press, 1983)과 D. Bruce Hindmarsh, *The Evangelical Conversion Narrative: Spiritual Autobiography in Early Modern England* (Oxford: Oxford Univ. Press, 2005)를 보라. 여기서 다음 내용을 지적해둘 필요가 있다. 복음주의는 개신교 종교개혁 교회나, 종교개혁에 충실하고자 하는 사람들이라고 넓게 정의할 수 있다. 혹은 좁게는 18세기에 시작된 종교개혁 이후 교회들의 운동이라고 정의할 수 있다. 논의를 단순화하기 위해 이 책에서는 이

용어를 넓은 의미에서 사용한다. 왜냐하면 '복음'을 '구원 계획'과 동일시하는 이들 중 다수는 복음주의를 광범위한 의미로 정의하기 때문이다.

37. John Wesley, "I Felt My Heart Strangely Warmed," www.ccel.org/ccel/wesley/journal.vi.ii.xvi.html(2010년 7월 7일에 접속).

38. Dallas Willard, *The Divine Conspiracy: Rediscovering Our Hidden Life in God* (San Francisco: HarperSanFrancisco, 1998), 35-59. 『하나님의 모략』, 복있는사람 역간.

39. 같은 책, 403. 주 8에서 인용. 이것은 아마도 역사상 가장 자주 인용되는 각주 중 하나일 것이다.

40. John Dickson, *The Best Kept Secret of Christian Mission: Promoting the Gospel with More Than Our Lips* (Grand Rapids: Zondervan, 2010). 모든 인용문은 111-40에서 가져온 것이다.

41. F. F. Bruce, *The Defense of the Gospel in the New Testament* (Grand Rapids: Eerdmans, 1977), 4. 『신약에 나타난 복음의 변증』, 생명의말씀사 역간. 이와 관련한 본격적인 연구를 위해서는 M. Hengel, *The Four Gospels and the One Gospel of Jesus Christ*, trans. J. Bowden (Harrisburg, PA: Trinity Press International, 2000), 34-115를 보라.

42. Augustine, *Tractates on the Gospel according to St. John* 36.1.

43. Dickson, *Best Kept Secret*, 140.

44. Joseph Cardinal Ratzinger [Pope Benedict XVI], *Gospel, Catechesis, Catechism: Sidelights on the Catechism of the Catholic Church* (San Francisco: Ignatius, 1997), 51.

45. Hengel, *Four Gospels and the One Gospel of Jesus Christ*, 91.

46. I. H. Marshall, "Luke and His 'Gospel'," *The Gospel and the Gospels*, ed. P. Stuhlmacher (Grand Rapids: Eerdmans, 1991), 273-92, 인용문 출처는 283.

47. 마가복음은 16:8에서 "여자들이 몹시 놀라 떨며"라는 복음서답지 않은 말로 갑작스럽고 이상하게 끝이 난다. 오늘날 많은 사람은 마가복음의 마지막 페이지를 잃어버렸다고 생각한다. 성경에서 마가복음의 마지막 페이지를 찾아보면 본문에 대한 주석이 달려 있음을 알 수 있다. 주석에 따르면 하나는 더 짧고 다른 하나는 더 긴 두 가지 결말이 존재하며, 두 결말 중 어느 쪽도 원문의 결말이 아니다. 다시 한 번 말하면, 원문의 결말은 잃어버리고 없으며, 초기 그리스도인들 일부가 이를 보충하기 위해 그 간격을 메웠다. 이에 관한 훌륭한 논의를 위해서는 R. T. France, *The Gospel of Mark* (Grand Rapids: Eerdmans, 2002), 670-74, 685-88을 보라.

48. 다시 한 번, 대럴 복(Darrell Bock)의 책 『잃어버린 복음의 회복』(*Recovering the Real Lost Gospel*)은 어떻게 구약성경—이야기와 약속, 기대—이 초기 기독교의 복음 이해를 규정했는지를 보여주는 탁월한 사례다. 이런 책들은 구약성경은 필요조차 없다는 수많은 '복음들'에 대한 해독제다.

49. 예를 들면, R. E. Brown, *The Gospel according to John (I-XII)*, AB 29 (Garden City, NY: Doubleday, 1966), 205-415를 보라. 『요한복음』, 기독교문서선교회 역간.

50. R. N. Longenecker, *Biblical Exegesis in the Apostolic Period* (Grand Rapids: Eerdmans, 1975), 153(152-57을 보라).

51. G. N. Stanton, *Jesus of Nazareth in New Testament Preaching* (Cambridge: Cambridge Univ. Press, 1977)은 이 주제를 다룬 책으로서 딱딱하고 오래되었지만 여전히 가치가 크다.

52. Eusebius, *Church History* 3.39.14-16. 『유세비우스의 교회사』, 은성 역간.

53. John Piper, *God Is the Gospel* (Wheaton, IL: Crossway, 2005), 13. 『하나님이 복음이다』, IVP 역간.

54. 자신의 임무를 완수하지 못한 야곱-이스라엘을 가리키는 것으로 보인다. 여기서는 암호를 풀기보다는 긴장을 불러일으키는 상징으로 사용되고 있다. 이런 견해를 둘러싼 최근의 논의에 관해서는 J. Goldingay, *The Message of Isaiah 40-55: A Literary-Theological Commentary*, (London: T&T Clark, 2005), 150-54을 보라.

55. Origen, *Commentary on Matthew* 14.7. 따라서 그리스어로 예수님은 autosophia[지혜 자체], autodikaiōsynē[의 자체], autoalētheia[진리 자체], autobasileia[나라 자체]시다.

56. 이 본문에 관해서는 학자들 사이에 논쟁이 있다. 나는 J. A. T. Robinson, *Twelve New Testament Studies* (London: SCM, 198), 28-52의 탁월한 연구에 동의한다.

57. 사해사본에 관해서는 Florentino García Martínez, *The Dead Sea Scrolls Translated* (Grand Rapids: Eerdmans, 1996)를 보라. 『사해문서』, 나남 역간.

58. Rudolf Bultmann, *Theology of the New Testament*, 2 vols (New York: Charles Scribner's, 1955), 1:33. 『신약성서신학』, 성광문화사 역간.

59. 이 단락은 나의 글 "Jesus and the Twelve," eds. D. L. Bock, R. L. Webb, *Key Events in the Life of the Historical Jesus: A Collaborative Exploration of Context and Coherence* (WUNT 247; Tübingen: Mohr Siebeck, 2009), 181-214를 기초로 했다.

60. Scot McKnight, *Jesus and His Death: Historiography, the Historical Jesus, and Atonement Theory* (Waco, TX: Baylor Univ. Press, 2005).

61. K. Snodgrass, "The Gospel of Jesus," *The Written Gospel*, ed. M. Bockmuehl, D. A. Hagner (Cambridge: Cambridge Univ. Press, 2005), 31-44, 인용문은 43.

62. Joseph Cardinal Ratzinger [Pope Benedict XVI], *Gospel, Catechesis, Catechism* (San Francisco: Ignatius Press, 1977), 52.

63. J. D. G. Dunn, *The Acts of the Apostles* (Valley Forge, PA: Trinity Press International, 1996), 177. 그의 주장을 변호해보자. 기본적인 논점은 동일하다. 두 예수님 이야기 속에서 이스라엘 이야기가 절정에 이르고 성취된다고 말하며(행 13:17-22, 32-37) 예수님의 죽음을 불의한 행동이라고 강조한다. 바울의 경우 조금 더 그 책임을 사람들에게 돌리는 경향이 있다(13:27-28). 또한 바울의 복음전도는 부활이 하나님이 예수님을 신원(伸寃)하신 행동임을 강조한다(13:30-31, 32-37). 그리고 이러한 바울의 복음전도는 신원되신 예수님을 다윗의 혈통에서 나신 구원자로 보는 **기독론**으로 귀결된

다. 혹은 그의 메시지는 이러한 기독론에 근거한다(13:23, 33-37). 그리고 바울의 복음전도는 회개하여(13:40-41) 죄 사함을 받으라는 촉구로 이어진다(13:38-39, 참고. 17:30). 사도행전에 기록된 바울의 두 개의 주요한 복음 설교(13:16-41; 17:22-31)에는 그리스도께서 하나님 우편으로 들리셨다는 암시도 없고 성령의 선물에 관한 언급도 없다. 그러나 바울의 복음이 베드로의 복음과 동일하다는 주장을 부인하기는 어렵다. 특히 두 사람 모두 시편 16:10을 인용한다는 점이 두 사도를 연결시켜준다(참고. 행 2:25-28; 13:35).

64. 베드로는 이렇게 말함으로써 자신도 모르게 이방인에 대한 선교를 예상했을 수도 있다. 왜냐하면 그 후로 일곱 장이 지나도 그가 이방인에게 복음을 전하려 하지 않기 때문이다. 그런 다음에도 이방인 선교에 열정적이지 않았다. 갈라디아서에서 바울은 이방인을 위한 축복을 언급한 이 구절을 끌어들인다. 그가 베드로의 복음 설교를 염두에 두고 그렇게 한 것인지 궁금해질 수밖에 없는 대목이다. (바울은 갈라디아서 1장에서 이런 생각은 베드로에게서 얻은 것이 아니라고 주장한다.)

65. 이 표현은 Richard Hays, *The Conversion of the Imagination* (Grand Rapids: Eerdmans, 2005)에서 따온 것이다.

66. 따라서 그는 그분의 삶(2:22; 10:37-38, 참고. 11:16), 그분의 죽음(2:23; 3:13-14; 10:39), 그분의 부활(2:24-32; 3:15; 10:40-42), 그분의 승천(2:33), 성령의 선물(2:33-35), 심판주로서 그분의 재림(3:20; 10:42)에 대해 선포했다.

67. Fleming Rutledge, *Not Ashamed of the Gospel* (Grand Rapids: Eerdmans, 2007), 157-63.

68. 다시 한 번 Bock, *Recovering the Real Lost Gospel*을 주의 깊게 읽어보라.

69. 많은 사람은 바울이 했던 이 말을 데살로니가전서 1:9-10과 연결시킨다. 여기서 바울은 우상숭배로부터의 회심을 이렇게 설명한다. "[이 지역 사람들이] 우리에 대하여 스스로 말하기를, 우리가 어떻게 너희 가운데에 들어갔는지와 너희가 어떻게 우상을 버리고 하나님께로 돌아와서 살아 계시고 참되신 하나님을 섬기는지와 또 죽은 자들 가운데서 다시 살리신 그의 아들이 하늘로부터 강림하실 것을 너희가 어떻게 기다리는지를 말하니, 이는 장래의 노하심에서 우리를 건지시는 예수시니라."

70. N. T. Wright, *The Resurrection of the Son of God* (Minneapolis: Fortress, 2003). 『하나님의 아들의 부활』, 크리스챤다이제스트 역간.

71. 세례에 관해서는 E. Ferguson, *Baptism in the Early Church: History, Theology, and Liturgy in the First Five Centuries* (Grand Rapids: Eerdmans, 2009), 특히 166-85를 보라.

72. 요한복음에서 특히 이를 강조한다. 요한복음에서는 '믿다'(*pisteuō*)라는 동사가 다양한 형태로 약 100번 등장한다. 이 말은 신뢰, 상호 내주, 순종, 헌신, 그리스도와의 연합으로부터 생명을 얻음을 뜻한다.

73. 비시디아 안디옥에서도, 아레오바고에서도 바울은 듣는 이들에게 세례를 받으라고 말하지 않는다. 바울 자신이 세례를 받았으며(참고. 행 9:18; 22:16), 다른 경우에도 복

음을 듣고 응답할 때 사람들은 세례를 받았다(16:15, 33; 18:8; 19:3-5). 하지만 이상하게도 바울은 복음을 설교할 때 세례를 요구하지 않았다. 어쩌면 누가는 너무나도 명백해서 굳이 언급할 필요가 없다고 생각했을지도 모른다. 그러나 우리는 우리에게 너무나도 명백해 보이는 바에 관해 전제를 세우다가 '복음'을 제대로 이해하지 못하는 잘못을 저지르고 말았다는 것이 이 책의 주제다!

74. 이런 주장은 이미 수없이 제기되었다. A. M. Hunter, *The Unity of the New Testament* (London: SCM, 1943), 20-33은 오래된 책이지만 탁월한 논의를 담고 있다.

75. W. H. Kimnach, K. P. Minkema, D. A. Sweeney, *The Sermons of Jonathan Edwards: A Reader* (New Haven, CT: Yale Univ. Press, 1999), 49-65. 에드워즈의 설교 "천국은 사랑의 나라입니다"는 242-72에 실려 있다.

76. John Walton, *The Lost World of Genesis One: Ancient Cosmology and the Origins Debate* (Downers Grove, IL: InterVarsity Press, 2009).

77. G. N. Stanton, *Jesus of Nazareth in New Testament Preaching* (Cambridge: Cambridge Univ. Press, 1977), 24-25. 더 균형 잡힌 접근으로는 W. Horbury, "'Gospel' in Herodian Judaea," *The Written Gospel*, ed. M. Bockmuehl, D. A. Hagner (Cambridge: Cambridge Univ. Press, 2007), 7-30; J. D. G. Dunn, *The Theology of Paul the Apostle* (Grand Rapids: Eerdmans, 1998), 164-69를 보라. 『바울 신학』, 크리스챤다이제스트 역간.

78. M. Bird, *Introducing Paul: The Man, His Mission and His Message* (Downers Grove, IL: InterVarsity Press, 2008), 88.

79. C. Kavin Rowe, *World Upside Down: Reading Acts in the Graeco-Roman Age* (Oxford: Oxford Univ. Press, 2009)의 균형 잡힌 연구를 보라.

80. Dallas Willard, *The Divine Conspiracy: Rediscovering Our Hidden Life in God* (San Francisco: HarperSanFrancisco, 1998), 35-59. 『하나님의 모략』, 복있는사람 역간.

81. 나는 이 이야기를 몇 차례 들었다. 가장 최근에는 데이비드 피치(David Fitch)에게서 들었다.

82. Sean Gladding, *The Story of God, The Story of Us: Getting Lost and Found in the Bible* (Downers Grove, IL: InterVarsity Press, 2010). 『더 스토리』, 죠이선교회 역간.

83. 이에 관해서는 R. E. Webber, *Ancient-Future Time: Forming Spirituality through the Christian Year* (Grand Rapids: Baker, 2004)을 보라. 『교회력에 따른 예배와 설교』, 기독교문서선교회 역간.

84. Scot McKnight, *One.Life: Jesus Calls, We Follow* (Grand Rapids: Zondervan, 2010).

85. Gabe Lyons, *The Next Christians: The Good News about the End of Christian America* (New York: Doubleday, 2010).

86. Justo Gonzalez, *The Story of Christianity*, 2 volumes (San Francisco: HarperOne, 2010). 『초대교회사』, 『중세교회사』, 『종교개혁사』, 『현대교회사』 이상 은성출판사 역간.

87. Chris Armstrong, *Patron Saints for Postmoderns* (Downers Grove, IL: InterVarsity Press, 2009).

88. Steve Wilkens, Mark L. Sanford, *Hidden Worldviews: Eight Cultural Stories That Shape Our Lives* (Downers Grove, IL: InterVarsity Press, 2009). 『은밀한 세계관』, IVP 역간.

89. 나의 책 *Turning to Jesus* (Louisville: Westminster John Knox, 2002)를 보라.

90. Dallas Willard, *Renovation of the Heart* (Colorado Springs: NavPress, 2002). 『마음의 혁신』, 복있는사람 역간.

91. 나는 *Praying with the Church* (Brewster, MA: Paraclete, 2006)에서 여러 기도서를 소개했다.

92. www.earlychristianwritings.com/text/justinmartyr-firstapology.html을 보라.

예수 왕의 복음

당신의 삶에 예수의 통치가 임하게 하라!

Copyright ⓒ 새물결플러스 2014

1쇄발행_ 2014년 5월 29일
4쇄발행_ 2017년 10월 25일

지은이_ 스캇 맥나이트
옮긴이_ 박세혁
펴낸이_ 김요한
펴낸곳_ 새물결플러스
편   집_ 왕희광·정인철·최율리·박규준·노재현·한바울·신준호·정혜인·김태윤
디자인_ 김민영·이지훈·이재희·박슬기
마케팅_ 임성배·박성민
총   무_ 김명화·이성순
영   상_ 최정호·조용석·곽상원

아카데미_ 유영성·최경환·이윤범

홈페이지 www.holywaveplus.com
이메일 hwpbooks@hwpbooks.com
출판등록 2008년 8월 21일 제2008-24호
주소 (우) 07214 서울특별시 영등포구 양평로 11, 4층(당산동5가)
전화 02) 2652-3161
팩스 02) 2652-3191

ISBN 978-89-94752-70-9 03230
책값은 뒤표지에 있습니다.

이 도서의 국립중앙도서관 출판시도서목록(CIP)은 서지정보유통지원시스템 홈
페이지(http://seoji.nl.go.kr)와 국가자료공동목록시스템(http://www.nl.go.kr/
kolisnet)에서 이용하실 수 있습니다(CIP제어번호: CIP2014015845).